꿈을 품다, 미래교육을 열다

경기 꿈의 학교

꿈의학교 기획
운영자들이 밝히는
미래교육 이야기

김경관
조성탁
김영진
진흥섭 지음

꿈을 품다, 미래교육을 열다

경기꿈의학교

초판	1쇄 인쇄 2018년 5월 15일
초판	1쇄 발행 2018년 5월 28일
지은이	김경관, 조성탁, 김영진, 진흥섭
펴낸이	김승희
펴낸곳	도서출판 살림터
기획	정광일
편집	조현주
디자인	도서출판 선한자의 땅
인쇄·제본	(주)현문
종이	월드페이퍼(주)
주소	서울시 양천구 목동동로 293, 22층 2215-1호
전화	02-3141-6553
팩스	02-3141-6555
출판등록	2008년 3월 18일 제313-1990-12호
이메일	gwang80@hanmail.net
블로그	http://blog.naver.com/dkffk1020
ISBN	979-11-5930-066-0(03370)

이 도서의 국립중앙도서관 출판예정도서목록(CIP)은
서지정보유통지원시스템 홈페이지(http://seoji.nl.go.kr)와
국가자료공동목록시스템(http://www.nl.go.kr/kolisnet)에서 이용하실 수 있습니다.
(CIP제어번호: CIP2018011341)

꿈을 품다, 미래교육을 열다

경기 꿈의 학교

꿈의학교 기획
운영자들이 밝히는
미래교육 이야기

살림터

'실패해도 괜찮아'
꿈의학교와 함께 자랍니다

단지 시간이 흐른다고 역사가 되지는 않는다. 우리는 의미 있는 일을 시작하고, 그것에 열정과 노력을 쏟으면 새로운 역사가 되고 세상을 바꿀 수 있다는 뜻깊은 경험을 하였다. 넘을 수 없는 벽이라고 좌절하고 있을 때 조용히 담쟁이는 벽을 넘어가고 있다는 어느 시인의 읊조림을 통해서 볼 때 정말 중요한 것은 의지, 뜻, 희망 그리고 지난한 노력이라고 생각한다.

우리나라 교육의 문제는 수만 가지이다. 한때는 교육이 우리나라의 축복이었다고 하지만 이제는 그것이 질곡으로 변화하고 있다. 한국 교육의 드라마에서 이제는 딜레마로 전락하게 되었다는 비판도 듣고 있다. 그 과정에서 너무나 많은 아이들이 희생당하고 꿈을 잃고 좌절을 경험했다. 아니 지금 이 순간에도 교육을 통한 자아실현, 성장을 경험하기는커녕 교육 때문에 스스로를 부정하고 비관하고 급기야는 생명까지 버리는 아이들이 있다는 점을 우리는 알고 있다. 너무나 많은 아이들이 입시의 질곡에서 헤어나지 못하고 자신의 꿈을 포기하며 기존의 틀에 자신을 억지로 맞추기 위해 몸부림치고 있다.

교육은 정말 어떻게 변화되어야 하는가? 우리는 한국 교육의 강점을 자랑하기 전에 한국 교육에 짙게 내리고 있는 그림자에 집중해야만 한다. 어두운 면을 분석하고 이를 해결하기 위한 대안을 만들지 않는다면, 급변하는 사회에서 우리 아이들은 적응하지 못하고 우리 국가도 미래사회의 변화에 뒤처질 수밖에 없다. 기존의 교육을 바라보는 패러다임만으로는 절대 미래사회를 담보할 수 없다는 경고를 주위에서 수없이 듣고 있다.

지금으로부터 20년 전에 덴마크로 출장을 간 적이 있다. 평생교육의 본고장이라는 덴마크, 그룬트비와 덴마크 시민대학의 발자취를 알아보기 위해서였다. 제도교육기관도 아닌 시민대학이 덴마크 교육의 상징으로 등장하게 되었던 배경은 바로 위기의식이었다. 국가 존폐의 위기를 어떻게 극복할 것인가 고민하던 그룬트비는 교육에서 그 답을 찾았다. 교육을 통해서 누구나 자기 정체성을 찾고, 철학이 있는 삶을 살아나가도록 한다면 국가의 위기를 극복할 수 있을 것이며 누구나 삶의 행복을 찾을 수 있다고 믿었다. 직업 준비나 입시, 자격증을 위한 교육은 하지 않았다. 요즘 우리나라에서 유행하는 소위 인문학 교육을 중시하였다. 교양교육, 민주시민교육, 자신을 찾는 교육을 통해서 사회와 역사의 주체로서 우뚝 설 수 있다는 믿음으로 이러한 교육운동을 지지하게 되었다. 그리하여 약 100여 개의 덴마크 시민대학이 들어설 수 있었다. 청소년들을 위한 시민대학 역시 같은 뿌리를 갖고 있다. 그곳에서의 경험은 본인에게 큰 충격을 던져 주었다.

공부에 얽매이지 않고 체조, 음악, 연극, 목공 등 자신이 하고싶은 일에 몰두하며 즐기는 덴마크 청소년은 우리나라 학생들과는 아주 대조적으로 보였다. 한국 학생들이 너무 불쌍하다는 생각을 갖게 되었고, 우리나라에도 이러한 학교가 있다면 얼마나 좋을까 하는 부러움을 안고 귀국하였다.

드디어 기회는 왔다. 2014년 경기도교육감 선거에서 공약을 총괄하는 자리를 맡았다. 하지만 매우 제한적인 기간 내에 공약 초안을 마련해야만 했다. 이 과정에서 우선적으로 우리 교육의 질곡을 넘어설 수 있는 대안으로 '꿈의학교' 아이디어를 포함시켰다. 제도교육 내에서는 혁신학교가 변화를 견인해 나가고 있던 시점이었고, 이를 이어서 학교 밖 학교 형태로 꿈의학교를 추진해 나가도록 했다. 정말 소박한 마음으로 담은 공약이었는데 참으로 놀라운 변화가 일어났다. 우리 실정에 맞는 형식으로 정착하면서 '학생들이 만들어 가는 꿈의학교', '학생들이 찾아가는 꿈의학교', '마중물 꿈의학교'라는 세 가지 유형으로 발전하였으며 이제 그 숫자가 1,000개를 넘어서고 있다. 미래교육에 대한 담론들을 보며 꿈의학교야말로 미래교육의 한 형태가 될 수 있음을 확신한다. 학생이 주체가 되고, 자신의 진로와 적성에 따라 관심 영역을 선택하고, 교사는 조력자가 되는 학습자 중심의 새로운 학습활동 유형이 바로 꿈의학교이다. 고정된 교육과정이 있고, 교재가 있고, 평가가 있는 그런 틀을 과감히 탈피하여 오로지 학습에 대한 관심과 열정만으로 자발적으로 학습을 기획하고 스스로가 운영 주체가 되는 그러한 학습 유형을 지향하고 있다.

이 책을 보면서 꿈의학교의 개념, 전개과정 그리고 현재의 고민들을 공감할 수 있었다. 너무나 소중한 꿈의학교 지침서이자 우리가 갖고 있는 고정된 교육 관념의 틀을 깰 수 있도록 하는 훌륭한 자극제로서 충분한 의미를 갖고 있다. 미래교육이라는 추상화된 담론을 넘어서기 위해서는 이 책에서 제시하는 다양한 고민과 경험을 함께하고 심화시킬 수 있는 방안이 무엇일까를 탐색해 나가야 한다. 미래는 현재 드러나고 있는 새로운 변화의 싹으로부터 출발하기 때문이다. 미래교육의 싹이 바로 꿈의학교이다!

2018년 5월

진천에서

성기선 (한국교육과정평가원장, 가톨릭대 교수)

일상의 삶이 교육이 되는
경기꿈의학교

　오늘날의 학교교육은 전통적인 산업시대의 인재를 양성하기 위해 표준화와 효율성을 근간으로 설계되었다. 그래서 두 명 이상의 학습자들이 공통의 지식이나 경험을 습득하기 위하여 같은 시간, 같은 장소에 모였을 때 정의될 수 있는 개념이었다. 이러한 연유로 학교교육은 한 명의 교사가 여러 명의 학생들을 일방적으로 가르치는 모습이 연상될 수밖에 없었다. 기술의 한계와 더불어 산업시대를 대표하는 '효율성'이란 함정에 빠져 자발적인 '행동'으로 표출되어야 하는 교육 내용까지도 '필기시험'으로 평가하는 진풍경이 연출되기도 하였다.

　시간이 흘러 많은 사람들이 '4차 산업혁명시대'를 강조하고 있는 현시점에도 교육은 전통적인 산업시대의 관성에서 벗어나지 못한 채 미래를 향해 달리고 있다. 제4차 산업혁명의 원천 기술이라 할 수 있는 반도체와 컴퓨터의 눈부신 발달 덕분에 지식의 저장보다 창의·인성에 대한 사회적 요구가 커지고 있지만 학교교육은 현재 이를 따라가지 못하고 있다. 그리고 2017년에 이르러 인류는 지식이나 정보의 저장 능력 영역에서 알파고 제로에게 완패를 인정할 수밖에 없는 수모를 겪었다. 그뿐만이 아니다. 인간과 기계지능의 인지능력이 빠르게 변화하고 있는 반면 인간의 의식 변화는 둔감하였다. 그 결과 인류의 의식수준은 과학기술 문명에 역전당했고, 사회적 불안 요소는 점점 많아지고 있다. 그래서 나는 '제4차 산업혁명시대'라는 용어를 대신하여 '의식혁명시대'란 말을 사용한다. 왜냐하면 '제4차'는 '제3차'라는 전통적인 개념의 연장선에 있을 뿐만 아니라 기계의 진화에 초점이 맞추어져 있기 때문이다. 반면 '의식혁명시대'는 기계문명에 의해 역전된 의식수준을 획기적으로 업그레이드하지 않으면, 인류에게 재앙 수준의 어려움이 닥칠 수 있기 때문에 이를 대비한다는 차원에서 인간 중심의 미래를 표현하는 말로 좀 더 적합하다 할 수 있다.

의식의 혁명을 요구하는 정보사회는 빠르게 변해 가고 있는 반면, 거대 공룡과 같은 학교교육의 변화 속도는 상대적으로 느리다. 그렇다고 지켜보고만 있을 수는 없다. 사이버 학습, 홈스쿨링 등과 같은 대안이 필요하다. '마을교육공동체'를 통한 비형식적인 학교로 변화무쌍한 미래사회를 준비하는 '꿈의학교'는 의식혁명시대에 꼭 필요한 교육운동이라 생각된다. 새로운 운동이 처음 시작될 때는 시행착오가 있을 수밖에 없다. 사소한 시행착오가 빌미가 되거나 정치 지형과 거버넌스의 변화로 인해 이러한 의식혁명시대를 대비하는 새로운 교육운동이 퇴색되지 않고 지역사회에 연착륙할 수 있도록, 교육 주체들의 관심과 헌신이 그동안 해왔던 것처럼 계속 이어질 수 있기를 강력히 촉구함과 동시에 기원한다.

2018년 5월

류청산 (미래학자, 경인교육대학교 교수)

거침없이 꿈꾸고 당차게 도전하여
미래를 만드십시오

경기꿈의학교는 학교 안팎의 학생들이 자유롭게 상상하고 질문하며 꿈꾸는 것을 스스로 기획, 운영하는 학교 밖 교육활동이다. 공교육을 운영하는 교육청에서 학교를 넘어 마을로 나간 것이다. 학교 교원, 장학사, 교육공무원의 입장에서 보면 상상하기 어려운 일이다. 그래서 많은 분들이 우려했고 비판도 서슴지 않았다.

길이 없었다. 자침이 파르르 떨리는 나침반만 주어졌다. 마을 사람들, 학생들과 함께 만들고 걸어가야 하는 길은 두렵고 힘들었다.

경기꿈의학교는 '학생 스스로 정신'과 '마을교육공동체 정신'을 기반으로 한다. 학생들이 스스로 하고 싶은 것, 배우고 싶은 것, 꿈꾸는 것을 찾아 실천하는 것이다. 학생이 배움의 주체이다. 따라서 학생들의 요구에서 배움이 시작된다. 이때 마을 사람들은 지원해 주고 기다려 주면 된다. 기다림은 인내를 필요로 하지만 식물이 실뿌리를 내리듯 학생 스스로 자기 힘을 키워 갈 때까지 믿음을 갖고 기다려야 한다.

좌충우돌 우여곡절을 거치면서 길이 만들어졌다. 2015학년도에 방과후형 7개교, 계절형 5개교, 쉼표형 25개교, 토요형 67개교, 혼합형 39개교, 총 143개의 다양한 꿈의학교가 시작되었다. 그리고 2016학년도에는 마을 사람들이 만드는 '학생이 찾아가는 꿈의학교'와 '학생이 만들어 가는 꿈의학교'로 유형을 단순화하여 각각 215개교, 148개교를 운영하였다. 또 동아리 형태의 '마중물 꿈의학교'를 100개교 운영하였다. 2017학년도에는 학생과 학부모의 만족도가 높아지면서 31개 시·군의 관심도 뜨거워졌다. 31개 가운데 22개 시·군에서 32억 6천만 원을 꿈의학교에 지원하게 되면서 '학생이 만들어 가는 꿈의학교' 335개교, '학생이 찾아가는 꿈의학교' 419개교, '마중물 꿈의학교' 97개교, 총 851개교를 운영하게 되었다. 2018학년도에는 28개 시·군에서 42억 6천만 원, 경기도청에서 52억 5천만 원을 지원하여 약 1,100여 개의 꿈의학교가 선정, 운영되었다.

이러한 결과는 꿈의학교를 담당하는 팀원들의 집단지성과 지역 담당자들의 헌신, 여기에 꿈의학교를 운영하고자 하는 마을 운영 주체들의 뜨거운 열정과 경기 학생들의 도전정신이 더해진 성과이다. 경기꿈의학교는 학생들의 꿈을 품었다. 그 꿈이 천 개의 길이 되고 천 개의 지도가 되고 있다. 이 자리를 빌려 마을교육공동체 모든 구성원들에게 감사의 말씀을 드린다.

새로운 미래를 맞이하며 필자들은 '스마트한 마을학습 플랫폼'을 상상하였다. 기존의 학교와 꿈의학교가 연결되는 곳, 이곳에 오면 누구나 원하는 활동에 참여할 수 있는 곳, 온라인 가상공간에 연결하여 원하는 학습을 할 수 있는 마을학습 플랫폼이 생겨나 배움의 욕구가 충족되길 기대한다.

이 책은 총 5부로 구성되었다. 제1부는 경기꿈의학교의 탄생과 성장에 대한 내용이다. 꿈의학교의 속성, 시작에서 성장까지의 여정, 꿈의학교의 철학과 가치, 운영 원리, 운영 및 평가 결과를 정리하였다. 제2부는 경기꿈의학교를 넘어 스마트한 마을학습 플랫폼을 희망하면서 미래 마을교육을 상상했다. 제3부는 꿈의학교 사례를 통해 학교 밖 마을에서 펼쳐지는 학생들의 꿈을 살펴보았다. 제4부는 꿈의학교에 참여한 학생, 교사, 학부모들의 목소리를 진솔하게 담았다. 제5부는 꿈의학교 인터뷰에서 만난 학생과 마을 사람들의 열정과 경험, 그것을 통한 성장 모습을 실었다.

이 책은 전문 학술서적이 아니다. 교육학적으로 탄탄한 이론적 배경을 가지고 출발하지도 않았다. 꿈의학교의 가치와 철학, 설립 과정, 그 속에서 느낀 사람들의 생각과 의미를 기록한 것이다. 경기교육과 마을교육공동체, 학생의 꿈에 관심이 있는 분들에게 이 책이 작은 불빛이 되기를 기대한다.

경기꿈의학교가 만들어지도록 상상력을 발휘해 주신 분들, 손으로 만지고 발로 뛰며 만들어 간 꿈의학교 담당 장학사님들과 주무관님들, 마을교육공동체기획단의 직원들, 경기꿈의학교를 직접 만들어 주신 운영 주체와 꿈지기, 특히 꿈의학교에 참여한 학생들에게 진심으로 감사드린다. 마지막으로 새로운 미래를 살아갈 청소년들에게 이렇게 외치고 싶다.

거침없이 꿈꾸고 당차게 도전하십시오.
여러분의 꿈, 상상, 질문 그리고 손과 발로 미래를 만드십시오.

2018년 5월
저자

차례

1부 경기꿈의학교,
새로운 학습생태계의 탄생과 성장 　김경관

1부

경기꿈의학교,
새로운 학습생태계의
탄생과 성장

김경관

김경관 | 꿈의학교 담당 장학관

거침없이 꿈꾸고 당차게 도전하라!
배움의 주체는 학생이다.
실패해도 괜찮아. 넘어져도 괜찮아.
경기꿈의학교 학생들이 꿈을 닮아 간다.

01

새로운 학습생태계,
경기꿈의학교 DNA

세상이 점점 더 빠르게 변화하고 있다. 스마트폰을 중심으로 한 모바일 기술의 등장으로 일상의 모습이 바뀌더니 이제는 인공지능을 기반으로 한 지능정보기술이 세상을 놀라게 하고 있다. 이러한 기술의 발전은 사람들의 생각과 행동, 생활과 문화까지 바꾸고 있다.

지방자치시대는 관 주도의 지시와 관리의 행정에서 마을이 중심이 되는 풀뿌리 민주주의로 바뀌고 있다. 교육행정도 그렇다. 교육청 주도에서 학교와 마을로 중심이 이동하면서 학생이 주도하는 '학습생태계'로 변화를 거듭하고 있다.

학습생태계란, 학습의 기회를 제공하는 모든 물리적 또는 가상적 공간으로 학습이 일어나는 일련의 환경을 의미한다(이연선, 2013 재인용). '학습생태계'는 디지털 공간의 특성인 역동성을 강조하기 위해 '환경'보다는 '생태계', 학습자의 주체성을 더 강조하는 의미에서 '교육'이 아닌 '학습'이란 어휘를 사용한다. 그리하여 '자기주도적이고 역동적인 디지털 학습공간'을 강조하고 있다. 뿐만 아니라 물리적 공간을 넘어 '학습생태계를 조직하는 핵심 교점(node)으로서의 학습자'에 더 많은 의미를 부여하였다. 그래서 학습생태계는 학습자가 물리적 공간 또는 가상공간에서 학습자의 흥미와 필요에 따라 주도적이고, 역동적으로 학습을 기획하고 실천하는 학습의 장을 의미한다.

2014년 6월 지방 선거에 이재정 경기도교육감이 당선되면서 '꿈의학교'는 공교육의 장을 마을로 확장시켰다. 꿈의학교는 학교교육에만 의존하던 방식을 넘어 마을공동체가 교육에 참여하는 새로운 배움의 장을 마련한 것이다. 학교교육에 의존하던 공교육이 마을교육으로 확장되었다는 것은 공교육 그 자체에 대한 도전이자 어마어마한 교육 실험이다.

경기꿈의학교는 '스스로' 학교이다

아이들은 오만 가지 상상과 꿈으로 가득한 존재이다. 저마다 타고난 아름다운 색깔과 밝은 빛과 다양한 모습이 교육을 통해 드러나도록 해야 한다. 그렇기 때문에 학생들이 생각의 주체, 배움의 주체, 행위의 주체가 되어야 한다.

경기꿈의학교는 '스스로' 학교이다. 학생들이 배움의 주체이다. 스스로 자유롭게 상상하고, 스스로 문제를 찾고, 질문하며 스스로 무한히 꿈을 꾼다. 상상하고 질문하고 꿈꾼 것에서 도전하기 위해 스스로 기획하고 실행 계획을 세운다. 꿈의학교를 지탱하는 가장 중요한 가치는 바로 학생 '스스로' 정신이다. 물론 생각을 나누고 문제를 해결하고 성찰하는 과정은 동료들과 함께 한다.

경기꿈의학교는 이러한 과정을 통해 자기 삶을 개척해 나가고 스스로 온전히 독립적인 인간으로 일어설 수 있도록 지원한다. 선생님들(운영 주체, 강사, 서포터즈 등)은 학생들의 뒤에 있거나 옆에 서서 지켜보고 기다려 준다. 도움이 필요한 상황이 와도 좀 더 기다린다. 위험할 때 개입한다.

경기꿈의학교는 '마을' 학교이다

꿈의학교는 마을학교이다. 더 엄밀히 말하면 학생들이 또는 마을 사람들 누구나 만들 수 있는 학교 밖 학교(교육활동)이다. 흔히 학교 밖 학교 하면 풀무학교, 성장학교 '별', 성미산학교, 하자센터, 아힘나평화학교 등 대안학교를 떠올린다. 그러나 꿈의학교는 대안학교가 아니다. 학교 밖 학교란, 학생들의 요구는 있으나 정규 교육과정으로 수행하기 어려운 탐구 활동, 노작 활동, 프로젝트 활동, 체험 중심의 실질적 교육활동을 할 수 있는 장이자 교육활동을 의미한다. 꿈의학교는 이러한 교육활동을 학교가 아닌 마을에서 한다.

'한 아이를 키우는 데 온 마을이 필요하다'고 한다. 마을의 다양한 자원과 마을 사람들의 삶에서 아이들이 어떻게 살아가야 하는지를 배우도록 하는 것이다. 교육청, 지자체, 마을 사람들은 서로 연대하고 협력하여 아이들의 활동을 지원한다.

마을 사람들의 삶이 있는 어느 곳이나 꿈의학교를 위한 교육의 장이

될 수 있다. 지자체의 기관, 연구소, 박물관, 미술관, 체육관, 목공소, 미용실, 웨딩홀 등 마을의 다양한 시설을 활용하여 마을학교를 만들 수 있다. 마을의 자원을 아이들 교육에 최대한 활용하고 마을 사람 누구나 멘토가 될 수 있다. 그 속에서 아이들은 배우고, 마을과 마을 사람은 아이들의 배움을 지원하는 학습생태계가 되는 것이다.

경기꿈의학교는 '민주 자치' 학교이다

꿈의학교는 학생들이 주인이다. 학생들에 의한, 학생들을 위한, 학생들의 교육활동이다. 그래서 꿈의학교에서는 먼저 무엇을 배우고 싶은지, 어떤 배움이 필요한지, 누구랑 함께 배울지를 학생들에게 묻고 학습의 내용과 과정을 기획한다. 또한 배움의 주제를 정하고 무엇을 어떻게 실행할지 학생들이 스스로 정한다.

꿈의학교의 운영은 학생이 주도한다. 꿈의학교에 운영위원회를 만들고 학생들이 참여하도록 한다. 마을 사람들은 학생들이 원하는 것을 지원해 주면 된다. 배움의 기획, 실천, 성찰의 모든 과정에 학생들이 참여하고 학생들에게 묻고 학생들이 주도한다. 학생들은 스스로 꿈의학교를 운영할 수 있다.

꿈의학교는 학생들이 민주주의를 실현하는 자치 공간이다. 꿈의학교가 학생들의 꿈과 상상을 실현하는 장을 넘어 민주주의를 실천하는 장이 된다. 이러한 배움을 통해 민주주의가 아이들의 몸에 배도록 하는 것이다.

경기꿈의학교는 '누구나' 학교이다

경기꿈의학교는 다양한 마을교육공동체 주체들이 학생의 꿈을 실현하기 위해 누구나 만들고 운영할 수 있다. 학생 또는 마을교육공동체 누구나 열정이 있다면 꿈의학교를 만들 수 있다. 학부모, 은퇴자, 지자체, 비영리단체, 전문성이 있는 개인 등 마을 사람 누구나 마을의 아이들을 위한 마을학교를 만들 수 있다. 실제로 꿈의학교를 만드는 운영 주체들은 아이들을 사랑하고, 아이들을 마을에서 키우겠다는 생각을 가진 사람들이다. 교육이 학교에서만 이루어져야 한다는 생각의 틀을 넘어선 사람들이다. 생각의 한계가 없는 사람들이다. 그들의 열정과 에너지는 마치 질주하고 싶어 하는 야생마와 같다.

학교교육에서 학생은 미성숙한, 불완전한 존재이다. 그래서 학생을 성숙하고 완전한 존재로 기르기 위해 가르쳐야 한다고 생각한다. 가르치기 위해서는 가르치는 사람이 필요했고, 가르쳐야 할 내용이 필요했다. 즉, 학생의 학습 이전에 교사와 교과서가 존재한다. 학생은 그저 교사의 가르침에 따라 지식을 잘 암기하고 이해하면 우수한 점수를 받는 학생이 될 수 있다. 교사는 복잡하고 많은 지식을 잘 구조화해서 주입하고 학생들은 잘 수용하고 자기 것으로 만들면 된다. 흥미, 호기심, 질문은 중요하지 않다. 학생들을 잘 통제하고 시험에서 우수한 성적을 거두면 된다. 인간으로서의 존엄, 개성, 인권은 교과서에나 존재하는 텍스트일 뿐이었다.

그렇게 견고하던 학교가 혁신을 하면서 바뀌고 있다. 텍스트로만 존재하던 인간의 상상, 생각, 인권, 자유, 평등, 행복이 화두가 되었다. 학생은 학교교육의 중심에 서게 되었다. 학교교육을 위해 교사의 철학과 가치가 중요하고, 학교의 문화가 중요하며, 학교를 운영하는 시스템도 민주적으로 바뀌어야 한다는 생각으로 전환되었다. 더 나아가 교과서보다 학생들의 상상, 지적 호기심, 학생들의 요구에 부응해서 교육이 이루어져야 한다고 생각하게 되었다.

꿈의학교에서 배움의 주체는 학생이다. 학생들의 상상과 꿈, 생각과 질문, 희망과 의지가 배움의 시작이다. 학생이 원하면 학교(교육활동)를 누구나 만들 수 있다. 학생들이 스스로 만드는 학교가 바로 '학생이 만드는 꿈의학교'이다. 학생들이 배우고 싶은 것을 정하고 강사를 초빙해서 배우거나 직접 가르치며 배울 수도 있다. 만약 마을 사람들이 만들면 '학생이 찾아가는 꿈의학교'가 된다. 마을 사람들은 만들고 선택해서 찾아가 배울 수 있게 되었다. 이렇게 학생이 상상하고 꿈꾸면 학교를 만들 수 있고 꿈의학교에 가서 배우고 싶은 것을 배우게 되었다. 학생들과 마을 사람들이 상상하고 꿈꾸면 누구나 학교를 만들 수 있다. 이때 운영비는 교육청과 기초지자체에서 지원한다.

02

경기꿈의학교
탄생과 성장

시작에서 성장까지 어려운 여정

꿈의학교는 학교 안팎의 학생들이 배움의 주체로서 스스로 참여하고 기획·운영하는 학교 밖 교육활동이다. 학생들은 자유로운 상상력을 바탕으로 무한히 꿈꾸고 질문한다. 그들이 꿈꾸고 질문한 것을 실행 가능하도록 스스로 기획하여 실천한다. 그리고 그 과정과 결과에 대해 성찰한다.

꿈의학교는 도전하는 과정 그 자체를 중요시한다. 도전의 과정에서 겪는 어려움, 우여곡절, 갈등, 실패가 있더라도 딛고 일어설 수 있도록 지지한다. 이러한 과정을 통해 진로를 탐색하고 자기 삶의 역량을 기른다. 학생들이 스스로 자기 배움과 자기의 꿈을 실행하도록 학교와 마을 교육공동체 주체들이 지원하고 지지하는 학교 밖 교육활동이다. 학교 밖 교육활동은 학생들의 요구는 있으나 정규 교육과정에서 수행하기 어려운 노작 활동, 삶과 연결된 프로젝트 학습, 실제 생활에서의 경험 등을 포함한다.

꿈의학교에는 학생들이 스스로 기획하여 만들고 운영하는 '학생이 만들어 가는 꿈의학교'와 마을교육공동체 주체들이 만들고 학생들이 선택하고 찾아가서 배우는 '학생들이 찾아가는 꿈의학교'가 있다. 그리고 꿈의학교의 마중물 역할을 하는 동아리 형태의 '마중물 꿈의학교'가 있다.

어떻게 시작되었나요?

꿈의학교 아이디어에 대한 이야기는 여러 갈래로 전해지고 있는데, 공식적으로 확인할 수 있는 것은 2014년 6월 교육감 선거 당시 이재정 후보의 공약에서부터다. 공약이 늘 그렇듯 구체적인 청사진이 그려져 있다기보다는 후보자 또는 후보 진영의 교육철학을 담아 아이디어를 제안한 것이다. 선거 당시 공약을 살펴보면 다음과 같다.

이와 같이 꿈의학교와 관련한 첫 번째 아이디어는 '다양한 학습 경

다양한 학습 경험의 인정과 확산
덴마크 청소년 시민학교 모델을 참고한 진로·적성 준비 경기형 '꿈의학교' 신설

- 문화·예술·교육 특성화 캠퍼스 경기형 꿈의학교 운영
- 심화 선택교과 운영과 문화·예술 전문교육 실시
- 일반 중·고등학교 예·체능 준비생을 위한 심화 프로그램 제공
- 청소년 문화·예술 관련 기초·전문교육 실시
- 폐교 활용, 퇴임 교원, 지역 전문가 참여
- 대학과의 연계 교육 강화

출처: 이재정 후보자 선거 공약서, 2014.

험의 인정과 확산'의 차원에서 덴마크 청소년 시민학교 모델을 참고로 진로·적성을 준비하는 '경기형 꿈의학교'를 신설하는 것이었다. 학생들이 진로와 적성을 탐색하도록 다양한 학습 경험을 제공한다는 것이다. 동시에 덴마크의 청소년 시민학교 모델을 참고한다니, 전문인을 기르기보다는 인간의 삶과 자기 자신에 대한 근본적인 질문을 통해 교육하겠다는 의미로 보인다. 꿈의학교를 신설하고 운영하되 전자(진로·적성 탐색)보다는 후자(덴마크 시민학교 모델)에 방점이 찍혀 있다고 해석된다. 두 번째 아이디어는 '문화·예술교육 특성화 캠퍼스 꿈의학교'를 운영하는 것이다. 폐교를 활용하여 문화·예술교육 캠퍼스를 만들어 중·고등학생에게 문화·예술 기초 교육과 전문교육을 하겠다는 의미이다.

초기 아이디어는 성적 지상주의에 내몰려 적응하지 못하고 자기 진로와 적성도 찾지 못한 학생들을 대상으로 공교육 내에서 진로적성 탐색을 심층적으로 지원하려 한 듯하다. 다양한 교육과정을 운영하고 특히 문화·예술교육을 통해 감성을 함양하고 더 나아가 전문인으로서 대학에 진학할 수 있는 길을 열어 주려는 의지가 보인다.

교육감 선거 이후 꾸려진 교육감직인수위원회에서 꿈의학교에 대한 다양한 아이디어가 쏟아졌다. 그러나 보통 구체적인 교육정책이 성안되기까지는 많은 우여곡절을 겪는다. 꿈의학교도 마찬가지였다.

교육감직인수위원회는 백서에서 혁신학교나 혁신교육지구사업 등의 혁신교육을 종합적으로 보아 학생들의 삶과 마을 이야기가 중심이 되고 있음을 밝혔다. 그 연장선상에서 '꿈의학교' 정책을 마을교육공동체로 확장시켜 경기혁신교육의 방향을 잡아가게 되었다.

학교와 마을이 유기적으로 연계되는 마을학교를 구축해야 하며 마현재 혁신학교나 혁신교육지구사업 등의 혁신교육 흐름을 종합해 보았을 때, **학생들의 삶과 학교 주변의 마을 이야기가 중심이 되어 가는 흐름**이 있다. 더불어 공교육 안에서 새로운 배움에 대한 인정을 본격적으로 받아들여야 된다는 주장이 제기되고 있다.

이렇게 **마을교육공동체는 경기혁신교육의 미래 방향**이 될 수 있다. 학생들의 수업과 교육과정이 마을교육공동체로 나아가면서 **지역사회 민주시민으로 성장**시키는 교육이야말로 혁신교육이 추구한 목적에 잘 부합한다. 학교와 마을이 유기적으로 연계되는 **마을학교**도 구축해 나가야 한다. 이를 위해 경기도와 기초지방자치단체와도 긴밀한 연계가 필요하다. '경기형 꿈의학교'나 '공립형 대안학교'는 **공교육의 지평을 넓히면서 동시에 마을교육공동체로 갈 수 있는 새로운 학교 형태를 도입하는 것**이다. 현재 학교를 벗어난 아이들이나 현재 공교육 시스템 안에서 시도해 보지 못한 새로운 배움의 형태를 갖춘 학교를 필요로 한다. '교육 자원봉사센터' 또한 마을에 있는 다양한 인적 자원을 학교를 중심으로 보다 의미 있게 결합하여 봉사 중심의 교육 연대가 가능토록 해야 한다.

출처: 교육감직인수위원회 백서, 2014.

을학교를 만들기 위해서는 경기도, 기초지방자치단체와 긴밀한 연대 및 협력이 필요하다고 강조한다. 꿈의학교는 공교육의 지평을 넓히면서 동시에 마을교육공동체로 갈 수 있는 새로운 형태의 학교인 것이다.

한편, 성기선(2015)에 따르면, 쉼이 필요한 학생들을 위해서 덴마크 청소년 시민학교 모델을 지향하는 새로운 학교를 개설하겠다는 점이 꿈의학교의 핵심이라고 한다. 자신의 진로를 자유롭게 탐색할 수 있는 학생이 시간을 부여하고, 학교에 적응하지 못하는 학생들에게 좀 더 자유로운 환경에서 자신을 돌아보고 자신의 미래를 고민할 수 있게 한다는 것이다.

인수위원회 민생분과 홍인기 위원의 제출안을 요약해 보면 다음과 같다(성기선, 2015).

덴마크 에프터스쿨(Efterskole 또는 After school, 자유중등 기숙학교)을 모델로 하여 한국에 이와 비슷한 학교를 만들어야 한다고 제안한다. 중학교에서 고등학교로 가기 이전에 진로학교를 두어 학생들이 자유롭게 자신과 자신의 진로를 탐색할 수 있는 시간을 주어야 한다. 이런 전제 하에 꿈의학교의 운영 방안과 원칙을 다음과 같이 제안한다. 첫째, 학생들이 직접 선택하고 만들어 가는 교육과정을 실현해야 한다. 또한 회복적 정의의 가치를 중심으로 회복적 생활교육을 실시하도록 한다. 둘째, 꿈의학교는 노작을 함께 하며 직업체험을 포함한 몸을 사용하는 활동을 실시해야 한다. 우선적으로 예체능교육, 감성교육, 진로적성교육을 집중적으로 해야 한다. 셋째, 문화 · 예술 집중형 꿈의학교에서는 초중고 문화 · 예술 심화체험과 프로젝트형 문화체험을 할 수 있으며, 진로 탐색, 특기 신장을 위한 위탁 대안교육을 중심으로 운영하며, 음악과 미술은 물론 최신 애니메이션, 영화 등 다양한 문화 · 예술 영역으로 확대해 나간다. 구체적인 방향, 교육과정, 예시, 가이드라인은 다음과 같다.

① **방향**
- 쉼표학교는 보통교육을 지향한다.
- 쉼표학교는 쉼이 필요한 아이들이 있다는 사실을 기반으로 시작한다.

② **교육과정**
- 학생들이 선택하고 만들어 가는 교육과정
- 회복적 정의의 가치를 중심으로 한 회복적 생활교육
- 노작을 함께 하는 교육과정
- 예체능 교육 중시 교육과정

③ **프로그램 예시**
- 1인 1악기

- 자유 독서 시간
- 자신을 알아 가는 과정(자신의 감정과 욕구를 이해하기)
- 다른 사람과 갈등 극복하기
- 스스로 공부하는 시간 보장(쉘이 있는 교육)
- 프로젝트형 교육과정
  − 인문학적 여행 기획자 되기(로드스꼴라)
  − 학생들이 기획하고 출연하는 공연
  − 사회 주요 이슈 다루기
  − 직업세계 탐방
- 전체적으로 너무 많은 일정 잡지 않기
- HIPP(청소년 평화 감수성 프로그램 도입)

④ 가이드라인
- 중 3학년 졸업 후 고등학교 진학하기 전 과정에서 운영
- 법적으로 교육감이 지원하는 방식
- 법적으로 학생이 아님
- 학력으로 인정하지 않음
- 기숙학교 원칙

이 제안들을 보면 꿈의학교는 중학교를 졸업한 학생 중에서 쉼이 필요한 학생들을 대상으로 한다. 학생들이 선택하고 만들어 가는 교육을 하되 회복적 생활교육, 노작교육, 예체능교육을 교육과정으로 하는 기숙학교이다. 특이한 것은 교육감이 지원하고, 학생이 아니며, 학력을 인정하지 않는다는 조건이다. 즉 중요한 것은 쉼이지 스펙이 되어서는 안 된다는 것을 의미한다. 이러한 맥락은 덴마크 에프터스쿨과 덴마크 시민대학의 주요 특징을 반영한 제안이라고 볼 수 있다.

덴마크 시민대학의 공통적인 특징과 질문들

첫째, 모든 학교가 기숙학교 방식으로 운영된다. 짧게는 1~2주, 길게는 4~6개월 과정의 교육 기간 동안 학습자와 교사는 같은 학교 내에서 숙식을 하며 교육과 학습활동에 참가한다.

둘째, 교과목, 교수방법 및 학급의 유형 등의 선택이 자유롭다는 점이다. 교사와 학생 모두가 교육활동의 내용, 범위를 토론을 통해 계획하고 구상하고 있다. 전체 시민대학의 약 10% 정도는 스포츠, 체조와 같은 운동 중심으로 교과과정을 운영하고, 다른 시민대학은 음악과 연극을 강조하고, 또는 공예나 시각예술을, 또는 개발도상국, 환경문제 및 자연보호와 같은 내용을 다루는 학교도 있다.

셋째, 덴마크 시민대학은 교육 내용보다 학생들이 학교의 교육활동에 적극적으로 참여하는 것을 중요하게 여긴다. 이론보다는 경험과 참여를 통한 잃어버린 자아의 발견, 그것은 바로 문화복지의 구체적인 실현인 것이다.

넷째, 시민대학에서는 어떤 형태든지 직업 준비를 위한 교육은 실시하지 않으며 시험이나 평가가 없다는 점도 두드러진 특징이다.
덴마크 시민대학의 의미는 교육기관 그 이상이다. 덴마크인들의 생활 속에 문화와 철학에 대한 학습활동이 살아 움직이고 있다.
시민대학 학생들에게 무엇보다 중요한 질문은 '당신은 무엇을 할 수 있습니까?'가 아니라 '당신은 누구입니까?'이다. 전문적인 기술이란 그 자체로 존재하지 않는다. 이러한 기술이란 하나의 도구에 불과할 뿐이며 그 자체가 목표가 되지 못한다. 각각의 전문적인 기술이란 인간 삶에 어떠한 의미와 질(質)을 가져다주는가? 인간은 어떻게 형성되는가? 상호 연계되어 있는 공동체에서 자아(self)는 타인의 자아와 어떻게 관련되는가? 우리는 진정한 삶을 어떻게 살아가는가? 우리 인간이 다른 사람의 운명과 관련되어 있다는 점은 일상생활에서 무엇을 의미하는가? 등과 같은 질문들과 연관될 때 의미를 갖게 되며 중요성을 갖게 된다.

출처: 성기선, 경기형 꿈의학교 교육과정 개발연구, 경기도교육청, 2014.

우여곡절 끝에 싹이 트다

2014년 인수위원회 백서에서 그린 꿈의학교에 대한 모습은 각종 담론의 형태로 이어졌다. 인수위원회에서 제안한 기본정신과 취지를 살리면서 수정되거나 구체화되었다(성기선, 2015).

2015년도 초기에 경기도교육청에서 제안한 꿈의학교의 취지는 아이에게 꿈을 만들어 주고 꿈에 접근할 수 있도록 해 주는 것이다. 꿈의학교는 수업시간에 잠자던 학생들, 학업에 취미가 없어서 불만인 학생들, 자신감이 없는 학생들에게 좋은 역할을 하는 학교이다. 꿈의학교는 전적으로 학생들의 자발적인 선택과 참여를 보장하며, 학생들이 스스로 기획하고 운영하면서 꿈과 미래를 만들어 간다. 원칙적으로 중학교 학생들을 대상으로 운영한다. 꿈의학교는 방과후학교, 계절학교, 토요학교, 쉼표학교로 운영한다.

2014년도부터 운영된 경기도교육청 '꿈의학교 TF'에서 만든 꿈의학교의 위상은 마을교육공동체를 이루기 위한 가장 중요한 축으로 삼고, 2015년도에는 시범사업으로 추진하는 것이었다. 이때 정리된 꿈의

"꿈의학교는 학교와 마을이 연계하여 학생들이 자유로운 인문학적 상상력을 바탕으로 진로를 탐색하며, 다양한 문화·예술·체육 활동을 함으로써, 학생들의 꿈을 실현시켜 줄 수 있는 학교이다."

• 이를 위해 경기도교육청과 경기도청, 교육지원청과 기초지방자치단체, 지역사회가 재정과 인력, 자원을 긴밀하게 연결하면서 지역의 교육 인프라를 발굴하고 교육 네트워크를 구축하여 지원할 필요가 있으며,
• 마을교육공동체 구성원들이 다양한 학교협동조합이나, 각자의 재능을 교육 기부하는 교육 자원봉사가 활성화되어 학교(학생) 교육을 지원함.

출처: 경기도교육청, 마을교육공동체 추진 방향, 2014.

학교의 정의는 학교와 마을을 연계한다는 것, 자유로운 상상력을 바탕으로 진로를 탐색한다는 것, 문·예·체 활동을 통해 꿈을 실현시켜 줄 수 있는 학교라는 것이다.

꿈의학교 예시

가평 수상스포츠 꿈의학교	고양 발명 꿈의학교	남양주 사과나무 꿈의학교
파주 한옥 꿈의학교	수원 나도 의원이다 꿈의학교	광명 해오름 자전거 꿈의학교
안양 축제기획 꿈의학교	군포 개그 꿈의학교	성남 LAMP 꿈의학교
김포 콩나무 뮤지컬 제작 꿈의학교	의정부 꿈이룸 꿈의학교	부천 만화 꿈의학교
시흥 여기 꿈의학교	용인 디베이트 꿈의학교	오산 하이리그 축구 꿈의학교

이와 같은 과정을 거쳐 2015년 3월부터 경기도교육청 북부청사에 마을교육공동체기획단이 조직되어 4월부터 꿈의학교 공모 사업이 시작되었다. 2015년에 마을교육공동체기획단에서 수립한 꿈의학교의 정의와 추진 개요는 다음과 같다. 마을교육공동체기획단에서는 이재정 교육감의 교육철학과 의지를 반영하여 꿈의학교가 학생들 스스로 선택하고, 참여하고, 기획하고, 운영하는 학교라는 점을 강조하였다(백병부, 2015). 2015년에는 꿈의학교가 시범사업으로 방과후형, 계절형, 쉼표형, 토요형, 혼합형으로 다양하게 운영되었다.

2015 꿈의학교 정의 및 추진 개요

꿈의학교 정의
학교와 마을이 연계한 다양한 마을교육공동체 주체들이 참여하되, 학생들의 자유로운 상상력을 바탕으로 학생 스스로 기획·운영하고, 진로를 탐색하면서 학생들의 꿈이 실현되도록 도와주는 학교

추진 개요

- 학생이 직접 기획·운영하며 학교 정규교육에서 다룰 수 없는 다양한 형태와 내용으로 학교 밖에서 운영. 학교 밖이란 공간 개념이 아닌 학교 정규교육과정 밖이라는 의미임.
- 지역, 교육지원청, 학교 등의 시설을 이용하여, 선정된 꿈의학교의 장은 명예직 교장제로 운영(2015년 50개 내외 시범 운영).
- 방과후형 학교는 초중고 학생을 대상으로 주중 또는 주말을 이용하여 인문학적 상상력을 키우는 문예체 집중형으로 운영하며, 교육지원청을 중심으로 하되 다양한 교육 주체가 운영.
- 계절형 학교는 초중고를 대상으로 방학 기간을 이용하여 상상력과 창의력 함양 및 문화예술 진로 등 통합교육으로 운영.
- 쉼표형 꿈의학교는 시범적으로 2개교를 운영하되 2016년 운영을 위한 준비에 중점을 둠.

출처: 경기도교육청, 2015 꿈의학교 추진 기본계획(안), 2015.

뿌리내리고 성장하다

꿈의학교를 꿈꾸는 것은 같지만 꿈의학교와 마을교육공동체에 대한 이상은 서로가 다르게 그리고 있는 것은 어쩌면 당연한 현상일지 모른다. 사람의 생각이 똑같을 리가 없지 않은가. 하지만 이재정 경기도교육감은 전 세계 어디에도 없는 학생 중심의 미래학교를 만드는 것이 목표였다. 이재정 교육감은 실무진을 만날 때마다 '학생 스스로'를 외쳤다. 학생이 당연히 배움의 주체로서 스스로 필요로 하는 학습을 선택하고 주도적으로 기획하고 실천하고 성찰하는 학생 중심의 학교(교육활동)를 만들라는 것이다. 더 나아가 꿈의학교 운영위원들은 '꿈을 지금 실행하라', '지금 학생들이 돈을 벌도록 하라'고 강조하였다. 꿈을 30년 후의 미래 희망으로 두지 말고 지금 실행하라는 것이다. 능력이 되면 돈을 벌어 봐야 한다는 것이다. 현장감을 느껴야 학생들의 눈빛이 살아

난다는 지론이다. 이러한 원대한 포부와 우여곡절 끝에 학생들의 요구와 지역의 특성에 맞는 다양한 꿈의학교가 만들어졌다.

2015년도 하반기에는 박승원 도의원이 발의하여 '경기마을교육공동체 활성화 지원에 관한 조례'(부록 참조)를 제정하였다. 이를 근거로 하여 2016년부터는 '학생이 만들어 가는 꿈의학교', '학생이 찾아가는 꿈의학교', '마중물 꿈의학교'로 다시 분류하여 운영하고 있다.

꿈의학교 삼총사

학생이 만들어 가는 꿈의학교

'학생이 만들어 가는 꿈의학교'는 글자 그대로 학생들이 만드는 학교이다. 학생이 교장도 되고 교감도 되고 교사가 되며 학생이 된다. 이들을 일명 '꿈짱'이라고 부른다. 꿈짱 학생 한 명 또는 여러 명이 배우고 싶은 주제를 선택하고 학교를 만든다. 예를 들어, 도전 과제라면 자기주도 프로젝트형으로, 아니면 온전한 쉼을 통해 자기를 성찰하고 싶다면 쉼표형으로 최소 30시간 이상 주요 활동 내용과 일정 계획, 예산 계획을 세운다. 물론 필요한 강사를 초빙할 수도 있고 학생들이 직접 활

- 학생이 스스로 기획하고 운영하는 꿈의학교
- 공모를 통해 심사 및 선정
- 학생이 스스로 질문, 기획, 도전하는 교육활동
- 꿈의학교 운영위원회 심의
- 경기도교육청 지방보조금심의위원회에서 심의
- 꿈지기(교사, 학부모)를 매칭하여 운영 지원
- 프로젝트형, 쉼표형 등 다양한 방법으로 운영

동을 주도할 수도 있다. 계획을 세울 때 교사, 학부모, 마을 주민 중에서 행정과 재정적인 도움을 줄 수 있는 꿈지기 1~2명을 위촉한다. 꿈지기들은 학생의 안전과 교육활동을 지원만 하고 가르치거나 이끌고 가지 않는다.

교육청에서 공모 계획이 나오면 꿈의학교 운영 계획서를 마을교육공동체 홈페이지에 탑재하여 응모한다. 교육지원청에서는 서류심사와 면접심사를 실시하고 후보를 도교육청에 보고한다. 도교육청에서는 25개 교육지원청에서 보고된 후보들을 31개 시군별로 분류하고 조정할 사항이 있을 경우 조정회의를 거쳐 꿈의학교 운영위원회와 경기도교육청 지방보조금 심의위원회의 심의를 받아 최종 선정한다.

꿈의학교로 선정이 되면 꿈짱들과 꿈지기를 불러 기존에 세운 계획서에 상상력을 더해 실행하도록 워크숍을 실시한다. 이 행사를 '쇼미더스쿨(Show me the school)'이라고 한다. 쇼미더스쿨은 상상력을 촉진하고 실행할 수 있다는 자신감을 갖도록 최고의 프로그램으로 진행한다.

쇼미더스쿨은 꿈짱과 꿈지기 모두에게 꿈의학교의 가치를 알게 하고, 자신감, 자긍심을 부여하는 행사이다.

　김태원 구글 상무, 최윤현 최게바라기획사 대표, 오연호 오마이뉴스 대표 등을 쇼미더스쿨에 특강 강사로 모셨다. 이들이 학생들과 꿈지기의 생각을 말랑말랑하게 했고, 김승수 똑똑도서관장이 학생들의 상상력을 촉진하는 역할을 하였다. 학생들이 거칠게 계획한 꿈의학교의 초기 계획서에 상상력을 더하여 실제로 실행 가능한 계획서로 구체화되도록 한 것이다. 꿈짱들이 쇼미더스쿨을 거치면서 기존 계획서를 수정하여 제출하면 사업비가 꿈지기에게 지급된다. 그러면 함께 배울 학생들을 모집하고 계획에 따라 운영한다. 주요 활동 내용, 변화도를 포트폴리오로 작성하고 출결 기록을 관리하여 운영이 종료되면 학생생활기록부에 등재될 수 있도록 기재 내용을 교육지원청에 제출한다.

2017 학생이 만들어 가는 꿈의학교
'쇼미더스쿨' 워크숍

배경

- 학생이 꿈꾸는 배움에 대해 무한히 상상하고, 집단지성의 힘으로 상상을 성장시켜 구체화하는 과정이 필요
- 자유로운 토론과 협업을 통해 공동으로 사고하여 공동으로 꿈의학교를 운영할 수 있도록 만남 및 나눔의 시간 필요

목적

- 학생이 중심이 되어 주체적 배움으로 성장하는 꿈의학교 운영 효과 제고
- 꿈꾸는 학교에 대해 상상하고 구체적인 꿈의학교 기획 과정을 통해 학생의 꿈 실현

운영 개요

- 학생이 만들어 가는 꿈의학교 341교, 꿈짱 · 꿈지기 · 업무담당자 1,100여 명 참석 (4차에 걸쳐 진행)
- 오픈스페이스 열린 토론 방식 및 액션러닝 방식 진행

운영 결과

- 특강을 통해 교육과 더 나은 사회에 대해 상상하여 꿈의학교 운영 계획에 담기
- 꿈의학교 운영 계획을 구체적으로 세우고 의욕 고취
- 지역별 네트워크 구성으로 꿈의학교 운영을 위한 연대 마련
- 쇼미더스쿨 참가자 만족도가 높으며 향후 꿈의학교 운영을 위한 충분한 마인드 제고 효과 높음

특강	마음 열고 이야기 경청하기 – 꿈꾸는 것이 왜 중요하지? – 꿈꾸는 걸 어떻게 실행할까?

⇓

방글방글	함께하는 우리, 반가워요! – 간단한 자기 소개, 꿈의학교 소개 – 인사하고 마음 나누기

⇓

몽실몽실	선배 꿈짱들의 사례 알아보기, 지역별 모임 만들기 – 우리가 정말 꿈의학교를 운영할 수 있을까? – 이럴 땐 이렇게, 저럴 땐 저렇게~

⇓

와글와글	꿈의학교 운영 방안 나누기 – 마을에서 함께할 방안 나누기 – 꿈의학교 운영 아이디어 나누고 구체화하기

⇓

뚝딱뚝딱	학교운영계획 정리하고 표현하기 – 아이디어 다듬고 정리하기 – 종이상자에 학교운영계획 표현하기

⇓

또랑또랑	학교운영계획 발표 및 공유하기 – 아이디어 발표하기 – 실천 의지 다지기

⇓

모락모락	설문 및 소감문 작성하기 – 쇼미더스쿨을 통해 얻은 점, 아쉬운 점 – 앞으로 전개될 꿈의학교에 대한 기대, 다짐 등

몽실몽실 지역 모임

뚝딱뚝딱 계획 만들기

또랑또랑 계획 나누기

학생이 찾아가는 꿈의학교

학생이 찾아가는 꿈의학교는 학부모, 비영리단체, 지자체, 전직 교직원, 개인 등 마을 사람들이 마을의 학생들을 위해 만든 학교 밖 학교이다. 운영 주체의 전문성, 마을의 문화, 마을의 산업 등 마을의 특성을 반영하여 마을학교를 만드는 것이다. 운영 주체들이 신청서와 50차시 이상의 교육활동과 일정 계획, 안전 계획, 예산 계획을 수립한다. 교육청에서 실시하는 공모설명회에 참석하여 꿈의학교에 대한 철학과 가치, 선정 절차, 예산 집행 지침 등에 대해 설명을 들을 수 있다. 공모가 시행되면 신청서와 꿈의학교 운영 계획서를 마을교육공동체 홈페이지에 탑재하여 응모한다.

- 학부모, 비영리단체, 지자체, 개인이 만들어 가는 꿈의학교
- 공모를 통해 심사 및 선정
- 꿈의학교 운영위원회 심의
- 경기도교육청 지방보조금 심의위원회에서 심의
- 방과후, 계절형, 혼합형, 쉼표형 형태로 운영
- 파이낸싱(Financing) 꿈의학교 시범 운영(4개 시 · 군)

교육지원청에서는 1차 서류심사, 2차 면접심사, 3차 현장심사를 거쳐 1.2배수로 도교육청에 제출한다. 도교육청에서는 31개 시군의 꿈의학교 후보자들을 정리하고 검토하여 조정 사항이 생기면 조정하여 꿈의학교 운영위원회와 도교육청 보조금심의위원회의 심의를 받고 최종 선정한다.

최종 선정된 운영 주체들은 도교육청에서 기획한 운영 주체 워크숍에 참석해야 한다. 꿈의학교의 철학과 가치, 꼭 필요한 행정적 절차와

예산집행 지침, 꿈의학교 운영 주체 간 정보 교류 등 꿈의학교 운영에 필요한 다양한 정보를 얻을 수 있다. 이때 가장 강조하는 것은 '학생 스스로'와 '학생 주도'이다. 마을의 학생들의 요구에 부응해야 한다는 것을 강조한다. 꿈의학교 운영 주체 워크숍은 매번 분위기가 뜨거웠다. 꿈의학교에서 마을 아이들을 키우겠다는 열정이 어마어마했다.

워크숍을 거치고 계획서를 수정할 수 있다. 수정된 계획서를 확인하고 경기도교육청과 약정을 체결하면 사업비가 교부된다. 사업비는 운영 기간, 참여 학생 수, 교육 아이템 등이 모두 차이가 나기 때문에 꿈의학교마다 다르다. 평균 2,000~3,000만 원 정도이다. NH농협은행은 경기도교육청과 업무협약을 체결하고 금융과 관련한 '파이낸싱 꿈의학교'를 농협 자체 예산과 인력으로 운영하기도 했다.

운영이 종료되는 시점에 성장 발표회를 하고 생활기록부 기재 내용을 교육지원청에 제출하면 확인하고 참여한 학생들의 생활기록부에 등재되도록 지원한다.

마중물 꿈의학교

마중물 꿈의학교는 다른 꿈의학교보다는 작은 규모지만 자율성이 더 강한 동아리 형태의 학교 밖 학교이다. 어른 3명, 학생 10명 이상이 모이면 운영할 수 있다. 마중물 꿈의학교에서는 마을 사람들과 학생들이 함께하는 교육활동을 한다. 하고 싶은 교육활동을 시범적으로 운영하며, 이러한 활동을 통해 장차 꿈의학교로 발전될 수 있도록 지원한다. 꿈의학교의 마중물 역할을 기대하고 한 바가지의 물을 펌프에 부어 넣는 격이다. 2015년부터 매년 약 100개의 마중물 꿈의학교에 300만 원씩의 예산을 지원했다.

경기꿈의학교의 철학과 가치

꿈의학교 슬로건

| 거침없이 꿈꾸고 당차게 도전하라! |

꿈의학교에서는 자유롭게 무한히 상상하고 거침없이 꿈꾸도록 지원한다. 그리고 그 꿈을 지금 여기에서 당차게 도전할 수 있다. 도전하면서 꿈에 한 발짝 더 가까이 다가가는 것이다. 꿈을 꾸는 사람은 꿈을 닮아 간다는 말이 있다. 성공하면 좋고, 실패하더라고 딛고 일어서도록 지원한다. 꿈의학교는 "실패해도 괜찮아! 넘어져도 괜찮아! 일어서면 돼."라고 말한다. 실패를 통한 배움의 가치를 몸으로 배운다. 자기가 원한 것(배움)을 스스로 선택하고 스스로 기획해서 실천해 보는 것이다. 그 과정에서 내면의 울림을 듣고 자기 삶의 역량을 키우길 기대한다.

꿈의학교 비전

| 꿈꾸고 도전하는 학생 |
| 지금 스스로 꿈을 꾸는 학생 |

"너의 꿈은 무엇이니?"라고 학생들에게 물으면 아주 구체적으로 답하는 학생도 있지만, 많은 학생들은 자신의 꿈이 무엇인지조차 모른다. 꿈이 없는 아이들도 많다. 그냥 학교에 다니는 학생들도 많다. 사실 자기의 잠재 능력을 학창 시절에 스스로 아는 사람은 드물다. 자기 안에 어떤 능력, 어떤 힘이 있는지 잘 모르고 성장한다.

꿈을 갖기 위해서는 나는 누구인가, 나는 무엇을 잘할 수 있는가, 나는 무엇을 해야 가장 행복한가, 나는 무엇을 하고 싶은가 등을 스스로에게 계속 질문해야 한다. 내면의 소리에 귀를 기울여야 한다. 더 나아가서 우리 사회, 자연, 세계에 대해 질문하고 대화해야 한다. 그리고 일상에서 부모님, 친구, 선생님과 대화해야 한다.

상상과 질문을 통해 꿈, 흥미, 강점, 질문거리가 생기면 스스로 실행할 수 있게 기획하고 실천해야 자기의 배움, 자기의 역량이 된다. 자기의 꿈과 희망을 멀리 두지 말고 바로 지금 여기에서 실행하는 것이 중요하다. 이와 같이 경기도의 학생들이 '스스로 꿈꾸고 도전하는 학생, 지금 여기에서 스스로 꿈을 꾸는 학생'이 되어 꿈을 실현하고 자기다운 삶을 살아가는 사람이 되길 희망한다.

꿈의학교 핵심 가치

꿈의학교의 핵심 가치는 먼저 '스스로' 자기 삶을 살아가는 독립적인 인간이 되는 것이다. 그러면서 동시에 '더불어' 살아가는 민주적인 시민이 되어야 한다. 그래서 스스로 자유롭게 무한히 상상하도록 한다. 자기에게 친구에게 선생님에게 마을에 사회에 대자연에 우주에 질문할 수 있다. 그 상상과 질문을 바탕으로 자기가 배우고자 하는 것과 학습활동을 스스로 기획하고 도전하도록 한다. 그 과정에서 학생들은 열정을 다하고, 민주주의를 손과 발로 실천하며 몸에 익힌다. 더 나아가 더불어 살아가는 공동체를 이루길 기대한다. 교육활동을 마무리하면서 성찰하고, 성찰의 결과는 다시 새로운 상상과 질문으로 이어질 수도 있다.

경기꿈의학교 운영 원리

운영 원리 1 학생 스스로 기획하고 실천한다.

꿈의학교에서는 학생이 배움의 주체다. 원하는 배움이 무엇인지 스스로에게 묻고, 무엇을 배울지 학생들이 선택하고 스스로 주도하여 기획하고 실천한다.

마을교육공동체 구성원들은 학생을 지원하고 활동을 격려한다. 꿈의학교별로 운영위원회를 조직하여 학생들의 의견을 수용하고 학생들의 의견을 운영에 반영하여 학생 주도의 운영이 되도록 한다.

운영 원리 2 온 마을이 함께 운영한다.

'한 아이를 키우는 데 온 마을이 필요하다'고 한다. 꿈의학교에서는 온 마을 사람들이(교육청, 지자체, 학부모, 전직 교직원, 교육 자원봉사자, 마을 사람, 유관기관, 비영리단체, 학생 등) 참여하여 만들고 운영한다. 마을의 시설, 마을의 사람, 마을의 문화, 마을의 산업을 통해 아이들을 키우고 마을에서 성장하도록 한다. 학교, 교육청, 유관기관과 지자체가 연대·협업·지원하고, 마을 사람들이 마을의 아이들을 기르도록 한다.

운영 원리 3 문턱이 없는 마을학교를 만든다.

공교육을 하는 학교는 문턱이 너무 높다고 한다. 실제 학부모의 입장에서 보면 내 자녀가 다니는 학교에 대해 궁금한 것이 너무 많은데, 누구에게 쉽게 말을 꺼내기도 힘들고 참여하기도 힘들다. 더구나 일을 하는 부모의 입장에서 보면 학교의 문턱은 한없이 높다.

꿈의학교는 마을학교다. 마을학교는 온 마을 사람들이 참여하여 운영하는 학교다. 따라서 마을 사람 누구에게나 열려 있어야 한다. 마을 사람 누구나 들락날락하면서 보고, 말하고, 뭔가를 도와줄 수 있어야 한다. 그래서 개방성이 매우 높아야 한다.

운영 원리 4 무학년제로 운영한다.

꿈의학교는 초·중·고등학생과 마을의 청소년들이 함께 참여하고 더불어 배우고 나누도록 무학년제로 운영한다. 마을의 언니, 오빠들에게 생각의 대물림, 배움의 대물림, 삶의 지혜의 대물림을 받고 마을의 아이들이 자연스럽게 성장하도록 한다. 학교교육은 같은 학령기 학생을 집단으로 구성하고 교육하지만, 꿈의학교에는 연령대와 상관없이 마을의 아이들 사이에 돌봄, 배움, 성장이 동시에 일어나도록 지원한다.

운영 원리 5 더불어 배우고 나누며 민주주의를 실천한다.

꿈의학교는 마을학교를 지향한다. 마을에서 돌보고 마을에서 배우고 마을 사람을 성장하도록 한다. 이 과정에서 마을 아이들과 마을 사람들이 더불어 배우고 나누며 공동체를 만들어 간다. 공동체 속에서 자치를 통한 민주주의가 꽃피울 수 있도록 지원한다.

경기꿈의학교의 운영

2015년, 꿈의학교를 도입하다

2015년도는 꿈의학교가 실제 운영을 시작한 첫해여서 다양한 형태로 시도되었다. 방과후형 7개교, 계절형 5개교, 쉼표형 25개교, 토요형 67개교, 혼합형 39개교가 운영되었다. 이 학교들의 교육과정은 음악, 연극, 영화, 뮤지컬, 미술, 스포츠, 인문학 등 문·예·체 중심이었다.

꿈의학교를 시작한 첫해, 도전적이고 파격적인 실험은 성공하였다. 스스로 문제를 찾고 스스로 문제를 해결하는 프로젝트형 꿈의학교, 뮤지컬을 제작하는 꿈의학교, 학부모들이 만드는 오케스트라 꿈의학교, 영화촬영소를 활용한 영화제작 꿈의학교가 생겼다. 또 축구 리그전을 펼치는 꿈의학교, 벨로드롬을 활용한 자전거 꿈의학교, 지역사회의 특성을 반영한 팜파티 꿈의학교, 마을 사람을 키우는 꿈의학교도 있었다. 그리고 자연 속에서 도전하는 수상 스포츠 꿈의학교, 아이들의 마음을 어루만지는 꿈의학교 등 다양한 꿈의학교들이 싹을 틔우고 뿌리를 내렸다.

2016년, 꿈의학교를 성장시키다

2016년도에는 학생이 배움의 주체가 되도록 학생 중심의 교육활동으로 다시 구조화하였다. '학생이 찾아가는 꿈의학교' 215개교, '학생이 만들어가는 꿈의학교' 148개교, '마중물 꿈의학교' 100개교가 운영을 시작하였다.

꿈의학교 팀은 학생들이 꿈꾸게 하고 자신감을 가지고 도전하도록 슬로건을 만들고, 비전과 핵심 가치를 선정하였다. 그리고 무엇보다 '학생 스스로'의 정신이 잘 구현되는 꿈의학교를 운영하였다. 동시에 2015년도에 드러난 여러 가지 문제들을 해결하고 안정적이고 지속적으로 성장 가능하도록 전략적인 접근을 시도하였다.

운영 주체와 강사들의 성범죄 전력 및 아동학대 전력 조회, 체험활동 시 경기도교육청의 학교 밖 체험학습 지침의 수준에서 체험학습을 점검하고 실시하도록 하였다. 예산 집행의 투명성을 확보하기 위해 회계사들의 회계 심사를 받고 보고서를 제출하게 하였다. 이와 같이 꿈의학교에 대한 가치체계를 정립하고 안정적 운영 방안을 가지고 다가가자 '이제 꿈의학교가 보인다, 꿈의학교 멋지다'라고 교육전문가와 마을 사람들이 입을 모았다.

꿈의학교가 가능성을 보이자 기초지자체의 지원이 확대됐고, 국정감사와 행정사무감사에서도 관심이 점점 많아졌다. 경기도내 31개 시군 중 16개 시군에서 꿈의학교 예산으로 25억 8천만 원을 지원하였다. 기초지자체의 예산 지원에 대해 50:50으로 도교육청에서도 대응 지원을 하기는 했지만 놀라운 변화였다. 국정감사 시기에 모 국회의원은 국정감사 자료로 꿈의학교에 대한 모든 자료를 요청하였다. 꿈의학교 팀원들은 거의 6,000쪽에 달하는 자료를 정리해서 보냈다. 의원은 당연히 할 일을 한 것일 수 있지만 우리에게는 웃픈(웃기면서도 슬픈) 일이었다. 경기도의회에서도 꿈의학교를 적극적으로 지원해 주는 의원들이 있는 반면 교육적인 가치를 떠나 문제시하는 의원들도 있었다.

한번은 경기도의회 교육위원회의 예산 심사에서 꿈의학교 예산이 반으로 줄었다가 예산결산 심사위원회에서 다시 원안대로 예산을 책정한 일도 있었다. 뿐만 아니라 모 도의원은 운영 주체에서 '개인'을 빼기 위해 조례를 개정하려고 했다. 꿈의학교 팀은 상위 법령을 분석하고 의원들을 찾아가 설득하는 등 적극적인 노력으로 조례 개정을 막을 수 있었다. 이러한 현상들은 꿈의학교가 마을에서 잘 성장하고 있고 학부모들이 긍정적으로 평가하고 있다는 반증이라는 생각으로 꿈의학교 팀원들은 힘겨운 시간을 견뎌 낼 수 있었다.

2017년, 꿈의학교를 안착시키다

2017년 9월 1일 기준으로, 학생이 만들어 가는 꿈의학교 335개교, 학생이 찾아가는 꿈의학교 419개교 등 총 754개교와 마중물 꿈의학교 97개교를 운영하였다. 2015년에 143개교 대비 약 5배의 양적 성장을 거둘 수 있었다. 이렇게 성장하게 된 것은 22개 기초지자체에서 운영비로 32억 6천만 원을 지원한 결과이기도 하다.

2017년에는 꿈의학교가 31개 시군에서 균형 있게 성장하도록 지원하는 데 역점을 두었다. 경기도를 7개 권역으로 나누고 꿈의학교팀의 팀원들이 1개 권역씩 담당하여 교육지원청 담당자와 협업하였다. 개교지원, 상·하반기 컨설팅, 학생활동 지원, 모니터링, 성장발표회, 마을-학교공동 실천모임 지원, 꿈지기 육성, 교육지원청과 꿈의학교별 운영위원회 운영 등 다차원적인 접근 방식으로 지원하였다. 한 걸음 더 나아가 꿈의학교와 교육 자원봉사, 교육협동조합, 학부모와 어떻게 협업을 할 것인지 궁리하고 만남도 꾸준히 가져왔다.

꿈의학교가 양적으로 성장하다 보니 질적 내실화와 교육지원청의 역할 강화가 과제로 떠올랐다. 그래서 찾아가는 컨설팅과 더불어 마을 사람 누구나 상시적으로 드나들 수 있도록 개방성을 확보해야 했다. 동시에 지역에서 학생들의 꿈을 지원하고 촉진하는 슈퍼꿈지기(퍼실리테이터)를 육성하는 데 힘을 모아야 했다.

2018년도에는 31개 시군 중 28개 시군에서 42억 6천만 원, 경기도청에서 52억 5천만 원의 예산을 지원하였다. 경기꿈의학교 3년 운영 과정에서 마을을 터전으로 성장하는 학생들의 높은 만족도와 함께 더 많은 꿈의학교를 바라는 학부모와 지역사회의 요구가 반영된 것이라고 생각한다. 이제 학생들이 마음껏 상상하고 도전하는 천 개의 꿈의학교가 펼쳐질 것이다. 도교육청은 큰 그림을 그리고 정책을 담당하고 교육지원청은 마을 사람과 학생을 연결한다. 꿈의학교라는 큰 바위를 처음 굴릴 때는 큰 힘이 필요했지만 지금은 경기도 내 많은 사람들이 함께 꿈의학교를 밀고 끌며 함께 이루어 나가고 있다.

경기꿈의학교 운영위원회

꿈의학교 정책을 펼쳐 나가는 데에 참고할 만한 전례나 타 시도의 사례를 찾기가 쉽지 않았다. 학생을 중심에 두고 문제를 바라보고 다양한 의견을 내고 해결 방안을 공동으로 찾아 나가는 방법이 필요했다. 2015년 '경기마을교육공동체 활성화 지원에 관한 조례'에 근거하여 2016년 4월 경기꿈의학교 운영위원회를 조직하여 꿈의학교의 주요 방향을 정하고 꿈의학교 주요 사안에 대해 심의를 받도록 했다.

운영위원은 학생 중심의 열린 사고와 실천적 삶을 살아오신 사회 저명인사와 경기도의회 의원, 경기교육에서 학생 중심 교육을 실천해 오신 분들을 추천받아 15명으로 구성하였다. 경기꿈의학교 선정·심사 등 꿈의학교의 주요 사안에 대한 심의를 통해 꿈의학교와 더불어 우리 교육이 나아갈 방향에 대한 심도 있는 논의가 이곳에서 이루어졌다. 도교육청뿐만 아니라 각 교육지원청 꿈의학교 운영위원회도 조직·운영하여 각 지역의 꿈의학교 사안을 심의하게 하였다. 2017년에는 학생이 찾아가는 꿈의학교별 운영위원회를 구성하도록 하여 민주적인 꿈의학교 운영이 이루어지도록 하였다.

경기꿈의학교 공모와 준비

공모 및 홍보, 설명회

꿈의학교는 민간에 예산이 지원되기 때문에 지방재정법, 지방재정법시행령, 경기도교육비특별회계 지방보조금 관리 조례, 경기마을교육공동체 활성화 지원에 관한 조례, 경기도교육비특별회계 재무회계 규칙에 의거한 공모사업이다.

따라서 예산이 전년도 12월에 확보되면 학생이 찾아가는 꿈의학교는 보통 1~2월에 공모한다. 학생이 만들어 가는 꿈의학교는 학생들이 신학기 학교생활에 안착한 후 3~4월에 공모한다.

먼저 공고문을 발표하고 경기도 남부와 북부에서 또는 권역별로 설명회를 개최한다. 2018년도에는 수원, 의정부, 성남, 부천에서 4회 설명회를 개최하였다. 설명회에는 약 700~1,000여 명이 참여했는데, 설명회 외에도 신문 홍보, 마을교육공동체 홈페이지, 학교 공문 등으로 홍보하고 있다.

2017년 하반기에는 25개 교육지원청을 순회하며 학교당 학부모 1명, 교원 1명씩 초청하여 찾아가는 설명회를 개최하였다. 또한 학교나 지역 단위로 10~20명씩 설명회를 요청하면 꿈의학교의 철학과 가치, 계획서 작성, 운영, 정산 등에 대해 설명하였다.

2018 공모 개요 및 추진 일정

개요

구분	학생이 찾아가는 꿈의학교	학생이 만들어 가는 꿈의학교	마중물 꿈의학교
신청 기간	2018. 1. 11.(목) ~ 2018. 1. 26.(금) 17:00 마감		
운영 기간	2018년 4월 ~ 2019년 2월		
공모 지역	경기도 전역 (31개 시군)		
공모 수	약 500교	약 500교	약 100교
운영 시간	50시간 이상	40시간 이상	20시간 이상
모집 인원	20명 이상	10명 이상	어른 3명 + 학생 10명 이상

순	일시	내용
1	2018. 1. 4.(목)	2018 경기꿈의학교 공모 공고
2	2018. 1. 9.(화)~10.(수)	2018 경기꿈의학교 공모 설명회
3	2018. 1. 11.(목)~1. 26.(금)	서류 접수
4	2018. 1. 25.(목)	교육지원청 심사단 협의회
5	2018. 1. 29.(월)~2. 14.(수)	교육지원청별 심사
6	~ 2018. 2. 28.(수)	취합 및 도 꿈의학교 운영위원회 심의
7	~ 2018. 3. 23.(금)	보조금심의원회 심의 및 선정 결과 발표
8	2018. 3. 27.(화)~3. 29.(목)	운영 주체 워크숍
9	~ 2018. 4월 중순	약정서 체결, 수정 계획서 제출, 사업비 교부

계획서 준비

꿈의학교에 응모하고자 하는 꿈짱(학생이 만들어 가는 꿈의학교) 또는 운영 주체(학생이 찾아가는 꿈의학교)들은 '학생 스스로' 정신과 운영 원리에 맞게 신청서, 주요 활동 내용과 예산 계획서를 작성해야 한다.

응모

준비된 꿈의학교 신청서와 운영 계획서를 경기마을교육공동체 홈

경기마을교육공동체 홈페이지

페이지(http://village.goe.go.kr)에서 응모한다.

선정 심사

학생이 찾아가는 꿈의학교는 1차 서류심사, 2차 면접심사, 3차 현장
평가로 심사하며, 학생이 만들어 가는 꿈의학교는 1차 서류심사, 2차 면
접심사를 한다.

도교육청에서는 선정 계획을 수립하고 심사위원 연수를 담당한다.
교육지원청에서 교직원, 교육전문직원, 퇴직 교직원, 지자체 업무 관련
자, 지역 꿈의학교 전문가, 마을교육공동체 연수 이수자 등으로 구성된
심사위원회가 심사를 담당하게 된다.

꿈의학교 선정에 교육지원청별로 학생 꿈 조사 결과를 참조하여 최
대한 학생들이 원하는 꿈의학교가 선정되도록 하고 있다.

학생이 찾아가는 꿈의학교의 단계별 심사 영역과 관점은 다음 표와
같다.

1차 서류심사 영역 및 관점표

심사 영역	심사 관점	심사 자료
전문성 및 책임성	• 전문성과 학생 꿈 조사 반영 • 운영을 위한 준비성 및 기반 조성	계획서
독창성	• 학생 중심 프로그램 운영 • 독창적이고 창의적인 프로그램	
실현 가능성	• 목적과 내용 실현 가능성 • 꿈의학교 운영위원회 구성	
파급 효과	• 프로그램의 적정성 • 꿈의학교 지속가능성	
신청 예산 내역의 타당성	• 예산 계획의 적절성, 구체성, 타당성	

※ 심사 관점은 해마다 예산 및 지역 상황에 따라 변경될 수 있음

2차 면접심사 영역 및 관점표

심사 영역	심사 관점	심사 자료
철학과 전문성	• 운영위원회의 학생 중심 운영 • 꿈의학교 운영에 대한 전문성	신청서 계획서 소개서 활동 실적 면접 (프레젠테이션 가능)
꿈의학교 운영	• 학생 중심 프로그램 운영 • 프로그램 운영과 꿈의학교 철학의 일치성	
실현 가능성	• 꿈의학교 운영 장소의 적절성 • 꿈의학교 학생 모집 계획 등	
지속발전 방안	• 마을과 협력 방안 • 꿈의학교에 대한 지속가능 방안	

3차 현장심사 영역 및 관점표

심사 영역	심사 관점	심사 자료
학생 안전 1	• 꿈의학교 교육활동 위치의 적절성	현장 방문
학생 안전 2	• 학생 안전에 대한 시설의 적정성	
시설 안전	• 꿈의학교 학생 접근의 용이성 • 주변 시설 및 학생 이동 경로 안전성	
실현 가능성	• 시설에 대한 프로그램 실현 가능성	

꿈의학교 운영위원회와 지방보조금 심의위원회 심의

꿈의학교는 경기마을교육공동체 활성화 지원에 관한 조례에 의거 꿈의학교 운영위원회 심의를 받고, 경기도교육비특별회계 지방보조금 관리 조례에 의거 경기도교육청 지방보조금 심의위원회의 심의를 받는다.

운영 주체 워크숍, 쇼미더스쿨

학생이 만들어 가는 꿈의학교로 선정된 꿈의학교 꿈짱들은 꿈지기 (교사, 학부모)와 함께 꿈의학교를 구체화하기 위해 쇼미더스쿨 컨퍼런스에 참여해야 한다. 쇼미더스쿨은 학생들이 상상하고 꿈꾸는 학교의 비전과 내용을 구체화하고, 실행 가능한 계획을 정리하는 시간이다. 이 시간에 계획을 변경하여도 된다.

학생이 찾아가는 꿈의학교로 선정된 꿈의학교 운영 주체들은 기본적인 소양을 증진시키기 위해 워크숍에 참여해야 한다. 워크숍에서는 꿈의학교의 철학과 가치, 개교 준비와 운영, 성범죄 예방을 위한 교육, 안전교육, 예산의 집행 등에 대해 실행 중심의 연수를 실시한다.

약정서 체결

꿈의학교에 선정되면 쇼미더스쿨과 운영 주체 워크숍을 거쳐 경기도교육청과 운영 주체 간에 약정서를 체결한다.

사업비 교부, 집행, 정산

꿈의학교 사업에 대한 약정서가 체결되면 사업 운영 계획서, 사업비 교부 신청서, 이행보증보험증권, 예금통장 사본, 결제전용 체크카드, 약정서, 청렴 이행 서약서를 제출한다. 사업비는 사업비만 관리하는 전용 통장을 활용하고 집행할 때는 전용 카드를 사용하여야 한다.

사업비의 집행은 꿈의학교 사업비 집행 지침에 따르며, 꿈의학교 사업이 종료되면 지정된 회계법인에서 회계검사를 실시한 후 보고서를 교육지원청에 제출한다.

경기꿈의학교 개교와 지원

개교 준비

개교 준비에 가장 중요한 것은 학생 모집인데, 현수막을 걸기도 하고, 포스터를 학교에 붙이기도 하고, 팸플릿을 학교 앞에서 학생들에게 배부하기도 하는 등 다양하다. 인기가 많은 곳은 면접을 보거나 추첨을 하기도 한다.

개교

학생 모집이 끝나면 개교식을 한다. 꿈의학교는 마을학교이기 때문에 개교식과 같은 행사에 시장이나 군수, 국회의원, 도의원, 시의원, 학부모 등 많은 사람들이 참여하는 것도 좋다. 특히, 마을의 학생들이 기획하고 행사를 운영하도록 권장한다.

운영, 지원

개교식이 끝나면 일정에 따라 꿈의학교를 운영한다. 운영에 가장 중요한 점은 학생들이 원하는 배움이 되도록 하는 것이다. 이를 위해 학생들은 무엇을 배우고 싶은지, 무엇을 하고 싶은지 배움 희망 목록을 작성하거나 오픈스페이스 토론을 하기도 한다. 꿈의학교 목적과 취지를 잘 살리면서 학생들이 원하는 배움을 위해 주제를 정하고 모둠을 만들어 프로젝트를 진행하고 전체가 함께 활동하기도 한다.

이러한 활동을 통해 아이들이 상상과 꿈을 키우고 자기 삶의 힘을 키워 나갈 수 있기를 바라며, 더 나아가 이러한 배움이 학교생활과 마을생활에 환원되어 발전할 수 있기를 기대한다.

교육청에서는 '학생 스스로 정신'과 '마을교육공동체 정신'이 살아날 수 있도록 마을-학교실천 모임을 통해 컨설팅과 마을 사람을 육성시키는 일을 한다. 또한 교육 자원봉사자를 꿈의학교와 연결시켜 학생에게 도움이 되도록 하고 있다.

포트폴리오 작성, 생활기록부 기재

가능하면 꿈의학교 활동 기록을 남겨 활동의 과정, 성장 과정을 포트폴리오로 만들고, 발표회를 통해 활동의 결과를 표현할 수도 있도록 하고 있다.

활동이 종료되면 학생들의 활동 상황을 정리하여 생활기록부에 등재할 수 있게 교육지원청에 기록을 전달한다. 교육지원청은 타당성과 적격성을 검토하여 학교에 전달하고, 학교에서는 학생들의 생활기록부에 등재한다.

꿈의학교 활동을 2~3년간 지속적으로 하게 되면 자신의 꿈에 대한 스토리가 나올 것이다. 이러한 성장 스토리는 진로를 탐색하는 근거가 되고 상급학교의 진학 자료로 활용될 수도 있다.

사업비 정산

꿈의학교 사업이 종료되면 지정된 회계법인에서 회계검사를 실시한 후 보고서를 교육지원청에 제출한다.

경기꿈의학교 평가 결과

꿈의학교의 정신은 성과를 알아보기 위해서 평가를 하지 않는다. 학생들이 원하는 것을 마음껏 하면 그것으로 충분하다고 본다. 학생들이 주도한 배움이었느냐가 중요한 것이다. 학생들이 중심이 되어 무엇을 배울 것인지 기획하고, 실천했다면 성과가 낮고 실패했더라도 그 과정에서 의미 있는 배움이었다고 믿는다.

그럼에도 불구하고 조례에는 평가를 하도록 규정하고 있고, 꿈의학교 정책이 처음으로 시도된 실험적인 정책이기 때문에 성찰과 도약을 위해 정보를 수집하는 차원에서 경기도교육연구원에 연구를 의뢰하여 면담 및 사례연구, 만족도 조사 등을 실시하였다.

2015년에 백병부 박사 외 3인이 '방과후 및 계절형 꿈의학교 활성화 방안'을 연구했고, 2016년도에도 백병부 박사 외 3인이 '학생이 만들어 가는 꿈의학교 활성화 방안 연구'를 추진하였다. 꿈의학교에 대한 교육적 가치와 성장 가능성을 알아보기 위해 연구 결과를 적어 본다.

2015년도 평가 결과(백병부 외 3인, 2015)

꿈의학교 운영 주체 및 교육지원청 담당자 등과의 면담 분석 결과를 요약하면, 첫째, 꿈의학교가 학생들에게 몰입의 즐거움을 제공했다. 꿈의학교 운영 주체들은 막연한 호기심이나 재미를 동기로 지원한 학생들이라 하더라도 꿈의학교 프로그램에 참여하게 되면서 열정을 쏟을 수 있는 대상을 발견하게 되었다고 이야기하였다. 무엇보다도 학생들이 스스로 원하는 것을 할 수 있도록 장을 열어 줬기 때문에 몰입할 수 있었다.

둘째, 참여하는 학생들의 자존감이 고양되었고, 주체성 자각의 기회가 되었다. 학생들이 꿈의학교에 참여하면서 자기가 잘하는 것이 무엇인지를 발견하게 되었고, 이를 통해 자존감과 주체로서의 의식을 높일 수 있게 되었다. 이와 같은 변화는 기존의 학교에서 소외받았던 학생들에게서 더 크게 나타나고 있었다. 꿈의학교에서는 공부 이외에도 다양한 재능을 펼칠 수 있는 장을 마련해 주고 있어서 이들 학생의 소외 현상을 감소시키는 데 도움이 되었다는 것이다.

셋째, 협동과 연대의 가치를 체험하게 되었다. 대부분의 꿈의학교는 학생들의 집단 활동을 기본으로 하여 운영되었다. 학생들이 주도적으로 꿈의학교를 이끌어 가기 위해서는 집단적인 논의의 과정을 거칠 수밖에 없다. 여러 학교에서 다양한 동기를 가지고 꿈의학교에서 만나게 된 학생들이 집단적인 논의의 과정을 거쳐 공동의 목표를 설정했다. 이를 달성하기 위한 노력을 하는 과정에서 자연스럽게 협동과 연대의 가치를 체험하게 된다는 것이다.

넷째, 지역에 대한 이해 수준 및 지역 자원 활용 기회가 많아졌다. 대부분의 꿈의학교는 상당 기간을 꿈의학교가 위치한 지역에서 거주하면서 활동해 온 개인이나 단체가 주체가 되어 운영되고 있었다. 그 지역에 위치한 학교나 공공시설, 종교시설 등을 주요 활동 거점으로 활용하였다. 이와 같은 모습은 그 자체로 마을교육 생태계 복원을 위한 시도로 볼 수 있다.

다섯째, 학교교육과정을 심화하고 학교교육을 보완하는 역할을 하였다. 꿈의학교 운영 주체들은 꿈의학교에서 제공하는 프로그램의 내용 못지않게 운영 방식과 관련해서도 공교육을 보완해 주고 있다고 보고 있다. 기존의 학교는 진도 나가기 수업과 서열화를 목적으로 한 평가라는 구조적 조건하에서 학생들 각자의 성장을 지원하는 데 한계를 가질 수밖에 없지만, 이와 같은 조건에서 자유로운 꿈의학교에서는 가능하다는 것이다.

여섯째, 진로모색을 위한 공적 체험의 장을 제공하였다. 학교 밖에서 꿈을 이야기하고 진로를 모색할 수 있는 공적 체험의 장을 제공했다는 데 그 의의가 있다고 할 수 있다.

참여 학생들에게 만족도를 조사한 결과 초등학생과 중학생은 대부분의 항목에서 90% 이상의 학생들이 긍정적인 답변을 했고, 고등학생의 경우에도 이보다는 낮지만 80%를 넘는 학생들이 긍정적인 답변을 하였다.

항목별로는 교사에 대한 만족도가 가장 높게 나타났으며, 학생들이 원하는 것을 마음껏 할 수 있었는지와 학생들의 의견이 적극적으로 받아들여졌는지에 대해서도 90% 이상 혹은 90%에 육박하는 학생들이 대체로 '그렇다' 혹은 '매우 그렇다'라고 응답하였다. 사전-사후 설문조사에서도 진로계획성, 진로 준비행동, 목표의식 모두 통계적으로 유의미한 수준에서 긍정적으로 반응하였다.

2016년도 평가 결과(백병부 외 3인, 2016)

학생이 만들어 가는 꿈의학교 활성화를 위해 학교 밖 배움터인 인디고서원, 하자센터, 성미산학교, 노원청소년 정보문화센터 사례를 분석한 결과 시사점을 다음과 같이 제안하였다. 첫째, 판을 짤 수 있는 주체의 발굴이 중요하다는 것이다. 이들은 모두 자기 언어를 가지고 있으며, 여기에서부터 판을 짜는 힘이 나온다는 것이다. 둘째, 청소년이 주도하는 학습공동체가 형성되기 위해서는 청소년과 어른의 관계 맺기가 핵

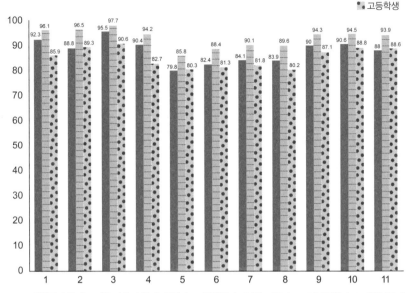

꿈의학교에 대한 만족도

■ 초등학생
▨ 중학생
•: 고등학생

1=학생들이 원하는 것을 마음껏 할 수 있었다, 2=학생들의 의견을 적극적으로 받아들였다, 3=선생님들이 최선을 다해 가르치셨다, 4=원하는 교육을 받을 수 있었다, 5=꿈을 찾을 수 있었다, 6=꿈 실현에 도움이 되었다, 7=정신적으로 성숙해졌다, 8=학교생활을 잘하는 데 도움이 되었다, 9=지역을 좋게 만드는 데 도움이 될 것이다, 10=꿈의학교에 다닌 것이 자랑스럽다, 11=친구들에게 꿈의학교에 다니라고 추천하겠다

심적인 과제라는 것이다. 또한 좋은 학습공동체가 형성되기 위해서는 '청소년=미숙한 존재'라는 도식이 깨져야 한다는 것이다. 청소년이 주도한다는 것은 청소년에게 모든 것을 맡기지만 어른의 역할을 배제하는 것은 아니라는 것이다. 셋째, 입시와 취업을 위한 경쟁 속에서 억압되고 있는 건강한 욕구를 끌어내는 것이 중요하다는 것이다. 넷째, 좋은 공동체는 공간과 철학, 사람이라는 세 가지 요소가 모두 매력적이어야한다는 것이다. 남다른 공간과 분위기가 있고, 그 공간과 분위기에는 그 공동체가 지향하는 철학이 반영돼 있고, 그 안에서 좋은 사람과의 관계

맺기가 일상적으로 일어나고 있다는 것이다. 다섯째, 일상적으로 공동체의 지속과 성장을 고민하고 있다는 것이다. 수행하는 프로젝트 안에 새로운 활동의 장을 만들어 가고, 더 높은 수준의 과제를 만들면서 개인과 공동체를 성장시켜 간다는 것이다. 여섯째, 마을의 교육적 가능성을 고민해야 한다는 것이다. 학교와 마을의 연계, 마을은 창고가 아니라 학교를 품에 안고 있는 공동체여야 한다는 것이다.

꿈의학교 참가 학생을 대상으로 학생 주도성, 교사 및 프로그램, 꿈 실현, 정신적 성숙 및 학교생활 적응, 지역사회 및 공교육에 대한 기여에 대해 만족도를 조사한 결과 90% 이상의 학생들이 만족한다고 응답하였다. 사전-사후 검사를 통한 분석에서도 꿈의학교는 참가 학생들의 진로 역량, 목표의식, 사회공헌 의식, 학교생활 적응, 자아존중감, 도전의식, 주체성 등을 비롯한 정의적 영역에서 긍정적인 변화가 나타나고 있었다.

꿈지기 교사를 대상으로 한 설문조사에서도 학생들에 대한 인식의 변화를 경험하고 있었다. 꿈지기 교사들은 꿈의학교에 참여하기 이전에는 꿈짱 학생이 아닌 일반 학생들을 상대적으로 부정적으로 인식하는 경향이 컸는데, 꿈의학교에 참여하면서 이와 같은 인식이 상당한 정도로 개선되고 있었다. 꿈지기 교사들은 꿈의학교 만족도 조사 결과에서도 90% 정도 만족한다고 응답하였다.

2017년도 평가 결과(김경이 외 4인, 2017)

2017년 경기꿈의학교 성과 평가를 요약하면 다음과 같다. 경기꿈의학교가 설립 취지에 맞게 사업이 운영되고 있는지, 운영 과정에서 지속적으로 제기되는 과제는 무엇인지, 어떤 성과를 보여 주고 있는지를 평가했다. 또 학교교육과 연계 가능성과 방향은 무엇인지, 향후 지속가능한 교육정책으로 자리매김하기 위해 필요한 지원은 무엇인지에 대해 교육현장의 의견조사(설문조사, 좌담회, 정책토론)를 바탕으로 성찰하고 논의하였다. 성과 평가는 2017년 사업계획, 교육목적, 교육문화 조성, 지원체제 네 개의 영역으로 나눴다.

꿈의학교 참여 동기는 전체 학생이 모두 '내가 하고 싶어서(47.8%)', '선생님이나 부모님 등 주변 어른들의 권유'(22.9%)가 다수를 차지한다. 이는 학생의 참여 형태(꿈짱, 일반 학생)나 학교 유형에서도 동일한 경향을 보인다.

꿈의학교 참가 의향에도 '다시 하겠다'고 응답한 학생이 90.1%에 달했다. 꿈의학교에 참가한 친구들과의 관계는 56.8%가 '친하거나 알고 있었다'고 답했으며, 28.3%가 '대부분 처음 만난 사이'라고 응답했다.

설문조사에 참가한 교육자들 중 자발적 참여가 55.2%로 반수 이상을 차지했다. 주변이나 타인의 권유가 24.6%에 이르렀고, 상급자나 전임자의 권유로 참가한 경우도 8.7%였다. 이전에 참여한 경험이 있는 교육자는 11.6%였다. 이들은 81.2%가 꿈의학교 사업에 다시 참가하겠다는 적극적인 의향을 나타냈다.

학생과 교육자 집단은 꿈의학교 참가로 인한 성장과 변화에 대부분 긍정적인 반응을 보였다. 그중에도 '목표의식', '지역공동체 의식', '학교생활', '자존감'에서는 통계적으로 의미 있는 집단 간 인식 차이가 나타났다. 학생들의 참가자 유형에 따라서는 '목표의식'과 '도전 및 주체성', '책임의식'에서 꿈짱 학생이 일반 참가자보다 높은 응답을 평균치를 보였다. 한편 학교급이 저학년으로 내려갈수록 '지역공동체 의식'과

'자존감'의 점수 값이 점차 높아지는 경향이 나타났다.

　　교육자별로 꿈의학교 성과를 인식한 평균치를 살펴보면 꿈의학교로 인해 기대한 성장과 변화 실현 정도와 만족도 및 성과의 평균은 4.17인 데 비해, 꿈의학교 비전 공유와 학교와의 협력 정도 평균은 3.27이었다. '진로계획성'과 '목표의식'에서는 찾아가는 꿈의학교, 만들어 가는 꿈의학교, 마중물 꿈의학교 순으로 나타났다. 학교급에 따라서는 '목표의식', '지역공동체 의식', '학교생활', '자존감', '책임의식' 모두 초등학교, 고등학교, 중학교 학생 순으로 나타났다.

2부

스마트한
마을학습 플랫폼으로
연결하라

김경관

김경관 | 꿈의학교 담당 장학관

경기꿈의학교가 미래교육을 열었다.

새로운 미래가 온다.

새로운 학습생태계, 스마트한 마을학습 플랫폼을 기획하라.

마을학습 플랫폼으로 학교와 꿈의학교를 연결하라.

꿈의학교를 통해 무한히 상상하고
질문하고 스스로 기획하여 도전하고
성찰하도록 지원

미래란 '앞으로 올 때, 앞날, 장래'를 의미한다. 또한 미래는 아직 일어나지 않은 시간을 말한다. 그래서 어떤 것도 확인할 수 없고 불확실하다. 미래가 현재가 되어야 비로소 확인이 가능해진다. 지금 이 순간도 째깍째깍 미래는 다가오고 있다. 그런데 우리 눈으로 확인 가능한 것은 많지 않다.

미래학에서 '미래 예측'이란 이미 정해진 미래를 점치는 것이 아니다. '바람직한 미래를 설계하기 위한 복잡한 미래에 대한 대화'로 정의된다. 즉 미래란 가능성으로 가득 차 있는 시공간으로, 우리 사회와 인류가 바람직한 미래를 만들기 위해 고민하고 대화하고 합의해서 실천해야 한다는 것이다.

미래학에는 3대 공리(公理)가 있다(윤기영, 2017). 첫째는 미래가 정해지지 않았기 때문에 예측할 수 없다는 것이며, 둘째는 미래에 대한 유의미한 예측은 터무니없는(Ridiculous) 것이고, 셋째는 지금 우리의 의사 결정과 행동이 미래에 영향을 미친다는 것이다.

이를 종합해 보면, 미래는 결정되어 있는 것이 아니라는 것이다. 그래서 예측할 수 있는 것이 아니며, 우리가 원하는 미래를 만들기 위해 대화하고 합의하여 의사 결정을 한 후 실천하면 된다는 것이다.

류청산(2017)은 미래의 시점과 기준을 지금으로부터 1년 이내의 아주 가까운 미래, 지금으로 5년 이내의 가까운 미래, 지금으로부터 20년 이내의 중간쯤의 미래, 지금으로부터 50년 이내의 먼 미래, 지금으로부터 50년 이후의 아주 먼 미래로 잡아서 미래에 대한 논의하였다.

국가와 사회를 발전시켜는 동력은 다양하게 존재하지만 그중에서도 정치적인 이벤트가 발전의 동력을 만들고 새로운 리더십을 만들면서 국가와 사회 발전을 추동하고 있다. 그런 의미에서 본다면 대통령 선거, 국회의원 선거, 지방 선거 등이 우리 사회를 변화 발전시켜 나가는 대전환기를 만들어 냈다고 볼 수 있다.

따라서 우리의 미래교육에 대한 논의는 2018 주민직선 교육감 선거를 기점으로 삼아 미래를 향후 5~20년의 가까운 미래와 중간쯤의 미래로 잠정적으로 보고 논의와 제안을 시작한다.

경기교육이 대한민국 교육의 중심으로 선 계기는 주민직선 교육감 선거제도의 시행이다. 경기도 주민직선 1~2기 김상곤 교육감(현 교육부 장관)이 혁신학교, 무상급식, 학생인권, 혁신교육지구, 학교민주주의를 교육정책으로 시행하였고, 학교혁신을 위해 창의지성교육, 배움중심수업, 성장참조형 평가제를 시행하였다.

주민직선 3기 이재정 교육감은 혁신학교 정책을 계승하면서 혁신공감학교를 통해 혁신교육의 일반화에 주력하였고, 혁신교육의 장을 마을로 확장시키며 꿈의학교를 중심으로 한 마을교육공동체 교육정책을 펼쳤다. 또 학생들의 의견을 받아 9시 등교 실시, 야간자율학습을 사실상 폐지하였으며 경기꿈의대학 교육정책을 과감하게 추진하였다. 특히 세월호의 아픔을 교훈으로 삼아 4·16 교육체제를 발표하여 거시적인 안목에서 교육을 변화시키기 위한 다양한 노력을 하고 있다. 이제 이러한 흐름에서 2018년도에는 보다 진전된 지방교육 자치시대가 열릴 것이라고 기대한다.

필자는 꿈의학교와 마을교육공동체를 연구하고 기획하고 실천해온 교육정책 기획자이자 마을과 학교에서 실천한 교사로서 경기도 31개 시군을 다니며 학부모, 전현직 교원, 마을교육 전문가, 학생들이 꿈의학교를 만들도록 지원하였다. 또한 꿈의학교를 통해 아이들이 무한히 상상하고 질문하고 스스로 기획하여 도전하고 성찰하도록 지원하고 촉진하였다.

이러한 경험을 바탕으로 제4차 산업혁명의 거대한 물결 앞에 선 대한민국 교육이 새로운 지평을 열 수 있도록 아이들의 꿈을 살리는 학교교육과 마을교육 그리고 그 연결에 대한 건설적인 대화를 제안하고자 한다.

01

제4차 산업혁명과
미래교육 상상

4차 산업혁명은 이미 시작되었다

2000년대에 중국이라는 신흥제조업 국가의 부상과 애플(Apple), 마이크로소프트(Microsoft), 구글(Google), 페이스북(Facebook), 아마존(Amazon) 등 굴뚝 없는 디지털 산업이 눈부시게 성장하면서 제조업 강국 독일이 위협을 받기 시작했다. 이에 놀란 독일은 위기를 극복하기 위해 사물인터넷(IoT)을 활용해 생산기기와 제품 간 상호소통 체계를 구축하고 모든 생산과정을 최적화하는 전략을 수립하여 실행하고 있다. 제조업과 같은 전통산업에 ICT를 결합해 미래형 산업자동화 모델인 지능형공장(smart factory) 프로젝트를 추진하였다. 독일은 '새로운 하이테크 전략(New High-Tech Strategy)'라는 이름으로 친환경/신재생 에너지, 고령화/맞춤형 의약, 지속가능한 운송수단, 정보보안 등 10개 프로젝트

를 추진하기로 한 가운데 2011년에 추가로 'Industry 4.0' 프로젝트를
추가로 적용시켰다.

2015년 하노버산업박람회에서 앙겔라 메르켈 총리는 '4차 산업혁
명은 미래 독일, 나아가 미래 세계를 만들어 갈 핵심 키워드'라고 선언
했다. 주최 측인 독일 메세(Deutsche Messe)는 기자 간담회에서 "각 조
직은 4차 산업혁명을 위한 준비가 돼 있는가?"라는 화두를 던지며, 박
람회 테마인 '통합 산업, 네트워크로 연결!(Integrated Industry, Join in
Network!)'을 강조하였다. 독일 정부와 기업은 ICT와 제조업을 결합해
경쟁력을 강화하는 것을 국가 비전 과제로 설정하고 프로젝트를 수행
해 왔다. 기계와 사람, 인터넷 서비스가 상호 연결된 생산 패러다임으로
전환을 추구하고 있다. 독일의 이러한 노력에도 불구하고 4차 산업혁명
은 일반인들에게 크게 주목받지 못했다.

Industry 4.0

2016년 3월 서울에서 열린 바둑 천재 이세돌 9단과 알파고(AlphaGo)의 대결은 전 세계인의 이목을 집중시켰다. 구글 딥마인드 챌린지 매치(Google Deepmind Challenge Match)는 총 5회에 걸쳐 진행되었다.

그 결과는 놀랍게도 인공지능 컴퓨터 알파고가 4승 1패로 인간 이세돌 9단에게 승리하였다. 인간이 인공지능에게 진 것이다. 그야말로 충격이었다. 오히려 이세돌이 1승을 한 것의 의미가 신문과 방송에 대대적으로 보도되었다. 이 사건 이후로 대한민국에는 '알파고등학교가 어디에 있느냐'는 우스갯소리가 회자되었다. 그때 시작된 인공지능의 충격은 점점 더 확산되고 있고 교육계를 비롯한 사회 각계에서 이에 대한 대비와 대안의 담론을 생성하는 계기가 되었다.

인공지능의 역사는 60년 전으로 거슬러 올라간다. 인공지능의 연구는 컴퓨터의 탄생과 거의 같은 시기에 시작되었다. 1950년에 새넌의 체스머신에 관한 논문이 있었고, 1956년에는 새넌과 맥카시가 편집한 "오토머턴 연구"가 발표되었다. 같은 해에 다트머스 대학에 모인 연구가들이 '인공지능'이라는 명칭하에 인간의 지적 기능을 모방한 기계의 연구를 적극적으로 개시하였다. '인공지능'의 명칭은 여기에서 유래되었다고 한다(컴퓨터 정보용어 대사전). 이후 컴퓨터 기술은 놀랍게 발전하였다.

'인공지능'이 지속적으로 발전할 수 있도록 한 기술은 '딥러닝'이다. 딥러닝(deep learning, 심층학습)은 여러 비선형 변환기법의 조합을 통해 높은 수준의 추상화(abstractions, 다량의 데이터나 복잡한 자료들 속에서 핵심적인 내용 또는 기능을 요약하는 작업)를 시도하는 기계학습(machine learning) 알고리즘의 집합이다.

딥러닝 알고리즘은 사람의 사고방식을 컴퓨터에게 가르치는 기

강한 인공지능 ⇦	약한 인공지능 ⇨
인간과 같은 사고(Thinking Humanly)	**논리적 사고(Thinking Rationally)**
• 인간과 유사한 사고 및 의사결정을 내릴 수 있는 시스템 • 인지 모델링 접근 방식	• 계산 모델을 통해 지각, 추론, 행동 같은 정신적 능력을 갖춘 시스템 • 사고의 법칙 접근 방식
인간과 같은 행동(Acting Humanly)	**논리적 행동(Acting Rationally)**
• 인간의 지능을 필요로 하는 어떤 행동을 기계가 따라 할 수 있는 시스템 • 튜링 테스트 접근 방식	• 계산 모델을 통해 지능적 행동을 하는 에이전트 시스템 • 합리적인 에이전트 접근 방식

생각 / 행동

인공지능의 능력

계학습 시스템이다(위키백과). 현재 인공지능을 기반으로 한 IBM의 Watson은 전 세계 주요 병원 50여 개와 협력하여 의료 진단보조 서비스를 제공하고 있다.

세계경제포럼에서 제시한 4차 산업혁명은 사물인터넷(IoT), 로봇, 인공지능(AI), 빅데이터(Big Data) 등의 기술이 나노기술(NT), 바이오기술(BT), 정보기술(IT), 인지과학(CS)의 융합 기술로 발전하고, 이로 인한 지능형 사이버 물리 시스템(Cyber Physical System)이 생산을 주도하는 사회 구조로의 혁명이라고 정의되고 있다.

클라우스 슈밥은 물리학 기술(무인 운송수단, 3D 프린팅, 첨단 로봇공학, 신소재 등), 디지털 기술(인터넷과 연결된 스마트폰, 태블릿, 컴퓨터, 센서, 사물 등)과 생물학 기술(유전자 연구, 바이 프린팅, 유전자 편집 등)이 융합하면서 4차 산업혁명을 이끌 것이라고 주장했다. 디지털 혁명을 기반으로 한 4차 산업혁명은 유비쿼터스, 모바일, 인터넷, 더 저렴하면서 작고 강력해진 센서, 인공지능과 기계학습을 그 특징으로 볼 수 있다. 이러한 과학기술은 기하급수적인 속도로 빠르게 발전하여 디지털과 과학기술이 융합하는 범위와 깊이, 국가 간, 기업 간, 산업 간 그리고 사회 전체 시스템에 주는 충격이 엄청날 것이라고 예측한다.

제4차 산업혁명

드론, 3D 프린팅, 블록체인, 로봇공학 등의 기술은 초보적이나마 이미 현실에서 활용되고 있다. 조만간 자율주행 자동차, 고급화된 드론, 항공기 보트를 포함한 무인운송수단, '적층가공'이라 불리는 3D 프린팅, 첨단 로봇공학, '그래핀'과 같은 최첨단 나노 소재 등의 물리학 기술, 사물인터넷, 블록체인 등의 디지털 기술, 유전학, 증강인간과 같은 생물학 기술이 복합적으로 융합될 것이다. 그러면서 기존의 산업영역을 과감히 파괴하며 새로운 부가가치를 창출하는 시대가 곧 올 것이라고 미래학자들은 예측하고 있다.

슈밥에 의하면 4차 산업혁명의 특징은 다음과 같이 요약할 수 있다. 사물인터넷을 통한 초연결, 사이버 시스템과 물리 시스템의 연결과 통합, 단순히 문제를 푸는 약한 인공지능에서 자아와 자유의지까지 있으며 인류 지능을 초월한 슈퍼인공지능, 플랫폼의 시대, 가상세계와 현실세계의 동기화, 파괴적 혁신 등이다. 초연결은 사람과 사람, 사람과 사물, 사물과 사물이 경계가 없이 세상의 모든 것들이 연결되는 것을 의미한다. 사이버-물리 시스템은 물리적 현실세계에 속한 사람과 센서 및 기계 구동장치를 사이버 세계와 연결해 주는 매개체이다. 인공지능은 사람의 언어나 행동, 상황 이해를 바탕으로 말하고 행동하는 등 사람의 특성과 유사한 수준에 도달하고 자아와 자유의지까지 가지게 될 것으로 예측된다.

4차 산업혁명의 핵심적 변화를 '플랫폼 혁명'이라고 한다(마셜 밴 앨스타인 외, 2017). 플랫폼은 기술을 이용해 사람과 조직, 자원을 인터랙티

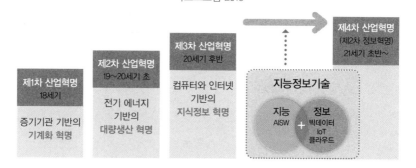

모든 것이 연결되고 보다 지능적인 사회로의 진화

다보스포럼 2016

제1차 산업혁명
18세기
증기기관 기반의
기계화 혁명

제2차 산업혁명
19~20세기 초
전기 에너지
기반의
대량생산 혁명

제3차 산업혁명
20세기 후반
컴퓨터와 인터넷
기반의
지식정보 혁명

지능정보기술
지능
AISW
+
정보
빅데이터
IoT
클라우드

제4차 산업혁명
(제2차 정보혁명)
21세기 초반~

**제4차 산업혁명, 제2차 정보혁명 시대에
지능정보기술은 국가산업의 흥망을 결정**

브한 생태계에 연결하여 엄청난 가치를 창출하고 교환할 수 있게 해 준다. 새로운 비즈니스 모델인 플랫폼은 의료, 교육, 에너지, 행정 분야 등에 변화를 불러올 것이다. 초연결성으로 인해 인간과 사물의 상태를 디지털 정보로 통합하고 인공지능적으로 통제하여 그 정보들이 개인 스마트폰으로 전달된다. 그러면 인간은 그 정보에 근거해서 의사결정과 행동을 선택하는 것이다. 현실세계와 가상세계가 동기화되는 통합 시스템에 익숙해지면 현실세계와 가상세계가 동일시되거나 그 경계가 모호하게 될 것이다. 파괴적 혁신으로 민첩하고 혁신적인 역량을 갖춘 기업은 연구, 개발, 마케팅, 판매, 유통 부분에서 글로벌 디지털 플랫폼을 활용해 품질, 속도, 그리고 가격 개선을 통해 그 어느 때보다 빠르게 거대 기업을 추월할 수 있는 가능성을 열 수 있다고 예측한다(클라우스 슈밥, 2016).

4차 산업혁명은 이미 시작되었다. 그리고 엄청난 속도로 광범위하게 우리 삶에 다가오고 있다. 미래학자들은 인간의 생활과 문화, 사회 시스템에 파괴적 변화를 몰고 올 것이라고 예측하고 있다.

제4차 산업혁명 역트렌드, 인간에게로, 마을로!

2016년 바둑 천재 이세돌 9단과 알파고 리(AlphaGo Lee)의 대결이 알파고 리의 승리로 끝나면서 세계적으로 인공지능에 대한 관심이 높아졌다. 2017년에는 알파고 마스터(AlphaGo Master)가 중국의 커제 9단까지 완파했다. 새로 나온 알파고 제로(AlphaGo Zero)는 알파고 리와 100번의 대국을 벌여 모두 이겼고, 세계 1위 커제 9단을 제친 알파고 마스터에도 89%의 승률을 기록했다. 인공지능의 진화 속도는 가히 충격적이라 할 만하다.

인공지능의 진화가 이와 같은 속도로 진행된다면 이용순(2017)이 예측한 바와 같이, 현재의 직업 중 알고리즘과 패턴화가 가능한 직업들은 가까운 미래에 로봇과 인공지능에게 위임될 수밖에 없을 것이라는 데 공감한다. 기계가 빠르고 정확하게 패턴을 찾아내고 분석하여 알고리즘을 만들 수 있기 때문이다. 단순한 노무, 단순한 사무, 단순한 소통을 요하는 패턴화, 자동화가 가능한 업무는 로봇에 의해 대체될 가능성이 매우 높아졌다.

미래학자 박영숙은 『2020 미래교육보고서』에서 "인간은 변화에 저항한다. 미래 예측에서 트렌드가 큰 물결로 다가오면 10~30%는 정반대로, 즉 역트랜트로 간다. 모두가 바다로 가면 산으로 가고, 모두 첨단 기기를 쓸 때 자연인으로 돌아가는 사람들이 반드시 있다."고 말한다.

그렇다. 우리는 지금 4차 산업혁명 역트렌드에 주목할 필요가 있다.

4차 산업혁명의 속도와 범위 그리고 우리 사회 시스템에 미치는 영향이 큰 만큼 훨씬 더 많이 역트렌드, 즉 인간과 생태를 선택하게 될 것이다. 자연인으로 되돌아가려고 하는 것은 먼저 인간 그 자체에 충실한 삶이다. 인간 그 자체는 무엇으로 구성되는가? 인간의 몸, 마음, 정신이다. 로봇이나 인공지능이 하기 어려운 인간의 몸으로만 할 수 있는 것들, 인간의 마음 씀씀이가 필요한 것들, 인간이 추구하는 이상, 상상, 생각이 필요한 것들과 인간이 인간을 만나고 여러 사람이 함께해야 하는 일일 것이다. 또는 로봇과 인공지능과 함께 협업할 수 있는 일에 집중해야 한다.

유럽 특허청은 2025년에는 모바일 인터넷, 인공지능, 사물인터넷, 클라우드, 첨단 로봇 등이 성장 산업이 될 것이라고 예상하였다. 또한 4차 산업혁명시대의 산업 체질도 페이스북의 사례와 같이 온디맨드(On Demand, 수요에 즉각 반응하는 것), 공유 경제(Sharing Economy), 수요자 중심 경제 등 가상세계의 인프라가 성장을 좌우할 것이며, 동시에 가상세계 인프라와 다른 지역공동체, 즉 로컬리즘이 새롭게 자리 잡을 것이라고 예측하였다(김경훈, 2017).

정보통신산업이 초고도화될수록 가상세계 인프라가 우리의 삶 깊숙이 들어올 것으로 예측된다. 이에 못지않게 마을공동체로 가는 움직임이 더 커질 것이다. 경기도교육청에서 추진하는 마을교육공동체, 경기도청의 따복공동체(따뜻하고 복된 공동체), 수원시의 마을르네상스 사업 들이 마을의 공동체를 회복하기 위한 대표적인 지자체의 사업들이다. 또한 민간에서도 전환마을, 생태마을 등 다양한 마을공동체 회복 운동이 시도되고 있다.

슈밥의 말처럼 4차 산업혁명은 파괴적인 혁신을 이뤄 낼 것이다. 미래는 부가가치를 창출하고자 하는 자와 자본에 의해 급속도로 발전하게 될 것이다. 급속한 산업혁명과 파괴적 혁신의 과정에서 발생되는 문제들은 인간이 자초하는 일일 것이다.

피터 드러커는 "미래를 예측하는 가장 좋은 방법은 미래를 창조하는 것"이라고 말했다. 이 시점에서 그의 통찰력을 음미해 볼 필요가 있다. 미래를 예측한다는 것은 그 예측을 통해 부가가치 생산을 위한 도전의 길로 갈 수도 있고, 예측 가능한 문제들을 사전에 대비할 수도 있다는 것이다. 미래를 맞이하는 가장 좋은 대응법은 미래가 인간과 인간의 삶에 이롭게 창조하는 것이다. 과학기술을 발전시키고, 문명을 만들어 내고, 사회적 시스템과 문화를 창조하고 발명하는 것은 인간의 몫이다. 기술을 더욱 발전시키든지 아니면 산업혁명의 과정에서 발생하는 문제들을 해결할 수 있다. 새로운 환경에 적응하기 위해서는 인간이 지혜를 발휘하여 필요한 변화와 정책을 만들어 내야 한다. 미래사회가 변화하는 방향도 인간의 지혜에 달려 있다. 또한 미래를 만들어 가기 위해서 대화가 필요하다. 대화를 통해 지혜에 도달하고, 그 지혜를 현실로 만들어야 진정한 가치가 있다.

미래교육을 상상하다

미래교육에 대한 연구는 늘 있었지만 '알파고 충격'이 휩쓸고 간 이후로 미래교육에 대한 토론과 연구가 더 활발해지고 있다. 이것은 대한민국 공교육에 대한 답답함 때문이고, 공고한 관료주의적 교육행정에 대한 저항이기도 하다. 이제는 교육혁명으로 가는 임계점에 도달해 간다는 생각도 든다. 국내 상황에 비하면 외국의 연구들은 그 상상의 폭이 훨씬 넓어 보인다.

미래교육을 이야기하면서 학교교육의 미래에 대한 담론을 펼쳐야 이 글을 읽는 사람들의 마음이 좀 편할 것 같다. 그러나 이 자리에서는 꿈의학교를 중심으로 한 학교 밖 학교, 즉 마을교육의 확대와 발전을 그리면서 공교육과의 연결과 넘나들기를 이야기하려고 한다. 이것이 꿈의학교와 마을교육공동체 교육정책을 추진해 오고 실천한 사람으로서 선택 가능한 관점이고, 공교육 발전의 측면에서도 상상의 폭이 훨씬 넓어질 수 있기 때문이다. 또한 교육에 관한 문제는 종적으로 횡적으로 그 스펙트럼이 광범위하여 미래교육을 이야기할 때 일반적인 영역으로 범위를 한정하는 것이 더 명료할 것이다.

김경애(2015)에 의하면 미래교육을 형성하는 요소는 여러 가지가 있는데 대체로 동의하는 요소와 의견이 갈릴 것으로 예상되는 요소들이 있다고 한다. 미래교육의 일반적인 상황으로 예측되는 요인들을 살펴보면, 체제와 학제, 거버넌스, 인간상과 지식관, 학교 기능, 학습과정과 평가, 학습방법, 교원, 교육공간, 연계체제, 학습생태계로 구분하였다. 그리고 그 요인들에 따라 지양과 지향을 정리하여 미래교육의 성격과 내용을 정리하였다. 필자는 이를 토대로 미래교육에서 가장 중요한 요인이 될 학생, 학생상 및 교육과정, 학습공간, 교사, 교육체제 및 학습생태계에 대해 정리하고자 한다.

학생

미래교육은 학생들의 학습 선택권을 존중하는 방향으로 가야 하고 그렇게 될 것이다. 지금의 학생들은 연령대별로 차이는 있지만 20세기 학생들과는 질적으로 다른 사람들이다. 학생들이 보다 의미 있고 즐겁게 배우려면 그들이 무엇을 하고 싶어 하는지, 무엇을 배우고 싶은지를 학생들에게 물어서 결정해야 한다. 문제를 찾고 질문하도록 해야 한다. 국가나 사회에서 학생들이 교육받아야 한다고 생각하는 내용은 아주 최소화하고 학생들의 흥미, 적성, 요구를 바탕으로 학습이 이루어질 수 있게 자율성과 융통성을 주어야 한다. 학생들이 스스로 선택하고 문제해결을 주도하는 학습이 되어야 한다.

이찬승(2017)이 소개한 "학생들이 자신들의 학교를 스스로 디자인한다면(If students designed their own schools)"이란 영상은 다음과 같이 시작된다.

> "학생들을 가르치고 도와줘야 되는 교육 시스템에서 오히려 학생들의 목소리가 없다는 것은 미친 짓이에요."
> "만약 학생들이 스스로 자신들의 학교를 디자인한다면 과연 학교는 어떤 모습일까?"
> "아마 이런 형태일 것이다. 시험도 없고, 성적도 없고, 심지어 수업도 없을 것이다. 그리고 대부분의 시간 동안 선생님들이나 어른들이 교실에 없을 것이다."

그렇다. 학생에게 물어야 한다. 무엇을 배우고 싶은지, 무엇을 하고 싶은지, 어떻게 그것을 해결하고 싶은지 물어야 한다.

이미 꿈의학교에서는 학생들에게 물어서 프로젝트 접근법으로 운영하는 경우가 많다. 남양주 사과나무 숲 꿈의학교에서는 먼저 '배움 희망 리스트'를 작성하고 학습을 시작한다. 고양 꿈꾸는 뿌리 꿈의학교에서는 '오픈스페이스 토론'을 통해 배움에 대해 제안하고 그 제안들을 범주화하여 프로젝트를 실시한다. 의정부 꿈이룸학교에서는 학생들이 삶의 문제를 찾고 스스로 기획하고 실천하는 프로젝트를 실시하고 있다. 이러한 공교육 속에서도 학생들이 원하는 배움의 시간을 가질 수 있도록 교육과정을 유연화하는 다양한 시도들이 필요하다. 학생과 교사들이 협의를 통해 프로젝트 접근법, 융합학습, 노작학습, 실험과 탐구 학습을 실질적으로 할 수 있도록 지원해야 한다.

학생상 및 교육과정

미래사회의 학습자들은 배우고 싶은 것을 학습해야 학습 동기가 높아지고 배움의 의미가 더 깊어질 것이다. 따라서 학생들이 주도하도록 지원하고 촉진해야 한다. 또한 교육의 주된 내용은 인간 그 자체를 이해하고 역량을 강화하는 내용이어야 한다. 그리고 사람과 소통하고 관계를 원만하게 맺고 사회생활을 영위하도록 해야 한다. 서로 소통하고 관계를 유지하기 위해서는 언어 표현이 적절해야 한다.

슈밥은 4차 산업혁명이 인간에게 축복이 되기 위해 집중적으로 고려해야 할 인간 능력 및 역량을 다음과 같이 정리하였다(클라우스 슈밥, 2016).

- 상황 맥락지능(정신): 인지한 것을 잘 이해하고 적용하는 능력
- 정서 지능(마음): 생각과 감정을 정리하고 결합해 자기 자신 및 타인과의 관계를 맺는 능력
- 영감 지능(영혼): 변화를 이끌고 공동의 이익을 꾀하기 위해 개인과 공동의 목적, 신뢰성, 여러 덕목 등을 활용하는 능력
- 신체 지능(몸): 개인에게 닥칠 변화와 구조적 변화에 필요한 에너지를 얻기 위해 자신과 주변의 건강과 행복을 구축하고 유지하는 능력

이 논의의 핵심은 인간 그 자체인 인간의 몸과 정신(마음, 영혼 등)의 발달이다. 생활 환경이 스마트해지고 기술이 고도화될수록 인간 그 자체와 인간만이 할 수 있는 일과 능력에 집중해야 한다는 의미로 해석할 수 있다.

학습공간

학교 교실에서만 공부하는 시대는 끝나 간다. 이미 경기도교육청에서는 2015년도부터 꿈의학교를 통해 학교 안팎의 학생들이 학교 밖에서도 원하는 공부를 할 수 있게 지원하고 있다. 그들은 마을에서 학생들끼리 또는 마을 사람들과 함께 스포츠, 요리, 뮤지컬, 영화, 자전거, 인문학, 공예 등을 배운다. '공교육 습격사건'이다. 공교육에서 먼저 학교 밖으로 나갔다. 교실과 학교라는 틀을 스스로 깨고 마을로 나간 파괴적 혁신이다.

미래에는 학교도 스마트한 환경으로 변화될 것이다. 클라우드 환경이 만들어지면 가상현실과 증강현실이 학습에 도입되고 많은 지적인 학습은 온라인을 통해 가능하게 될 것이다. 학교의 역할과 기능의 변화, 클라우드 환경의 결합, 꿈의학교와 같은 마을학교의 탄생으로 학생들이 학교와 학교 밖, 오프라인과 온라인을 넘나들며 배울 수 있다. 그리하여 학습생태계가 확장되고 복잡해질 것이다.

벨기에의 학습 및 재설계 연구소는 2030 미래학교 모델로 '학습공원(The Learning Park)'을 제안하였다(김영철 외, 2017). 학습공원은 전통적인 공간 개념 없이 지역사회와 통합되는 학교로 지역사회 속에 깊이 그리고 단단히 뿌리를 내린 열린 학습공간을 의미한다. 이는 물리적 공간과 가상공간에 동시에 존재한다. 또한 사람들을 초대해 관계를 맺고 소통이 이루어지는 열린 공간이다. 학습공원은 기본적으로 학습활동이 이루어지는 곳이지만 스포츠클럽, 사회적 조직, 지역사회 조직, 지역 당국 등도 편하게 문화적 교류를 하며 참가할 수 있다. 학습공원은 일상의 삶과 긴밀히 연관된다. 사람들과의 만남과 교류가 우선적이다. 아동과 청소년들이 학습을 위해 만나는 장소이면서 동시에 지역 주민, 학부모들이 만나는 근거지가 되기도 한다. 학습공원은 프로젝트 수행이 활발한 학습 환경이다. 학습공원에서는 학생 각자의 학습 경로에 대해 개인의 선택을 매우 중요시한다. 또한 중간에 여가 활동을 하는 시간도 있다.

핀란드의 '국가 2030 비전: 세계 최고의 교육 시스템' 연구에서는 '학습마을'을 제안하였다. 핀란드가 지향하는 미래교육 시스템은 학생이 메타인지 학습 전략을 가지고 자신의 가치와 적성과 흥미와 역량에 따른 진로 중심으로 장기 로드맵을 설정한다. 그리고 이를 위해 자기주도적인 학습과 평가를 설계한다. 학교는 학습의 모든 단계에서 산업기관과의 협력을 통해 학습자가 직업세계를 바르게 이해하고 그에 적합한 역량을 키우도록 지원한다.

꿈의학교는 머지않은 미래에 지역거점을 중심으로 학습 플랫폼을 만들어 가게 될 것이다. 마을교육 전문가들과 경기도의회 의원들도 '몽실학교'와 같은 학생 스스로 참여하여 배우는 학습 플랫폼 형태의 배움터가 경기도내 권역별로 설치되어야 한다고 주장한다. 학습 플랫폼은 벨기에에서 제안하는 '학습공원'과 유사한 형태를 가지게 될 것이다. 동시에 핀란드에서 제안하는 '학습마을'을 네트워킹으로 연결하는 기능을 수행하면서 촘촘하게 온 마을이 함께 참여하는 학습생태계를 구축하게 될 것이다.

그렇게 되면 학교와 꿈의학교, 그리고 이 둘을 연결하는 학습 플랫폼이 만들어져 언제나 누구든지 배움의 욕구가 있으면 넘나들면서 배우고 성장할 수 있게 될 것이다. 자기가 주인이 되어 배움을 디자인하고 생애 발달을 추구할 수 있게 될 것이다.

교사

학생의 학습 선택권과 통제권이 존중된다. 그리고 지적인 많은 것들은 온라인 학습 플랫폼에서 원하는 대로 다양한 콘텐츠를 활용하여 배운다. 학습공간도 학교와 마을학교, 온라인과 오프라인을 넘나들며 배울 수 있다. 그러면 교사의 역할도 자연스럽게 변화할 수밖에 없다. 먼저 공교육의 교사, 대학의 교수, 공공기관의 공무원, 기업의 기술자, 마을의 장인, 자원봉사자, 마을 사람들 모두가 교사로서 참여하게 될 것이다. 그야말로 한 아이를 키우는 데 온 마을 사람들이 참여하게 될 것이다.

초중고의 학교급에 따라 다소 다르겠지만 교사의 역할도 크게 달라질 것이다. 지식을 전달하던 교사의 역할을 온라인 동영상 콘텐츠가 많은 부분 대신하게 될 것이다. 학교에서 교사는 지식 전달자를 넘어 학습 촉진, 프로젝트 관리, 팀으로 함께 공동 코칭의 역할을 하고, 학생의 학습인지 전략과 진로 로드맵을 상담해 주는 멘토 혹은 어드바이저의 역할을 하게 될 것이다.

벨기에의 학습 및 재설계 연구소의 '2030 미래학교 모델 연구보고서'에 따르면, 미래학교에서 교사는 지금보다 훨씬 더 복합적인 과제를 다루고 처리하는 등 더 핵심적인 역할을 맡을 것이라고 예측하고 있다.

교사는 학습 촉진자로서 역할을 한다. 가장 대표적인 역할은 학생들이 일간, 월간, 연간 계획을 세우는 것을 돕는 일이다.

교사는 프로젝트 관리자로서의 역할도 한다. 프로젝트 관리자는 학습자를 도와 학습자 스스로 자신의 발달 정도를 확인할 수 있게 해 준다. 이를 통해 학생들이 점점 더 깊이 있는 학습을 하면서 즐거움을 느낄 수 있게 된다. 그리고 학습자들은 각 프로젝트마다 학습일지를 쓴다. 프로젝트 관리자와 학생들은 한 프로젝트가 끝나면 다음에는 어떤 종류의 것을 학습할지 서로 상의하여 결정한다.

교사는 코치로서의 역할도 한다. 코칭을 맡은 교사는 학생들에게 개별적으로 각종 피드백을 제공하고 개인의 학습 경로에 맞게 안내를 한다. 코치들은 지도를 담당하는 교사팀에게 학습심리에 관한 지원과 도움을 제공할 수 있다.

교육체제

4차 산업혁명과 함께 대한민국 교육체제의 혁신이 함께 이루어져야 한다. 자동차 조립 공정과 같은 초중고 학제는 유연한 평생학습체제로 리모델링되든지 인간의 생애 발달과 국제 수준에 맞춰 파괴적으로 혁신을 이뤄야 한다.

먼저 초중고 학교에서 필수적인 교육 내용을 배우고, 마을에서도 스포츠, 예술, 직업능력 등 학생들이 원하는 배움의 기회가 제공되어야 한다. 덴마크의 에프터스콜레, 시민대학과 같이 자기 성찰을 하면서 전인적인 성장이 가능한 다양한 학교의 출현이 필요하다. 언제 어디서나 배움이 필요하면 배울 수 있어야 한다.

2017년 11월 교육부는 고교학점제 추진 방향을 발표하였다. 교육과정을 학생이 선택하고 그에 따른 책임을 지도록 하여, 학습 동기를 부여하고 자기주도적 학습자로 성장할 수 있도록 성장을 견인한다는 것이다. 실질적 선택권을 보장하는 선택형 교육과정 운영을 통해 모든 학생의 진로 설계와 성장을 돕는 학생 맞춤형 교육과정을 운영하고자 한 것이다. 이를 위해 학교 안팎의 자원을 활용하고, 학교 간의 장벽을 낮춤으로써 교육과정의 다양화와 전문성을 확보하고자 하는 것이다.

거버넌스 및 연계체제

초중등교육에 관한 지방자치단체의 요구도 강해지고 함께하려는 노력도 커질 것이다. 그러면 자연스럽게 지역과 마을의 요구가 반영되고 지역의 특성이 반영되어 다양화되고 다원화되는 결과를 낳게 된다. 지역의 특성이 반영된다는 것은 시민의 참여가 활발해지고 지방의 교육과 정치 주체들이 폭넓게 대화하고 토론하는 기회와 협업하는 일이 많아진다는 것이다. 또한 지역사회의 다양한 기관, 기업들과의 연계를 강화하면서 네트워크형 학습생태계로 발전하게 될 것이다. 학교 안팎의 인적, 물적 교류가 활발해지고 적극적으로 활용될 가능성이 높다.

문재인 정부 들어 이미 지방교육 이양 업무를 검토하기 시작했고, 시도교육청과도 협의가 시작됐다. 국가에서는 국가교육의 비전과 목표, 중점 과제를 제시하고 지방에서는 지방의 특색에 맞게 실행하는 것이 타당하다.

이미 경기도교육청에서는 2010년도에 기초지자체와 함께 협력하여 혁신교육지구 사업을 발전시키고 있다. 2015년도에는 마을교육공동체 기획단을 설치하여 꿈의학교, 교육 자원봉사, 교육협동조합을 발전시켜 나가고 있다. 특히 꿈의학교는 학생들이 스스로 기획하여 운영하기도 하지만 '학생들이 찾아가는 꿈의학교'의 경우 마을의 다양한 교육 주체들이 열정적으로 참여한다. 교육에 대한 전문성을 바탕으로 마을 사람들과 함께 학생들의 진로를 탐색하고 꿈을 실현하기 위해 헌신적으로 실천하고 있다. 꿈의학교 교육정책을 시도교육청과 많은 기초지자체에서 벤치마킹하기 위해 꿈의학교를 탐방하고 자료를 요청하고 있다.

꿈의학교, 미래교육을 열다

교육계에서도 제4차 산업혁명시대에 맞는 대한민국 교육의 쟁점과 해법을 찾기 위해 부단한 연구와 토론을 하고 있다. 새로 출범한 문재인 정부에서도 몇 가지 실천 과제를 설정하고 추진하고 있다. 유아에서 대학까지 교육의 공공성 강화, 교실 혁명을 통한 공교육 혁신, 교육의 희망사다리 복원, 고등교육의 질 제고 및 평생 직업교육 혁신, 미래교육 환경 조성 및 안전한 학교 구현, 교육 민주주의 회복 및 교육자치의 강화 등이다.

경기도교육청에서는 마을교육공동체가 운영하는 꿈의학교 운영을 통해 혁신교육의 장을 확대하고 발전시키고 있다. 2015년에 143개교로 시작된 꿈의학교가 2016년에는 363개교, 2017년에는 754개교가 운영되었으며, 2018년에는 1,140개교 정도가 운영될 것으로 예상된다. 경기도교육청은 학생이 배움의 주체로서 스스로 기획 · 운영하는 꿈의학교 운영을 통해 학생의 선택권이 확대되고 스스로 꿈을 실현해 가는 미래교육을 선도적으로 열어 왔다.

김경애(2015)는 미래교육의 일반적인 상황으로 예측되는 요인들로 체제와 학제, 거버넌스, 인간상과 지식관, 학교 기능, 학습과정과 평가, 학습방법, 교원, 교육공간, 연계체제, 학습생태계로 구분하여 그 지양과 지향을 정리하였다. 꿈의학교가 추구해 온 철학과 가치를 토대로 미래교육 지향 요인과 관련한 내용은 다음 표와 같다.

꿈의학교에서는 스스로 꿈을 찾고 도전하는 사람을 학생상으로 설정하고 있다. 학생들은 무한히 상상하고 질문하며 문제를 찾는다. 원하는 배움을 스스로 기획하고 실천한다. 실천과정과 결과에 대해 성찰하고 꿈의학교에서 배움의 결과를 학교와 마을로 되돌려 선순환하도록 한다. 이러한 과정을 통해 더불어 살아가는 공동체를 지향하고 민주적인 삶이 몸에 체화되도록 한다.

로버트 루트번스타인과 미셸 루트번스타인(박종성 역, 2012)은 "상상할 수 없다면 창조할 수 없으며, 생산적인 사고는 내적 상상과 외적 경험이 일치할 때 이루어진다."고 하였다. 또한 "존재하지 않는 것을 상상할 수 없다면 새로운 것을 만들어 낼 수 없으며, 자신만의 세계를 창조해 내지 못하면 다른 사람이 묘사하고 있는 세계에 머무를 수밖에 없다."고 한 폴 호건의 말을 인용하면서 상상력을 강조하였다. 새로움을 만들어 낼 수 있는 창조적 상상력은 미래사회를 살아갈 학생들에게 매우 중요한 능력이다. 더 나아가 창조를 위해서는 환상과 실재, 이 둘을 결합하는 일이 필요하다고 한다. 창조성이 뛰어난 사람들이 이 둘을 결합할 때 사용하는 생각의 도구는 관찰, 형상화, 추상화, 패턴 인식, 패턴 형성, 유추, 몸으로 생각하기, 감정이입, 차원적 사고, 모형 만들기, 놀이, 변형, 통합이라고 강조한다.

미래학자 다니엘 핑크(김명철 역, 2011)는 미래사회의 중요한 요소로 '하이콘셉트(High Concept)'와 '하이터치(High Touch)'를 꼽았다. 하이콘셉트는 창의성을 바탕으로 새로운 아이디어를 창출하는 능력이고, 하이터치는 인간의 감정을 이해하고 공감을 이끌어 내는 능력이다. 그리고 미래 인재의 조건으로 디자인(design), 스토리(story), 조화

지양	구분	지향	꿈의학교 지향
• 문명 습득 • 지식 창출인 • 한 분야 전문성을 가진 전문가 혹은 수평적으로 넓게 학습을 하면서 한 분야에 대해서 깊이 있는 지식을 가진 전문가 • 지식 중심 • 기계론적 • 명시적 지식이 중요 • 질문에 대한 답을 찾거나 문제에 대한 해결 방안을 찾는 일	인간상과 지식관	• 불확실성 대처 역량 배양 • 글로벌 직업 창출인(사회적 부가가치를 창출할 수 있는 감각 중요) • 타인과 협업할 수 있는 인간성+수평적으로 넓게 학습하면서 2~3개 분야에 대해서는 깊이 있게 파고들어 가면서 지속적으로 학습하는 학습자 • 드림, 하이콘셉트, 하이터치, 감수성, 미적 경험 등 인간의 이성뿐만 아니라 본성과 감성을 최대한 발현할 수 있는 교육 • 인간됨의 본질 추구, 인간만이 할 수 있는 것에 집중 • 지혜 중심 • 기술 발전을 감당할 수 있는 가치관 형성 • 암묵적 지식의 중요 증가 • 질문을 찾거나 문제를 구성하는 일	• 스스로 꿈을 찾고 도전하는 사람 • 상상하고 질문하며 문제를 찾기 • 원하는 배움을 스스로 기획하고 도전하기 • 실천 내용을 성찰하고 학교와 마을로 환원하기 • 공동체를 지향하고 민주적인 삶을 실천하기
• 사회화 • 지식의 전수 • 경쟁관계	학교 기능	• 미래 사회를 설계하는 중심처 역할 • 지역학습생태계의 구심적 역할 • 소속을 갖는 공동체 • 학교에 교육 이외에 돌봄, 건강, 안전 보호 기능이 더욱 부가되어 학교가 아동 청소년을 위한 종합 서비스 구심점	• 마을학습생태계의 구심적 역할 • 마을 사람들이 만들어 마을의 아이들을 키우는 마을학교
• 공통 교육과정 중심 • 교과 중심 • 지식 평가 • 종합 평가 • 개별 평가 • 세상과 거리를 두고 가르치는 데 집중	학습과정과 평가	• 개별화된 교육과정 • 주제 중심, 프로젝트 기반 학습 • 사회적 역량, 컴퓨터 사고력, 평생학습 역량, 실생활 중심 • 역량 평가, 형성적 평가, 협업 평가	• 자기주도적 학습(스스로 기획, 협업, 성찰) • 프로젝트 기반 학습 • 포트폴리오 • 자기 삶을 살아가는 힘

지양	구분	지향	꿈의학교 지향
• 교사 1인 대 다수 학생 모형 • 지식 전달 중심	학습방법	• 디지털 정보 네트워크가 가진 풍부한 자원과 결합 • 다양한 밀도의 지속성을 갖는 학습공동체 • 팀티칭과 교사 전문적 학습공동체 연결 • 교사 다수 대 다수 학생 모형 • 스마트 학습 관리 및 지원체계를 통해 학생별 학습 이력과 과정 분석 및 이에 의한 코칭	• 스스로 그리고 더불어 학습 • 노작, 토론, 현장체험학습, 탐구학습, 실연 등
• 지식 전달자로서의 교사 • 교사 집단의 유사성 • 교사 중심의 학교 교직원	교원	• 교사 역할에서 멘토링, 코칭 역할 모델 강화 • 교육자 역할 세분화 • 다양한 개성과 경력 교사 • 교사뿐 아니라 학교공동체를 이루는 다양한 인력	• 마을공동체를 이루는 다양한 마을 서포터즈 • 교육 자원봉사자
• 획일화된 학교와 교실 구조 • 폐쇄적 학교	교육공간	• 트랜스포머-스마트 학습공간 • 학교 밖 학습 경험 공간의 확대 및 학교 안팎 학습 경험 연계	• 학교, 지지체, 마을의 다양한 공간과 시설 • 혁신교육 장, 학습 생태계의 확대 • 마을학습 플랫폼을 통한 학교와 마을교육의 연결
• 초중등교육 체제 중심 • 초중등교육 과부하 • 학년제	체제와 학제	• 유연한 평생학습 체제로 변화하여 초중등교육 이후에도 얼마든지 다양한 교육 기회 • 무학년제, 학년군제 등	• 유연한 학습체제 (평생학습체제) • 무학년제
• 일방적 위계적 분업 • 중앙 권한 집중	거버넌스	• 다원적 수평적 참여관계 • 초중등교육에 대한 지방자치단체의 권한 중심 • 현장 자율성 확대로 다양한 혁신 시도	• 교육청과 지방자치단체와 협업 관계 • 마을교육공동체의 참여 • 꿈의학교 운영위원회 학생, 학부모 참여 • 자율성 확대 다양한 시도

지양	구분	지향	꿈의학교 지향
• 학교가 독자적으로 기능을 수행하는 방식	연계체제	• 지역사회의 다양한 기관과 연계를 강화하여 네트워크형 교육체제로 발전 • 학교에서 근무하는 형태와 업무가 유연 및 다양 • 학교 안팎의 활발한 교류와 자유로운 경력 이동	• 마을의 다양한 기관과 연계 강화하여 네트워크형 교육체제로 발전 • 교육 자원봉사, 교육협동조합, 학부모와 연계
• 지식기반사회 • 성인기 학습권 미보장 • 새로운 분야를 학습할 수 있는 재기회 보장 부족 • 과도한 경쟁과 생존권 다툼	학습생태계	• 가치생산사회 • 학습복지를 보장하는 사회 시스템 • 개인 및 가족 학습권을 가능하게 하는 고용 및 직업 문화 • 돌봄과 교육 책무를 함께 부담하는 사회 • 일상적인 문화활동과 공연 나눔 문화	• 새로운 가치 생산과 실천 • 마을학습 플랫폼 구축 • 학교-마을학습 플랫폼-꿈의학교의 연결, 협력 • 협력과 연대, 집단지성 발휘

※ 출처: 김경애 외(2015)를 꿈의학교 상황과 비교하여 정리

(symphony), 공감(empathy), 유희(play), 의미(meaning)를 제시하였다.

꿈의학교에서는 학생들이 거침없이 자유롭게 상상하도록 이끈다. 그리고 상상이 실재와 맞닿도록 도전하게 한다. 성공해도 좋고 실패해도 괜찮다. 실패와 좌절을 딛고 일어서면 된다. 실패의 과정에서 의미있게 배우도록 돕는다.

미셸 푸코는 사유의 일차적인 단계는 문제를 해결하는 것이 아니라 질문을 던질 수 있는 능력이라고 했다. 꿈의학교 학생들에게는 질문하는 능력이 무엇보다 중요하다. 질문하는 것은 문제 발견과 사유의 시작이다. 자기 자신, 우리 사회, 인류 그리고 대자연에 대해 질문할 수 있어야 한다. 질문을 통해 문제를 찾고 그것을 해결하기 위해 동료들과 더불어 궁리를 할 때 문제는 풀린다.

꿈의학교의 기능은 학생들과 마을 사람들이 마을에서 마을의 아이들을 키우는 학교를 만들어 함께 키우는 것이다. 즉, 꿈의학교의 '스스로 정신'과 '마을교육공동체 정신'을 구현하는 것이 꿈의학교가 요구하는 역할과 기능이다.

꿈의학교의 핵심 가치는 학생 '스스로'와 '더불어'이다. 스스로 기획하고 더불어 협업하고 성찰하도록 한다. 방법적으로는 학생들에게 물어서 시행하는 프로젝트 접근법, 노작 활동, 대화와 토론을 통한 문제 해결, 현장학습, 관찰 및 탐구학습, 실연 등을 중심으로 교육활동 목적에 맞게 활동을 심층적으로 하도록 지원한다. 공식적인 학생평가 절차는 없다. 이러한 과정에서 자기 삶의 역량을 키워 가도록 한다.

교육의 공간은 학교를 포함한 지자체와 마을의 다양한 기관 등이다. 카센터, 목공소, 꽃집, 웨딩홀, 의회, 은행 금융센터, 극장, 청소년수련관 등 마을 사람들이 삶을 영위하는 곳이면 어디에서든 학습이 가능하며, 오히려 학습마을을 지향한다. 마을 사람들이 살아 숨 쉬는 마을이 복잡하고 다양한 학습생태계가 되는 것이다. 마을의 아이들은 마을에서 마을 사람으로 성장한다. 그리고 제각기 자기 빛깔대로 꿈꾸고 그 꿈을 실현해 나간다.

체제와 학제는 유연한 평생학습체제를 지향한다. 중고등학교의 경우 학교 밖 학점제가 시행되길 희망한다. 꿈의학교에서는 초·중·고등학생들이 저마다 관심사에 따라 모여 무학년제로 운영된다. 언니, 오빠들은 동생들을 가르치거나 또는 배울 수 있다. 함께 팀을 이루어 협업하며 배운다. 거버넌스는 관료주의적 행정을 탈피하여 교육청, 지자체, 마을교육공동체 주체들이 수평적 관계를 이루고 참여와 협업의 관계를 유지한다. 교육청은 마을교육공동체의 요구와 의견을 수렴하여 정책을 기획하고 지자체와 함께 필요한 예산을 지원한다. 마을교육공동체 주체들은 기관들과 협력하여 마을의 아이들이 배울 수 있도록 교육활동을 기획하고 운영한다. 교육활동에 참여하는 학생들의 요구와 의견을 반영하여 교육활동을 실시하고 학생들이 주도하여 운영되도록 한다. 모든 꿈의학교는 학생과 학부모, 운영 주체가 참여하는 꿈의학교 운영위원회를 운영한다. 자율성이 최대한 확보되도록 지원하고 이끌어 준다.

연계체제는 마을 사람들과 기관이 연계를 강화하여 네트워크형 교육체제로 발전시켜 나간다. 교육 자원봉사, 교육협동조합, 학부모지원조직과 협력하여 꿈의학교 활동이 펼쳐지도록 지원한다.

학교와 마을이 학습생태계를 이루도록 조장하고 촉진한다. 마을교육공동체와 꿈의학교 교육활동을 통해 새로운 사회적 가치를 생산하고 실천하여 더불어 살아가는 공동체를 지향한다. 중장기적으로 온·오프라인이 통합된 마을학습 플랫폼을 구축하여 '학교-마을학습 플랫폼-학습마을 속의 꿈의학교'의 연결을 통해 협력과 연대의 장을 만들고 집단지성을 발휘하는 장을 만들어 나간다. 그 학습생태계 속에서 학생과 어른들이 배움을 통해 생애 발달을 추구할 수 있다.

위에서 살펴본 바와 같이 미래교육의 일반적인 상황으로 예측되는 요인들로 체제와 학제, 거버넌스, 인간상과 지식관, 학교 기능, 학습과정과 평가, 학습방법, 교원, 교육공간, 연계체제, 학습생태계로 구분하여 꿈의학교의 지향과 현실에 대해 고찰하였다. 이러한 맥락에서 볼 때 꿈의학교는 이미 미래교육을 열었다. 4년 차를 맞는 2018년도에는 학교와 꿈의학교를 연결할 미래교육의 가교, 마을학습 플랫폼이 지역마다 생기길 기대한다.

02

공교육의 창조적
변화를 도모하다

　플랫폼이 상상을 초월하는 파괴력을 갖고 성장하고 있다. 파괴력을 보여 준 분야는 비즈니스 분야이다. "세계 최대의 택시회사 우버는 한 대의 자동차도 보유하고 있지 않고, 세계 최대의 미디어회사 페이스북은 콘텐츠를 생산하지도 않으며, 최대의 기업 가치를 지닌 소매 기업 알리바바에는 재고가 없다고 한다. 또 세계 최대 숙박업체 에어비앤비는 부동산을 보유하고 있지도 않고 기존의 업계에 파괴적으로 도전하고 있다. 이런 파괴력은 바로 플랫폼의 커뮤니티이다. 플랫폼의 출현은 교육, 미디어, 채용 부문에서 의료, 에너지, 정부 부문에 이르기까지 경제와 사회 전반에 변화를 몰고 오고 있다"(마셜 밴 앨스타인 외, 2017).

　유영만(2017)은 4차 산업혁명이 낳은 다양한 기술적 대안을 기반으로 필요한 사람이 필요한 학습 자원에 접근(access)할 수 있는 사회적 플랫폼을 구축해야 한다고 주장한다. 또 직면하고 있는 문제나 도전, 과제

해결에 적합하면서 가치가 높은 사람과 자원을 끌어들여(attract), 지금까지와는 판이하게 다른 성과를 창출하는 지식생태계의 구축이 필요하다고 말한다.

일반적으로 플랫폼이라 하면 기차역을 상상한다. 플랫폼은 사전적으로 '사람들이 기차를 쉽게 타고 내릴 수 있도록 평평하게 만든 장소'를 의미한다. 풀어서 보면 'flat(평평한) + form(모습)'이기 때문에 평평한 장소를 강조하는 것 같지만, 그 목적이 여러 사람이 이용하기 편리하게 한다는 뜻이기 때문에 '많은 사람들이 누구나 언제나 쉽게 이용하거나 다양한 목적으로 사용된다'는 의미로 쓰인다.

플랫폼이란 공급자와 수요자 등 다수의 사람들과 그룹이 참여하여 각 그룹이 얻고자 하는 가치를 공정한 거래를 통해 교환할 수 있도록 만들어진 환경이다. 플랫폼 참여자들 간의 상호작용이 일어나면서 모두에게 새로운 가치와 혜택을 제공해 줄 수 있는 상생의 생태계이다.

플랫폼이 존재감을 나타내기 위해서는 '그곳으로 가야만 하는 이유'과 '그곳에서 머물러야 하는 이유'를 만들어야 한다. 이것이 플랫폼의 네트워크 효과이다. 네트워크 효과는 플랫폼 안에 있는 사람들 사이에서 가치를 늘리는 것이다(마셜 밴 앨스타인 외, 2017). 효과적인 플랫폼은 빠르고 쉽게 확장함으로써 네트워크 효과로부터 창출한 가치의 규모를 늘린다. '자유로운 진입'을 허용하는 네트워크는 거의 아무런 장벽 없이 유기적인 성장을 할 수 있다. 자유로운 진입은 사용자가 플랫폼에 빠르고 쉽게 들어와 가치 창출 활동에 참여할 수 있게 해 준다. '자유로운 진입'을 허용하되 반드시 효과적인 큐레이션(curation)을 통해 균형을 유지해야 한다. 큐레이션이란 플랫폼이 사용자들의 접근과 이들이 참여하는 활동, 그리고 다른 사용자들과 맺는 관계를 필터링하고 통제하고 제한하는 프로세스를 말한다. 플랫폼의 품질이 잘 관리되면, 사용자들은 자기에게 딱 맞는 그래서 상당한 가치를 제공하는 것을 쉽게 찾을 수 있다. 큐레이션이 아예 존재하지 않거나 제대로 관리되지 않으면 사용자들 사이에서 많은 매칭이 일어나도 자신에게 맞는 것을 찾기 어려워진다.

플랫폼은 기술을 이용해 사람과 조직, 자원을 인터랙티브한 생태계에 연결하여 엄청난 가치를 창출하고 교환할 수 있게 해 준다. 플랫폼은 단순해 보이면서도 비즈니스와 경제와 사회를 철저히 바꾸는 매우 혁신적인 개념이다(마셜 밴 앨스타인 외, 2017).

이와 같은 흐름에서 보듯이 교육에서도 플랫폼이 강력한 힘을 발휘할 것으로 예견된다. 주로 마을교육에서 그렇다. 꿈의학교에서 시작된 마을교육은 2018 지방자치 선거를 기점으로 엄청난 변화를 몰고 올 것이다. 꿈의학교를 마을마다 만드는 것보다는 마을의 아이들과 어른들이 가치를 찾고 함께 만나 배울 수 있는 공간과 프로그램이 필요하다. 사실 마을교육을 위한 노력은 경기도교육청의 경우 2010년 혁신교육지구 사업에서부터 시작되었다. 혁신교육지구 사업은 점차 확대되면서 지금까지도 유지 및 발전되고 있지만 지역의 교육을 의미 있게 바꿔 가고 있다고 평가하기는 어렵다.

2016년에 몽실학교가 의정부 지역을 중심으로 인근 지역의 학생들까지 불러오면서 꿈을 실현하고 진로를 탐색하는 학습 플랫폼으로서 역할을 하면서 주목을 받기 시작했고, 경기도에 권역별로 만들어져야 한다는 요구가 생겨났다.

2016년 9월에는 화성시에 동탄중앙이음터가 생기면서 학교와 마을을 잇는 의미 있는 학습 플랫폼으로 성장하고 있다. 고무적인 상황이다.

꿈의학교를 운영하는 마을교육공동체 전문가들도 꿈의학교를 아우르며 학교와 마을교육의 가교 역할을 하는 학습 플랫폼이 생겨나길 기대하고 있다. 이러한 맥락에서 마을학습생태계의 허브로서 스마트한 마을학습 플랫폼을 제안한다.

마을학습 플랫폼이 지역과 마을에서 만들어지고 성공하기 위해서는 첫째, 학생들이 마을에서 배우고자 하는 요구가 수렴되어야 한다. 요구를 받아 마을교육공동체 구성원들이 함께 모여 마을교육에 대한 새로운 가치를 만들고, 서로 시너지를 창출할 수 있어야 한다. 생애 학습이 가능한, 함께 성장할 수 있는 공간에 대한 공감이 이루어져야 한다. 둘째, 지자체의 유휴시설 또는 학교의 유휴시설 등을 활용하여 지자체와 교육청이 운영비용 대응을 통해 비용 절감을 이뤄 내야 한다. 셋째, 마을학습 플랫폼이 생겨나기 전보다 학생들끼리, 학생들과 마을 사람끼리, 학교와 마을 간의 교류가 활발해져야 한다. 네트워크의 효과가 연쇄적이어야 한다. 넷째, 배움의 질을 일정 수준 이상 유지해야 한다. 교육청이나 학습 플랫폼 내에 학생들의 배움을 지원하고 촉진하는 큐레이션 시스템을 만들고 수준을 효율적으로 관리하고 지원해야 한다. 다섯째, 학생과 마을 사람들이 스스로 만드는 규칙과 생애 발달을 위한 창의적인 교육이어야 하며 당사자들 모두가 윈-윈하는 학습생태계여야 한다. 여섯째, 마을교육공동체에는 배움의 가치와 철학이 확고한 사람이 필요하다. 이러한 사람들이 모여들고 시간이 흐르면서 모두가 성장하고 발전해야 한다.

미완의 학습 플랫폼, 혁신교육지구 사업

2010년 6월에 치러진 지방 선거에서 혁신학교와 무상급식이 화두였다. 주민직선 제2대 경기도교육감 선거에서 김상곤 교육감이 당선되고, 기초지자체 단체장 선거에서도 혁신교육과 무상급식 공약이 바람을 타고 다수 야당 단체장이 당선되었다. 김상곤 교육감은 당선된 기초지자체 단체장들을 초청하여 혁신교육지구 사업 계획을 발표하고 동참해 줄 것을 요청하였다. 교육감과 기초지자체 단체장과의 소통을 통해 새로운 교육 협력 모델인 혁신교육지구 사업의 토대를 마련하였다.

같은 해 7월 1일 주민직선 제2대 김상곤 교육감이 취임하였다. 혁신학교 정책과 같은 맥락에서 지역에서 교육 협력 모델을 만들고자 혁신교육지구 사업을 기획·추진하였다. 혁신학교가 단위학교의 혁신을 위해 학교를 바꾸는 거라면 혁신교육지구는 해당 시 전체 또는 특정 지역을 지정하여 혁신학교 수준에서 학교 지원, 지역에 진로 진학 상담, 돌봄교실 운영, 학교 밖 청소년 지원, 인문독서토론 지원 등 교육을 지원하여 그 지역을 통으로 '확' 바꾸고자 하는 의욕을 가지고 추진되었다.

2010년 9월 당시 경기도교육청 문서에 나타난 혁신교육지구 사업의 정의, 목적, 추진 방향을 살펴보면 다음과 같다.

정의

혁신교육지구는 경기도교육청과 경기도내 기초지자체가 협약을 통해 경기혁신교육 정책을 추진함으로써 모두에게 신뢰받는 공교육 혁신을 이루는 것이다. 또한 혁신교육지구는 교육감과 지자체장이 지정한 시군 또는 시군의 일부 지역(구역)을 의미하며, "지역혁신교육협의체"

를 조직하여 운영하고, 이에 필요한 인력 및 재원은 협약에 의해 교육청과 기초지자체가 공동 투자하는 협력사업이다.

목적

경기도교육청의 주요 정책인 혁신교육을 적극적으로 추진하기 위해 교육감이 기초지자체와 협력하여 '혁신교육지구'를 지정한다. 그래서 경기도교육청의 교육정책 사업과 지자체의 교육 특성화 사업에 대해 지역교육공동체 구축을 통한 건설적인 행정·재정적 협력의 모델을 창출한다. 그리고 궁극적으로 지역 주민에게 신뢰받는 공교육 혁신에 기여한다.

추진 방향

- 새로운 교육 협력 모델 구축
- 공교육 혁신 모델 구축
- 미래 역량의 인재 육성
- 보편적 교육복지 실현

혁신학교 정책은 단위학교 수준에서 학교교육을 혁신하여 이를 통해 학생들이 즐겁게 배우고 행복한 학교생활을 하고 더불어 살아가는 창의적인 민주시민이 될 수 있게 하였다. 반면, 혁신교육지구 사업은 새로운 교육 협력 모델을 만들고 기초지자체 예산을 지역교육에 투자하게 하여 지역교육을 통으로 바꾸고자 하는 당찬 포부가 있었다.

혁신교육지구 사업은 협력적 교육 거버넌스 모델을 제시하였고 지역과 연계한 교육 발전 모델을 제시하였으며, 지역 특성화 교육과정 및 학교 발전 모델을 제시하였다. 지자체가 학교에 예산을 지원하는 경우는 주로 강당이나 체육관 건립과 같은 하드웨어적인 지원이었다. 그러던 것이 교육과정 운영, 교육 특성화 사업, 미래인재 육성 등 소프트웨어적인 지원으로 교육재정 운영의 패러다임이 변화를 보인 것이다. 또한 학교 간의 연대와 협력을 통해 지역 전체 학교의 교육력을 제고할 수 있는 가능성을 보였다(김용련 외, 2014).

그럼에도 불구하고 혁신교육지구 사업은 추진과정에서 철학에 근거한 비전과 목표를 명료하게 제시하지 못했다. 그리고 도교육청, 기초지자체와 교육지원청의 조직 체계 미흡, 비전과 목표의 공감대 부족, 지역교육 혁신을 위한 콘텐츠 부족 등으로 사실상 미완의 상태에 있다고 할 수 있다.

혁신교육지구 사업 초기 상상의 단계에서는 마을 중심의 돌봄교육, 학교 밖 학생 지원, 진로 · 진학 지도, 인문고전독서, 토의토론, 자치활동 등 다양한 혁신교육 콘텐츠들이 제안되었다. 그러나 별도의 기관을 만들어야 한다는 현실적인 부담으로 인해서 그것을 담아내지 못하고 학교교육에 예산을 충분히 지원하여 학생 상담, 예술교육, 독서교육, 특성화 교육 등을 풍부하게 하는 정도에 머무르게 되었다.

혁신교육지구 사업은 2017년 현재 경기, 서울, 전북 등 전국적으로 확대되고 있다. 사업 추진의 주요 내용을 살펴보면, 교육 거버넌스 구축, 지역사회 특성 및 인적 · 물적 자원 활용, 지역사회와 학교교육 연계, 학교 밖 학교 지원 등을 제시하고 있다.

다행스럽게도 혁신교육지구 사업의 최근 흐름은 '지역사회를 기반으로 하는 교육공동체' 구축으로 집중되는 경향을 보인다. 지역의 주체들이 사업의 철학, 비전, 목표, 실천 내용 등을 충분히 이해하고 참여할 수 있도록 정보 공유 및 확산을 위한 노력이 필요하다(최창의 외, 2016).

더 나아가 마을과 지역의 학습 플랫폼을 만들어 학교와 마을교육을 연결하고 학생, 학부모, 지역 주민 등 배우고자 하는 사람은 누구나 참여하여 배우고 성장을 도모할 수 있어야 한다. 마을의 아이들을 돌보고, 진로·진학 상담을 일상적으로 하며, 스포츠, 종합예술, 목공교육, 생태교육, 인문독서토론, 시민교육, 프로젝트 기반 활동 등 다양한 특성화 프로그램을 통해 마을의 아이들이 마을에서 건강하게 성장할 수 있도록 발전시켜 나가야 한다.

학생과 민관이 함께 만든 학습 플랫폼, 몽실학교

몽실학교가 화제다. '우리가 하고 싶은 것으로 세상을 이롭게 하자'라는 슬로건으로 청소년들이 스스로 삶을 기반으로 한 교육과정을 만들고 운영하는 자치 배움터이다. 초등학교 5학년부터 고등학교 3학년 학생까지 무학년제로 운영된다. 이미 1,000여 명이 탐방하였고, 경남김해 혁신교육지구, 세종시교육청, 익산교육지원청, 전주시청 등에서 몽실학교를 모델로 하여 학생자치 배움터를 만들어 가고 있다.

몽실학교의 역사를 살펴보면, 의정부 지역의 교사, 지역 주민, 지역사회단체로 구성된 마을교육공동체와 학생들의 자발적인 참여로 만들어진 '꿈이룸학교'가 2014년에 만들어졌다. 학생의 자발적인 배움의 싹이 트기 시작할 무렵 2015년에 꿈의학교 사업이 본격화되었다. '꿈이룸학교'가 꿈의학교로 선정이 되면서 마을교육공동체와 교육청이 결합하는 형태로 발전된다.

이러한 상황에서 경기도교육청 북부청사가 신청사로 이전했다. 덕분에 구청사에 '꿈이룸학교' 활동공간을 확보해 자리를 잡게 된다. 학생들의 주체적인 배움을 중요하게 여기는 이재정 경기도교육감은 (구)북부청사를 학생 중심 교육공간으로 리모델링해 2016년 9월 20일 몽실학교로 명명하고 학생들의 활동을 지원하게 되었다.

몽실학교는 경기도교육청의 꿈의학교, 의정부 혁신교육지구 사업이 결합되면서 자연스럽게 의정부 지역을 중심으로 인근 지역의 청소년까지 함께 참여하는 청소년 자치 배움터로 자리를 잡게 되었다.

몽실학교는 프로젝트 기반 학생자치 배움과정, 학교교육과정 연계 체험형 진로, 직업, 현장학습, 학교 밖 배움터 과정으로 구성되어 있다. 프로젝트 기반 학생자치 배움과정은 초등학교 5학년에서 고등학교 3학년까지의 학생 5~20명 정도가 팀을 꾸려 실제 생활과 연관된 마을, 창업 프로젝트를 수행한다. 프로젝트를 수행할 때 교사, 마을활동가, 주민, 학부모, 청년 등으로 구성된 길잡이 교사 30여 명이 함께 참여하여 코칭하거나 촉진하는 역할을 한다. '꿈이룸학교'에서 활동한 경험과

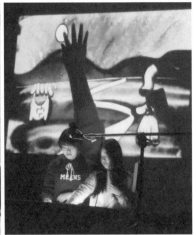

경력이 있는 청소년들이 다시 길잡이 교사가 되어 학생들과 함께하거나 마을교육공동체를 이끌어 나가는 역할을 하기도 한다. 학교교육 연계 과정은 몽실학교의 요리실, 손공방, 목공방, 청소년방송국 등 우수한 교육시설을 활용하여 학교에서 수행하기 어려운 체험활동을 지원한다. 학교 밖 배움터 과정은 학교에 다니지 않는 17~19세의 청소년들이 주 4회 정도 글쓰기, 프로젝트 등 스스로 만든 교육과정을 운영한다. 2015년 4명으로 시작된 활동이 지금은 14명의 청소년들이 모여 자기주도적인 학습을 하고 있다.

　몽실학교는 1층에 배움터, 드림벅스, 영화관, 노래방, 손공방, 목공방, 음악실, 사고력실, 연습실을 갖추고 있다. 2층에는 청소년방송국, 영셰프실, 큰꿈관, 쉼터가 있다. 3층에는 모떠꿈방, 정보소통방, 공부해방을 갖추고 있다. 근무 인력은 시설관리 및 운영지원을 위한 교육행정직 5명, 교육 기획을 위한 교육전문직 3명 등 총 8명이 지원활동을 하고 있다.

　몽실학교는 학생과 지역의 주민들이 함께 만든 마을의 학습 플랫폼이다. 배우고자 하는 학생들이 스스로 찾아오고 이들을 지원하기 위해 마을교육공동체들이 모여 지원하고 있다. 다양한 학습공간과 기자재가 구비되어 있다. 배우고자 하는 학생이면 누구나 프로젝트 활동이나 배움의 과정에 함께할 수 있다. 배움을 학생들이 주체가 되어 주도해 나간다. 학생이 주인이다. 그 속에서 학생들은 무한히 꿈꾸고 도전하며 성장한다.

여기에 유아에서부터 성인에 이르기까지 돌봄과 배움이 가능해지고 온·오프라인의 스마트한 환경이 구축된다면 온 마을 사람들이 배울 수 있는 스마트한 마을학습 플랫폼이 될 수 있다. 오전에는 마을 사람들이 이 공간에서 삶의 역량을 키우기 위한 다양한 교양교육과 직업교육을 받거나 스스로 만들어 참여할 수 있다. 덴마크 시민대학과 같은 대학을 만들 수도 있다. 방과후에는 학생들이 자연스럽게 이 공간에서 돌봄을 받고 보충학습을 하거나 새로운 도전 과제들에 참여하여 자기 꿈을 탐색해 갈 수 있다. 이 마을학습 플랫폼이 학교와 연결되고, 꿈의학교와 연결되어 협업을 한다면 미래교육을 선도하는 학습 플랫폼이 될 것이다.

지자체가 만든 학습 플랫폼, 동탄중앙이음터

화성시는 2016년 9월에 한국 최초의 '시설집적형 학교복합화'로 동탄중앙이음터를 설립하였다. 이음터는 학교와 마을 그리고 주민을 잇는다는 의미이다. 2012년부터 시작한 창의지성교육도시 사업과 연계하여 마을교육공동체를 구현하면서 학교교육의 대안적 시도를 위해 '융합적 생산 플랫폼'을 추구하고 있다(조난심, 2017).

마을교육공동체의 다양한 시도들 중에서 가장 체계적이고 집중적인 사례가 마을학교다. 동탄중앙이음터의 마을학교는 여름방학과 겨울방학 기간 중에 초중등학생 및 청소년을 대상으로 운영된다. 다양한 체험활동 중심의 자기주도적 교육과정을 구성하여 이음터에 마을학교를 운영하고 있다.

동탄중앙이음터 마을학교의 운영 목적은 첫째, 마을 아이들의 돌봄과 배움의 장으로 활용함으로써 아이들을 포함한 마을 주민들이 함께 만들어 가는 마을교육공동체의 이념을 구현한다. 둘째, 스스로 꿈꾸고, 스스로 키우는 자기주도적 학습자 중심의 프로젝트 수업을 통한 융합적 생산 능력을 갖춘 학습자를 육성한다. 셋째, 다양한 선택 수업을 통해 주변의 문제를 인식하고 두려움 없이 상상하고 도전하는 문제해결 역량을 가진 창의적 인재를 육성한다. 넷째, 동료들과의 협업, 마을 주민들과의 소통과 관계 맺음을 학습하여 마을과 지역의 발전에 기여할 수 있는 공동체 역량을 갖춘 민주시민을 육성한다.

동탄중앙이음터는 지역사회의 주민, 학부모, 마을활동가, 대학생 봉사자, 인근 학교 고등학생 봉사자들이 함께 만들어 가는 배움 중심 돌봄

공동체이다. 동시에 이음터와 학교, 마을 전체가 생활의 장이자 배움의 공간이 된다. 이러한 마을학교의 공간은 물리적 의미를 넘어 마을 주민들이 적극적으로 참여하고, 소통하는 사회적 관계망이다. 마을학교의 활동은 주민들의 참여와 협의에 의해 이루어진다. 모든 과정 가운데 주민들의 자발적인 참여와 협의 과정이 핵심이다. 그리고 학습에 참여하는 학생들은 학생들 스스로 과정을 선택하고 학습 계획서를 작성하는 등 자기주도적 학습이 이루어진다.

동탄중앙이음터는 경기도교육청에서 추진하는 마을교육공동체와 경기꿈의학교 정책과 추구하는 목적이 매우 유사하다. 학생 '스스로' 정신과 마을교육공동체 정신이 고스란히 살아서 움직이고 있다. 이런 의미에서 장기적으로 '융합적 생산 플랫폼'으로 성장과 발전이 주목된다.

스마트한 마을학습 플랫폼을 기획하라

꿈의학교, 혁신교육지구 사업, 몽실학교, 동탄중앙이음터 등 이들의 공통점은 마을학교와 마을교육공동체를 지향한다는 것이다. 학교교육의 울타리를 넘어 학교 밖 마을로 공교육이 나갔다. 마을에서 마을의 학생들과 마을 사람들이 모여 함께 꿈을 꾸기 시작했다. 이들의 시작은 제각각이지만 큰 흐름은 마을이 학습생태계로 성장하고 있다는 것이다.

2018 지자체 선거는 풀뿌리 지방자치와 민주주의, 마을학습생태계의 발전을 이루는 획기적인 시발점이 될 것이다. 피터 드러커가 말한 것처럼 새로운 미래를 창조하는 큰 걸음이 될 것이다. 마을학습생태계의 중심 허브가 될 '스마트한 마을학습 플랫폼'을 함께 상상하고 만들어

갈 것을 제안한다.

개념

대한민국의 마을학습생태계는 마을학습 플랫폼과 꿈의학교, 그리고 그 연결로 이루어질 것이다. 마을학습 플랫폼은 학교와도 연결된다. 마을학습 플랫폼은 벨기에 2030 미래교육보고서에서 제안한 '학습공원'과 유사한 역할을 하게 될 것이고, 꿈의학교는 핀란드 2030 미래교육보고서에서 제안한 '학습마을'로 확대하여 발전하게 될 것이다. 즉, 마을학습생태계는 '학습공원'과 '학습마을'이 신경망처럼 연결된 형태로 발전하는 것이다. 마을학습 플랫폼과 꿈의학교의 연결로 창조해 나가는 것이 타당하다. 마을교육의 중심에 스마트한 마을학습 플랫폼이 만들어지고 마을 사람들이 넘나들며 즐거운 배움이 일어나도록 대화와 토론을 통해 만들어 가야 한다.

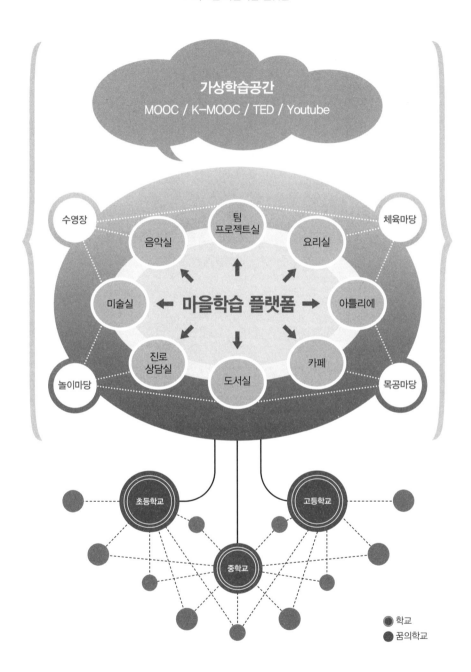

스마트한 공간

마을학습 플랫폼은 마을의 학생들과 사람들이 만나고 연결되기 좋은 물리적 공간과 4차 산업혁명을 이끌 다양한 기술이 융합한 사이버 공간이 하나로 결합된 스마트한 공간이어야 한다. 기본적으로 마을학습은 정규학교 교육과정에서 하기 어려운 내용을 중심으로 학생들이 원하는 주제와 내용을 몸으로 배우는 학습, 함께 협업하는 프로젝트 활동, 삶 속에서 배우는 실제 학습을 지향한다. 더불어 전 세계와 연결된 MOOC, K-MOOC 등에서 언제 어디에서나 누구든지 양질의 콘텐츠를 활용할 수 있어야 하고 상호작용할 수 있어야 한다. 또한 다양한 분야의 전문가들이 함께하는 공간이어야 한다.

연결 구조

제4차 산업혁명이 고도화되어도 학교는 존속할 것이다. 그러나 그 기능과 구조는 변화가 불가피하게 될 것이다. 학생들의 실제 삶에서 마을의 다양한 전문가 또는 스스로에게 배우는 마을교육과 전 세계가 연결된 온라인 가상교육이 광범위하게 확산될 것이다. 그렇게 되면 학교와 크고 작은 마을학교를 연결하는 마을학습 플랫폼의 존재가 그 효율성과 효과성을 높일 것이다. 그 구조는 경기도의 경우처럼 마을마다 꿈의학교가 다양하게 생기고 그 꿈의학교를 아우르며 선도적으로 마을교육의 모델을 만들어 가는 스마트한 마을학습 플랫폼이 될 것이다. 몽실학교, 동탄중앙이음터 등 같은 형태를 보이면서 보다 능동적인 연결을 요구하게 될 것이다.

일차적으로 꿈의학교와 마을학습 플랫폼이 연결되고, 마을학습 플랫폼과 초·중·고등학교가 연결될 것이다. 무학년제로 운영되는 마을

학생들과 마을 사람이 꿈의학교와 마을학습 플랫폼에서 배우고, 마을학습 플랫폼에서 꿈의학교들이 협업하여 대규모 배움의 장을 만들고 이러한 배움이 학교교육으로 선순환되는 구조를 가지게 될 것이다. 지금의 교육이 학교교육의 틀 속에서만 이루어진다면 미래에는 거대하고 스마트한 마을학습생태계 속에서 배움이 일어나게 될 것이다.

역할

마을학습 플랫폼의 공통적인 역할은 생애 발달 단계에 맞춰 유아들에게는 돌봄과 놀이, 문화에 대한 서비스를 제공하는 것이다. 초·중·고등학생들은 돌봄과 더불어 과학적인 진로적성검사, 진로진학상담, 심리상담과 지원을 언제든지 받을 수 있어야 한다.

구체적인 역할은 마을의 특성과 요구를 반영하면서 마을의 학생들이 요구하는 다양한 활동들을 준비하는 것이다. 초등학교 저·중학년들에게는 스포츠 활동, 주제 중심 협력학습, 좋은 책을 읽고 대화하고 창의적으로 표현하는 활동, 관찰탐구 및 실험학습, 예술 활동에 참여하도록 지원하면 좋겠다. 초등학교 고학년과 중·고등학교 학생들에게는 스스로 선택한 문제해결 중심의 프로젝트 활동한다. 목공, 텃밭 등 노작활동, 인문독서 토론 활동, 자치 활동, 문화예술 활동, 스포츠 활동 등도 좋겠다. 기업가 정신과 창업, 창의적 표현 등을 자신의 진로·직업 탐색과 병행하여 학습이 이루어지도록 지원하면 바람직하겠다. 전문직업활동에 참여하고자 하는 학생들에게는 마을의 다양한 삶의 현장에서 인턴이나 도제학습에 참여하거나 창업, 창직, 창작활동을 지원하면 좋겠다. 일과 시간 이후에는 시민들이 모여 생활기술 습득과 직업능력 향상을 위해 시민대학(nano degree)을 만들어 생애 발달을 위한 학습을 하는 공간이었으면 좋겠다.

마을교사, 연결자

마을학습 플랫폼에는 물리적 공간을 유지하기 위한 인력과 온·오프라인 학습을 지원하고 촉진하는 프로젝트 관리자, 학생들의 생활, 심리, 진로를 상담하는 상담사 등의 마을교사가 상주하여 지원할 필요가 있다. 이러한 정규 직원 외에 학생들과 마을 사람을 연결하는 연결자(마을사람)도 필요하다. 연결자는 교육 자원봉사자, 학부모가 할 수도 있다.

마을교육공동체의 요체는 마을 사람들 사이의 '만남'이다. 이것이 이루어져야 학생들을 위한 학습환경이 만들어진다. 만남은 필연적 요인과 우연적 요인이 복합적으로 어우러지면서 발생하기 마련이지만 마을교육공동체 사업이 일종의 정책사업인 이상 우연적 요소에만 기댈 수는 없다. 지역사회 안에서 만남을 주관할 수 있는 조정자, 지역사회 연결자의 존재와 역할이 필수적이다.

학부모들은 운영위원회, 학부모봉사단으로 참여하여 품앗이하듯이 마을의 아이들을 돌보고 교육을 지원하면 좋겠다. 이들의 업무를 총괄하고 조정하는 코디네이터가 필요하다. 코디네이터는 교육청과 지자체와 소통하면서 지원을 받고 독립적이고 자율적으로 마을학습 플랫폼을 운영한다.

03

미래교육,
큰 그림을 그려라

대학입시제도 혁신에 올인하라!

문재인 정부는 교육 분야 국정과제로 6대 과제 31개 실천과제를 설정하고 추진 중이다. 구체적으로 살펴보면, 1) 유아에서 대학까지 교육의 공공성 강화, 2) 교실 혁명을 통한 공교육 혁신, 3) 교육의 희망사다리 복원, 4) 고등교육의 질 제고 및 평생직업교육 혁신, 5) 미래교육 환경 조성 및 안전한 학교 구현, 6) 교육 민주주의의 회복 및 교육자치 강화이다. 다음 표에서 보는 바와 같이, 31개 실천과제들도 미래교육을 위한 중요한 과제들이다.

국정과제	실천과제
유아에서 대학까지 교육의 공공성 강화	• 유아교육 국가 책임 확대 • 온종일 돌봄체계 구축 • 고교 무상교육 실현 • 대학 등록금 및 주거비 부담 경감
교실 혁명을 통한 공교육 혁신	• 학생 중심의 교육과정 개편 • 진로맞춤형 고교체제 전환 • 기초학력 보장 및 1수업 2교사제 • 혁신학교 및 자유학기제 확대 • 미래사회에 부합하는 교원 전문성 신장 • 대입전형 간소화 및 공정성 제고
교육의 희망사다리 복원	• 사회적 배려 대상자 대학 입학 지원 강화 • 사회 취약계층 교육 지원 확대 • 고졸 취업자 지원 확대 • 학력학벌주의 관행 철폐
고등교육의 질 제고 및 평생직업교육 혁신	• 고등교육 공공성 및 경쟁력 강화 • 대학 자율성 확대 및 대학 기초연구 강화 • 직업교육에 대한 국가 책임 강화 • 전문대학의 질 획기적 제고 • K-MOOC 등 성인평생학습 활성화 • 대학 창업 및 산학협력 활성화
미래교육 환경 조성 및 안전한 학교 구현	• 지식정보 · 융합교육 강화 • 선진국 수준의 교육환경 조성 • 학교 노후시설 개선 및 수업환경 개선 • 어린이 안전교육 강화 및 학교 주변 교육환경 개선
교육 민주주의 회복 및 교육자치 강화	• 역사교과서 국정화 금지 및 점진적 교과서 자유발행제 • 교육 민주주의 회복 • 국가교육위원회 설치 • 교육부 기능 개편 • 단위학교 자치 강화 • 현장과의 소통 · 협력 강화

※ 총 6대 국정과제, 31개 세부과제로 구성

'대입전형 간소화 및 공정성 제고' 과제는 31개 실천과제 중 하나로 설정되어 있다. 너무 안이한 생각이다. 선택과 집중을 통해 가장 우선순위에 두어야 할 것은 대학입학제도 혁신이다. 대한민국 국민 모두가 알다시피 모든 교육의 문제는 대학입시로 귀결된다. 대학입시제도를 타당하게 해결하지 못하면 4년 후에도 지금 거론된 교육의 문제는 그대로 살아서 선진국가로 가는 발목을 잡게 될 것이다. 31개 실천과제 중 제도 개선과 예산 지원을 제외하고는 교육정책의 추진 방향만 제시하면 16개 시도교육청에서 지역의 특성에 맞게 잘 추진할 수 있다. 과감하게 이양하고 교육부에서는 '대학입학제도 혁신'에 올인해야 한다.

학생부와 수능, 면접고사 위주로 대입전형을 간소화하되, 영역별 반영 비율 가이드라인을 제공하고 그 범위 내에서 대학의 자율성을 발휘하게 하는 것이 타당하다. 또는 수능고사는 자격시험 내지는 절대평가로 바꾸고, 학생부의 반영비율을 적정하게 조정하여 1차는 서류전형을 하고, 2차는 대학의 면접을 통해 학생의 적성과 학과 특성에 적합한 학생을 선발하도록 하는 방안을 제안한다.

일단 학생이 선발되면 대학에서 책임지고 학생들을 가르쳐야 한다. 그동안 선발 효과를 가지고 대학에서 너무 안이하게 교육해 온 것은 아닌지 성찰해야 한다.

그동안 초중등교육은 대학의 입시제도에 발이 묶여 전인교육, 창의교육, 인성교육, 융합교육 등 학생 성장 중심의 교육을 할 수 없었다. 고등학생이 되면 아침에 일어나서 문제 풀고, 학교 수업시간에 문제 풀고, 방과후에 학원에 가서 문제 풀고, 집에 와서 자기 전에 문제를 풀다가 잠이 든다. 시험이 끝나면 잊어버릴 지식을 암기하고 이해하기 위해 매일 15시간 이상 매달린다. 이러한 공부는 4차 산업혁명시대에 맞지 않다는 것을 대학교수들은 물론 전 국민이 다 알고 있는 사실이다. 이 명에를 벗겨야 학생도 살고, 중·고등학교도 살고, 대학도 살고, 대한민국의 미래가 산다. 이제 중·고등학교에서 학교의 자율성을 바탕으로 학교교육 공동체 구성원들이 협의하여 교육의 본령에 맞게 교육하도록 대학입시제도를 개선하여야 한다.

쉽지는 않을 것이다. 대학입시제도에 대한 해법을 대화와 토론을 통해 국민적 공감대로 찾고 아픔이 있더라도 중론이 모아지면 멀리 보고 그 길로 단호하게 가야 한다.

학제 유연화, 평생학습체제를 구축하라

대한민국의 학제는 너무 경직되어 있다. 학교와 학교 밖 경계를 유연화하고, 누구나 언제 어디서든 학습하고 성장할 수 있는 평생학습체제를 구축할 필요가 있다. 제4차 산업시대에는 세상이 빠르게 변하기 때문에 생애 발달 단계에 따라 평생학습자가 삶에 '대해', 삶을 '위해' 직업 역량을 강화는 학습을 할 수 있어야 한다. 평생학습은 자신의 삶을 발전시키고 세상을 구성하는 학습이다.(앤디 하그리브스, 2016) 덴마크의 에프터스콜레나 시민대학과 같이 학생들의 쉼과 성찰이 있는 학제, 시민들이 필요할 때 삶의 필요한 영역에 힘을 기를 수 있도록 마을과 직장에 학교와 대학에 평생학습 프로그램이 갖추어져야 한다.

삶과 연결된 지식의 탐구는 학교가 자신의 담장을 허물고 지역사회와 섞이고, 학생들 개개인의 삶이 학교를 비롯한 여타 학습의 공간에 녹아들 때 가능하다. 보다 급진적으로 표현하면, 미래사회의 학교는 삶과 무관한 지식, 삶과 유리된 학교를 넘어서야만 그 존재 의미를 유지할 수 있을 것이다(이혜정, 2016).

2017년 11월 교육부는 고교학점제 추진 방향을 발표하였다. 학교 밖에서도 자기 스스로 원하는 교육활동에 참여하고 학점을 받아 인정받을 수 있도록 해야 한다. 고교학점제가 시행되면 학생들은 자기가 원하는 교육활동에 참여하게 되어 학습 동기가 높아지고 행복한 배움의 시간을 가질 수 있다.

평생학습자는 주도적인 학습자이며 문제해결사이고, 인생의 기회를 최대한 활용하는 데 있어서 창조적이고 혁신적이며, 공공의 선을 실현하는 데 기여한다(앤디 하그리브스, 2016).

교육부에서는 평생학습시대에 맞게 학제를 유연화하여 4차 산업혁명시대에 대비하여야 한다. 보다 근본적으로 배움을 통한 행복추구권을 보장해야 한다.

학생에게 학습 선택권을 주는 미래교육을 기획하라

제4차 산업혁명이 진행되는 현시점에서 교육은 유비쿼터스, 빅데이터, 클라우드, 웹 플랫폼을 활용한 교육방법으로 시대 변화에 대처해야 한다. 뿐만 아니라 앞서가는 청소년들의 코드에 맞추어야만 공교육이 활력을 찾을 것이다(강선보, 2017). 요즘 청소년들은 자기 선택에 민감하다. 자신이 가진 개성과 자유를 표출할 수 있을 때 몰입한다. 흥미, 호기심, 동기, 재미는 자기 선택이 가능할 때 작동된다. 물론 교육은 학생들이 원하는 것만 할 수는 없다. 그럼에도 불구하고 미래교육을 기획하면서 학생들의 선택권을 최우선적으로 고려하여야 한다.

학생들의 자유로운 상상과 창의적인 생각, 자기 삶을 살아갈 수 있는 역량 강화가 미래교육에 매우 중요하다는 것을 부인할 사람은 없을 것이다. 창의적인 생각과 산출은 자유로운 상상과 질문하는 능력에 달려 있다. 역량 강화는 실제 상황에서 실행해 보아야 가능하다.

학생들은 자기 선택을 통해 꿈을 찾아야 한다. 큰 꿈이 필요하다. 꿈이 있어야 이후 삶에서 의미 있는 질문을 할 수 있고 실현하기 위한 도구와 기술을 다른 각도에서 볼 수 있다. 메타인지를 통해 새로운 시각으로 현실을 바라보게 된다.

꿈의학교는 학생들의 꿈과 상상, 삶 속에서 질문하는 것으로 학습이 시작된다. 스스로 문제를 찾고 스스로 기획하고 실천하는 것을 요체로 한다. 따라서 꿈의학교는 미래교육을 가장 잘 담보할 수 있는 교육의 장이자 프로그램이다. 학생이 주도적으로 선택하고 운영하는 교육활동을 지속적으로 유지하고 발전시켜 나가야 한다.

학생들이 창의적인 전인으로 성장하기 위해서는 학교교육과 마을교육에서 학생들의 학습 선택권을 보장해 줌과 동시에 인문교양교육, 과학기술 교육, 문화예술교육, 민주시민교육을 균형 있게 하여야 한다.

3부

꿈의학교,
펼쳐지는
우리 아이들의 꿈

조성탁

조성탁 | 꿈의학교 담당 장학사

마을이 움직인다.

스스로 도전하고 더불어 꿈꾸는 학교

교육청, 지자체, 공공기관, 기업 모두가 학생의 꿈을 위해 하나 되는 학교

꿈의학교가 펼쳐진다.

스스로 꿈꾸는
꿈의학교

자기 삶을 살아가는 독립적인 인간을 키우는
'스스로' 정신 마을 친구들과 삶을 가꾸는
꿈의학교 사례를 소개합니다.

벤처스타바리스타 꿈의학교

주제: 바리스타를 통해 기업가 정신을 기른다.
가치: 스스로 – 도전, 더불어 – 협업
대상: 중학교 2학년 ~ 고등학교 3학년

벤처스타바리스타 꿈의학교는 사회적협동조합인 들꽃피네카페의 김금훈 선생님과 이재호 선생님을 중심으로 바리스타를 꿈꾸는 청소년을 도와주는 도제형 꿈의학교이다.

깊은 가을, 산과 마을도 온통 붉은 빛으로 가득하다. 안산교육청 꿈의학교 성과발표회 현장 부스 한쪽에 바리스타를 꿈꾸는 학생들이 있다.

"커피를 무료로 나눠 드려요."

떨리는 목소리에 걱정과 기대가 묻어 있다. 꿈의학교에서 갈고닦았

마을축제에서 무료 커피를 나눠 주고 있는 모습

던 실력을 시험할 기회. 커피에 물을 붓고 향기를 맡는 학생들의 자세가 진지하다. 그동안 재능기부와 봉사를 통해 여러 차례 마을 공원과 시설에서 활동한 경험이 있지만 떨리는 마음은 어쩔 수가 없나 보다.

바리스타의 꿈에 한발 더 다가선 이준호 학생의 꿈을 향한 의지와 열정은 특히 대단했다.

"공부에는 관심이 없었는데 어느 날 학교에서 나눠 준 꿈의학교 안내 전단지를 보고 이거다 싶었어요. 그렇게 꿈의학교에 참여하게 되었고 벌써 2년째 바리스타의 꿈을 이루기 위해 노력하고 있어요. 자격증도 따고 지금은 아르바이트를 하면서 경험을 쌓고 있어요. 가까운 미래에 바리스타 대회에도 나가고 나만의 카페를 차리고 싶어요."

이준호 학생은 학교수업을 마친 후, 아르바이트를 하는 카페로 가서 자신의 꿈을 위한 수업을 시작한다. 선생님 눈에는 그런 학생들이 기특해 보이기도 하지만 학생의 꿈을 더 키우기 위해 노력하도록 다그친다.

"우리 꿈의학교는 학생들이 바리스타 체험을 하는 것에서 그치는 것이 아니라 전문 바리스타가 되는 길을 열어 주고 더 나아가 사회적 기업을 세우는 생각까지 하도록 교육하고 있습니다. 자격증을 딴 학생 중 몇 명은 카페에서 일할 수 있는 기회를 얻고 있지만 더 높은 꿈을 꾸기를 응원합니다."

꿈을 찾아가는 학생의 열정과 그 꿈을 이뤄 주려는 전문가가 만났다. 미래의 꿈이 커피빵처럼 향기롭게 부푼다.

청소년 기업가 정신 Venture STAR 프로그램

청소년기에 요구되는
상품과 관련된
기업가 정신

성공한
창업가들의 특성
역할 모델

청소년기에 적합한
교육방법
체험·활동·문제기반 학습

창업과 관련된 역량
전문적 기술

**기업가 과정의
핵심사항**
기회, 자원 팀

벤처스타(Venture STAR) 꿈의학교 교육 내용

프로그램 주제	프로그램 제목		프로그램 목표
오리엔테이션	친교 레크리에이션		한 해 동안 함께 수업할 친구들과 교사들이 만나는 시간을 통해 서로 간의 친목을 도모한다.
입학식	벤처스타바리스타 입학식		벤처스타바리스타 입학식을 통해 정식 수업의 시작을 알리며 교육과정 공유 및 사전 교육을 진행한다.
기업가 정신과 창업을 위한 삶의 자세	1	기업가 정신	기업가 정신의 개념과 필요성을 사례를 통해 인식한다.
		기업가의 생활백서	기업가가 되기 위한 생활방식을 이해하고 스스로 습관을 바꿔 나갈 수 있는 동기를 얻는다.
	2	기업가의 비전 "벤처스타"	기업가 정신은 일상적인 삶의 방식에서 도전적인 삶으로 변화시키는 것임을 인식하고 새로운 삶의 비전을 설정한다.

프로그램 주제	프로그램 제목		프로그램 목표
기업가 정신을 실천하기 위한 전략과 분석	3	벤처스타의 시선	세계시민으로서의 역할을 이해하고 보다 넓은 시선으로 세계의 현상을 바라보고 실 천 방법을 모색한다.
	4	벤처스타의 전략	기업가 정신을 발휘하기 위해서는 전략적 이고 도전적인 방식이 필요함을 알고 자신 의 삶에 적용한다.
		벤처스타 분석	SWOT 분석을 통해 자신에 대한 성찰을 한다.
벤처스타 리더십	5	벤처스타의 창조적 기업 만들기	마인드맵을 효과적으로 활용하여 자신의 잠재력과 주변 상황을 연계하여 새로운 기 업(창업)에 관한 아이디어를 정리한다.
		나의 브랜드	각자 구성한 새로운 기업 이미지를 바탕으 로 자기만의 브랜드를 창출해 본다.
	6	벤처스타 리더십	새로운 시작과 도전은 곧 리더십의 과정임 을 인식하고 벤처스타 리더의 삶을 실천하 고 적용해 본다.

좋은 커피를 만들기 위해 커피콩을 선별하는 모습

커피 바리스타 교육 내용

커피의 이해 1	커피나무 키우기(씨앗 준비)
	커피나무 파종
	커피 역사 & 생산
커피의 이해 2	커피의 분류 및 평가
추출실습 1	핸드드립 기구 & 추출 과정의 이해
추출실습 2	사이폰, 모카포트, 프렌치프레소
수망 로스팅	
에스프레소 머신의 이해 및 추출실습	
커피머신 에스프레소 추출 실습/카페 사이드 메뉴 실습	
라떼아트 1	우유스팀 실습/카페 사이드 메뉴 실습
라떼아트 2	우유스팀 실습/카페 사이드 메뉴 실습
카페 음료 창작 개발/카페 사이드 메뉴 실습	
커피 지역 나눔 활동 및 커피 시음회	

랩스쿨 꿈의학교

주제: 랩으로 자신의 이야기를 표현한다.
가치: 스스로 – 도전, 더불어 – 성찰
대상: 초/중/고등학생

랩스쿨 꿈의학교는 래퍼를 꿈꾸는 학생들이 모여 만든 학교이다. 학생들은 그동안 말하지 못했던 억눌린 감정과 자신의 이야기를 랩으로 표현해 본다. 이혜진 관장은 "운영하면서 느끼는 가장 큰 어려움은 랩을 좋아하는 학생들과 전문 래퍼를 찾아 연결하는 일입니다. 하지만 자기표현조차 어려워하던 학생들이 자작곡으로 무대에 서면서 성장해 가는 모습을 보면 행복감을 느껴요."라고 말하며 흐뭇한 미소를 짓는다.

랩스쿨 꿈의학교 공연이 있는 날, 갑자기 추워진 날씨에 학생들이 그동안 키워 온 실력을 마음껏 보여 주지 못할까 걱정하며 공연장으로 향했다. 무대에 오른 학생들은 내 걱정을 뒤로하고 여유 있는 표정과 몸짓으로 자신들의 이야기를 쏟아 냈다. 차례를 기다리는 학생들도 동료들의 공연에 힘껏 소리 내어 응원을 보내며 열기를 더했다.

"다른 사람의 랩보다 내가 쓰고 부르는 프리랩이 더 좋아요. 나의 이야기잖아요. 랩스쿨 꿈의학교 안에서 전문 래퍼들을 만나고 같은 관심을 가진 친구를 만나는 것이 꿈만 같아요."

우리 사회가 흥을 주체하지 못하는 학생들을 학교라는 공간에 가두어 놓는 것은 아닌지, 그래서 아이들의 표현은 줄어들고 어른들로부터 멀어지는 것이 아닌지 미안한 마음이 든다. 오늘 꿈의학교 공연에서 마음껏 끼를 발산하는 학생들의 모습을 보면서 그 꿈을 큰 소리로 응원하고 싶다. "너희 모두가 최고야!"

　당차게 무대 위로 올라가 관중과 호흡하며 공연하는 모습이 아름답다. 공연하는 사람들과 지켜보는 사람들 모두 하나가 되어 어깨를 들썩이고 리듬을 타는 이 순간, 우리 학생들은 행복하다. 높이 든 손 위로 학생들의 꿈도 크게 펼쳐지기를 바라 본다.

마을 문화거리에서 랩 공연을 하고 있는 모습

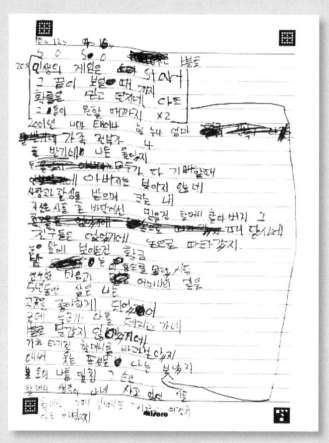

학생 자작 랩 스케치

프로그램	주요 활동	교육방법
개교식	개교식, 꿈의학교 희망나누기	• 꿈의학교 랩스쿨 희망나누기 (1기 활동 모습 상영과 파워포인트 활용하여 진행)
오리엔테이션	꿈의학교 이해하기	• 꿈의학교 목적, 목표를 알고 청소년 모둠 정하기 활동 • 1기 청소년들 활동 경험 소개, 2기 청소년들 목표 정하기
	활동 구성원 관계 형성 활동	• 구성원이 활동에 앞서 서로 소통하고 긍정적 관계 형성을 위해 공동체 활동, 레크리에이션 진행
랩으로 생각하는 나의 이야기	랩/힙합 역사 교육	• 랩과 힙합 역사를 이해하고 바르게 배우기 위한 랩의 활동 영상 관람과 공연 모습 상영 등을 통해 랩에 대해 기초적인 지식 습득 기회 제공
	단계별 랩/작사 활동	• 활동 모둠을 수준별로 나누어 모둠활동으로 진행 • 라임에 맞춰 랩 일기 쓰기 형식으로 랩 작사하는 방법 지도 • 작사한 내용을 라임에 맞춰 비트에 따라 실행하는 과정을 단계별로 지도 • 자신의 이야기와 고민을 작사를 통해 표현해 보는 활동을 중점으로 랩/작사 활동을 진행하고 작사집 발간
	1기 청소년 또래 멘토링 활동	• 랩 활동 영상 개인 촬영 및 모니터링 후 피드백을 전달하고, 개인별 무대 매너와 기술을 지도하여 랩 기술력 향상 지도 • 2기 청소년들과의 만남을 통해 또래 멘토링을 진행하여 청소년들 간 활동 경험의 교류
랩으로 외치는 나의 이야기	토크 콘서트	• 만나고 싶은 래퍼를 청소년들이 스스로 선정해 보고, 모둠별로 사전 질문지 작성하기 • 음악과 진로, 힙합과 꿈에 대해 이야기 나누기
	청소년 축제 기획 활동	• 청소년기획단이 되어 랩스쿨 축제 기획회의를 정기적으로 실시 • 공연, 홍보 등 분야별로 나누어 축제 기획 및 구성 회의
	청소년 축제 진행	• 청소년이 스스로 기획하고 만드는 랩스쿨 축제 진행 (2017년 제2회 군포 랩스쿨 거리공연)

프로그램	주요 활동	교육방법
랩으로 외치는 나의 이야기	지역 축제 참여	• 지역 내 축제에 참여 지원(1기 청소년 우선 지원) • 군포시 동아리연합콘서트, 성장나눔 발표회 등에 참가하여 공연의 기회를 제공하고 무대 경험 쌓기
	음원 준비 활동	• 모둠별 랩/작사 활동을 통해 자신의 이야기를 곡에 맞게 녹음하고 음원 만들기

네트워크	전문 강사진
	운영회의
		• 랩스쿨 전문 강사진을 구성하고 프로그램 진행방법 및
		  구성 회의를 월 1회 실시
		• 작사, 라임, 랩, 비트, 무대 활동 등 영역별로 나누어
		  수준별 활동을 할 수 있도록 프로그램 진행방법 논의

	랩(Rap)스쿨
	운영위원회 개최
		• 랩스쿨 운영위원회 네트워크를 학교 담당자, 참가 청소년,
		  전문 강사, 꿈의학교 담당자 등으로 구성하여 꿈의학교
		  진행
		• 지원 방향을 논의하는 시간 마련

수료식	수료식	• 수료증 수여, 활동 영상 모습 상영, 활동 소감 발표, 모둠별
		  활동 결과 발표, 우수 활동 청소년 시상, 다음 연도 계획
		  수립

날아 꿈의학교

주제: IoT 기술로 장애인을 위한 발명품을 만든다.
가치: 스스로 – 상상, 더불어 – 성찰
대상: 초등학교 6학년 ~ 중학교 2학년

중2 학생이 꿈짱, 엄마와 아빠는 꿈지기, 상상하면 만들어지는 발명품 만들기. 날아 꿈의학교는 최근 우리 생활 속으로 바짝 다가온 사물인터넷에 관심을 가진 중학생 두 명이 만든 꿈의학교이다. 이 학교는 교장도 학생, 선생님도 학생이다. 몇 차례 IoT 수업을 거친 학생들은 장애인을 위한 발명품 제작으로 자신의 재능이 사회에 환원되는 기회를 경험한다. 프린터업체에 다니는 아버지도 꿈지기를 해 달라는 아들의 요청을 받아들여 주말 봉사에 함께 참여한다.

꿈짱 학생이 마을축제에 참여해서 동생들을 위한 체험 부스를 운영하는 모습

학생들은 3D 펜으로 만든 작품들을 탁자 위에 전시한다. 오늘의 우수작은 지나가는 사람들의 투표로 결정된다. 체험 부스에는 3D 펜 사용법을 익히는 아이들로 붐빈다. 작품을 만들고 있는 동생들에게 3D 펜 사용법을 설명하는 학생들의 모습이 진지하다. 동생들도 형들의 설명이 어느 선생님의 지도보다 이해하기 쉬운 듯 오가는 배움의 소리가 정겹다.

"꿈짱 아이들이 먼저 관련 프로그램을 배우고 친구와 동생들에게 배운 내용을 알려 줍니다. 올해는 꿈지기인 제가 많은 안내를 했지만 내년에는 오로지 학생들만의 꿈의학교가 될 것 같습니다."

학생도 교장이 될 수 있는 학교, 꿈의학교에서만 가능한 일인지도 모르겠다. 상상이 현실로, 재능이 기부로 변화하는 꿈의학교에서 많은 꿈들이 3D로 빚어지기를 기대한다.

날아 꿈의학교 교육 내용

| 순 | 일시 | 주요 활동 내용 | 운영 시간 | |
			시간	누계
1	6. 4(일)	• 오리엔테이션 및 아이디어 회의	2	2/42
2	6. 18(일)	• IoT의 원리와 제작방법 교육 (외부 전문 강사 초청)	3	5/42
3	7. 2(일)	• IoT 코딩 교육(외부 전문 강사 초청)	3	8/42
4	7. 16(일)	• 장애인 인터뷰 및 장애인의 불편한 점 실제 체험하기(신체 부위별 불편함 느껴 보기)	4	12/42
5	7. 30(일)	• 제품에 대한 아이디어 회의	2	14/42
6	8. 13(일)	• 아이디어에 대한 전문가의 의견을 나누고 시제품 방향 결정	2	16/42
7	8. 27(일)	• 차후 일정 계획 회의	2	18/42
8	9. 10(일)	• 제품이 미칠 긍정적인 영향 알아보기	2	20/42

순	일시	주요 활동 내용	운영 시간	
			시간	누계
9	9. 24(일)	• 제품을 만들 재료 알아보기	2	22/42
10	10. 8(일)	• 제품 제작 방법 설계	4	26/42
11	10. 22(일)	• 3D 프린터 기초 사용법 교육	2	28/42
12	11. 5(일)	• 3D 프린터 실습	2	30/42
13	11. 12(일)	• 계획한 대로 3D 프린터를 사용해 제품 제작	4	34/42
14	11. 26(일)	• 제품에 대한 문제점 발견 및 개선 방향 회의	2	36/42
15	12. 3(일)	• 제품을 수정해서 다시 제작	2	38/42
16	1. 7(일)	• 포트폴리오 작성	2	40/42
17	2. 4(일)	• 종업식 및 결과 발표	2	42/42

해오름 자전거 꿈의학교

주제: 자전거를 소재로 다양한 프로젝트 활동을 실행한다.
가치: 스스로 - 질문, 더불어 - 협업
대상: 중학교 1학년~고등학교 3학년

해오름 자전거 꿈의학교는 자전거 여행, 설계, 정비, 음악, 디자인, 영상, 역사, 선수 운영 등 자전거를 소재로 한 다중지능 프로젝트 학교이다. 고철 부품으로 새 자전거 만들기, 3D 프린터로 자전거 만들기, 자전거 벽화 그리기 등 학생들의 도전을 응원하고 있다.

"방향은 어른들이 제시하기도 하지만 생각이 같은 학생들이 모여 팀을 이루고 하고 싶은 교육활동을 직접 기획·운영하는 프로젝트 학교입니다. 올해는 50여 명의 중고등학생들이 함께하고 있습니다."

해오름 자전거 꿈의학교에는 운영 첫해인 2015년에 자전거 타기를 좋아하는 학생들이 모였다. 하지만 자체 학생 워크숍을 거치면서 학생들의 꿈이 다양하다는 것을 알았고 자전거는 하나의 소재가 되었다. 자전거를 타고 여행 떠나기를 원하는 친구들은 자전거 여행팀이 되었고, 디자인과 미술에 꿈이 있는 친구들은 자전거 디자인팀으로 뭉쳤다. 자전거 정비에 관심이 있는 친구들은 자전거 정비를 배우며 길거리 봉사에 나섰고 고철로 전락할 부품들을 모아서 새 자전거를 만드는 것에 도전했다.

폐자전거 부품을 모아 새로운 자전거를 만드는 과정

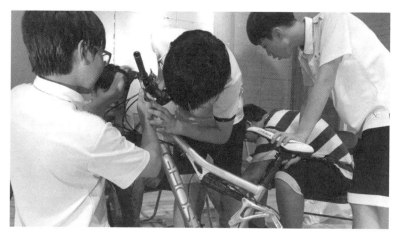

길거리 자전거 수리 봉사를 위하여 자전거 수리를 배우는 모습

음악팀은 꿈의학교 교가를 만들어 보자고 의기투합하였다. 작사와 작곡을 하고 주변에 악기를 다룰 수 있는 친구를 섭외해 녹음하는 등의 역할을 나누어 프로젝트를 진행하였다. 곡을 완성하기까지 과정은 힘 들었지만 피아노 선율 위로 자전거 꿈의학교 교가가 탄생했다.

자전거와 함께 숨은 꿈을 찾아보자. 미래의 꿈을 향해 달려가는 우리는 자전거 꿈의학교, 꿈을 향해 자전거 페달을 밟아보자. 우리 다 함께~.

"한 학생이 울산 자동차과학고에 진학했는데, 그 학생이 꿈의학교에서 자신의 적성과 하고 싶은 일을 찾을 수 있었다고 말해 주었습니다. 꿈의학교에서 자신의 진로를 만들어 가는 좋은 사례인 것 같아 운영자로서 뿌듯합니다."

자전거를 소재로 모인 아이들이 꿈을 조립하고 꿈을 노래한다. 아이들의 미래도 자전거 두 바퀴에 실려 힘차게 나아간다.

해오름 자전거 꿈의학교 프로젝트 구조화

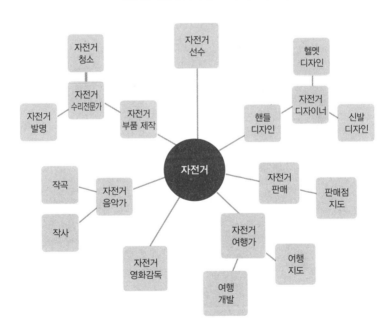

자전거 꿈의학교 운영 방침

학생들이 스스로, 함께 기획한다.
서로를 가르치고, 서로에게 배운다.
구체적인 경험과 작업을 통해 배운다.
삶 속에서 배움의 주제를 찾고 배운 것을 실천한다.
실패를 두려워하지 않고 과정 속에서 서로가 성장함을 믿는다.

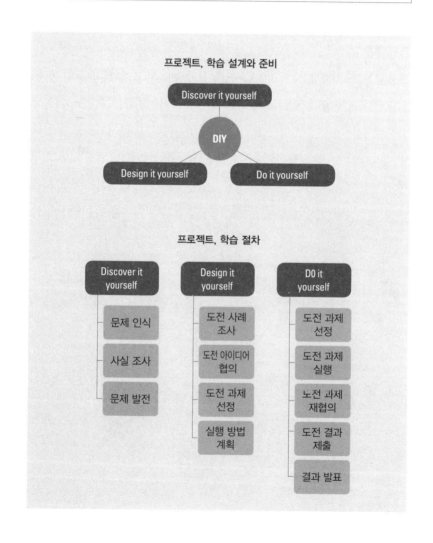

카사노바 꿈의학교

주제: 자동차 정비를 통해 삶의 방향을 찾는다.
가치: 스스로 – 질문, 더불어 – 성찰
대상: 고등학교 1~2학년

카사노바 꿈의학교 이름은 '카센터 사장님이 되기 위해 노력하는 바람둥이'라는 뜻이다. 이름에 담긴 의미처럼 자동차에 관심이 있고 카센터를 운영하고 싶은 학생들이 모였다.

첫 시작은 학생 상담을 하는 김혜란 꿈지기 선생님과 보호관찰 대상 꿈짱 학생들의 아이디어였다. 학교 공부에 관심이 적고 자신의 에너지를 어디에 쏟아야 할지 방황하던 학생들은 상담 선생님을 만나서 하고 싶은 일이 무엇인지 스스로에게 묻고 상상하며 꿈의학교에서 그 답을 찾기로 하였다. 여기에 자동차에 관심이 있는 마을의 여러 또래 학생들이 함께하면서 한 부대의 든든한 꿈의학교가 만들어졌다.

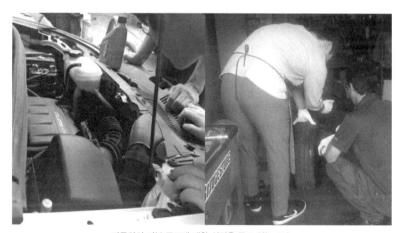

자동차의 기본 구조에 대한 설명을 듣고 있는 모습

학생들은 마을의 카센터를 찾아가 자동차 수리에 대한 기본적인 기술을 배우고 실습하였다. 자동차공장 견학, 세차, 도색, 경정비, 외형복원, 카센터 사장님과의 대화 등 다양한 경험을 쌓으며 학생들의 삶도 방향을 잡아 가고 있었다.

유난히 덥던 그해 여름, 아이들은 공업사 사장님과 자동차 동향에 대한 이야기를 나누었다. 미래의 자동차 산업은 대량생산 시스템보다 개인의 기호에 따른 맞춤형 자동차를 선호할 것이라는 이야기, 자동차 생산과정에서 사람보다 로봇이 하는 일이 점점 늘고 있다는 이야기. 사장님은 가까운 미래에 도움이 될 만한 이야기를 위주로 아이들의 관심을 끌었다. 돌아오는 차 안에서 아이들은 맞춤형 자동차와 오토바이 등에 대해 이야기를 나누었다. 처음에는 멍한 얼굴로 바닥만 내려다보고 있던 아이들이 사장님과의 대화를 되새기며 자신들의 의견을 나누는 모습은 인솔자들에게도 작은 울림을 주었다.

"마을의 카센터를 찾아가서 꿈의학교 취지를 말씀드리고 부탁드렸더니 감사하게도 선뜻 도와주셨습니다. 내년에는 우리 꿈의학교가 자동차 정비학교와 연계하여 학생들이 자동차 수리 기술을 체계적으로 배우도록 안내하고 싶습니다. 방황하는 우리 아이들에게는 하고 싶은 일을 찾는 것만으로도 학교생활에 큰 에너지가 됩니다. 우리 어른들이 조금 더 아이들의 주변을 살펴봐 주면 좋겠다는 생각이 듭니다."

우리가 상상하는 미래의 자동차와 함께 학생들의 꿈도 하늘을 가르며 나는 모습을 그려 본다.

꿈의학교 아이들이 세차 실습을 하는 모습

꿈의학교에서의 규칙을 상의하는 모습

"학교 가는 것이 재미없다. 학교에 가서 앉아 있는 시간들이 지루하다." 하지만 학교를 안 갈 수는 없다. 졸업은 해야 하니까. 그런데 공부는 영~ 소질이 없다. 아니 싫다. 그렇지만 무엇을 해야 먹고살지 고민이다. 내가 잘할 수 있고 내가 좋아하는 곳에서 꿈을 찾고 싶다."

"사람들은 우리를 항상 문제가 있는 아이들로 본다. 그런 시선은 우리들을 작게 만든다. 하지만 우리의 꿈 앞에서는 우리도 당당하고 싶다. 늘 자신 없는 스스로에게 할 수 있다는 희망을 주고 싶다."

카사노바 꿈의학교 운영 계획서 '나는 왜 꿈의학교를 할까?' 중에서

02

더불어 꿈꾸는
꿈의학교

'더불어' 살아가는 민주적인 시민정신으로
마을 사람들과 함께 꿈과 삶을 가꾸는
꿈의학교 사례를 소개합니다.

꿈꾸는 청소년 목공 꿈의학교

주제: 1평으로 세상에서 가장 큰 집을 기부한다.
가치: 스스로 – **도전**, 더불어 – 공동체
대상: 초/중/고

사람들이 생각하는 집은 어떤 것일까? 넓고 편리한 아파트일 수도 있고 가까운 사람들과 이웃이 되어 살아가는 땅콩집, 혹은 정원이 딸린 주택일 수도 있다. 만약 여러분이 '꿈꾸는 청소년 목공 꿈의학교'에 참여했다면 또 하나의 집이 떠오를 듯하다. 바로 '1평짜리 집'이다. 26명의 학생들과 5명의 선생님들이 '1평짜리 집을 만들어 기부하기' 프로젝트를 진행하였다.

프로젝트는 3개월 동안 진행되었다. 처음 학생들은 어떤 집을 지을 것인지 계획하고 1평이 어느 정도 크기인지 바닥에 그려 가늠도 해본

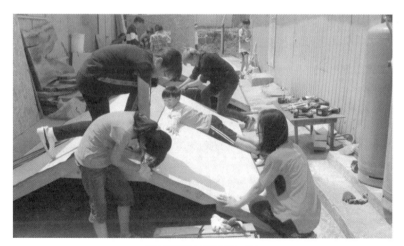

집의 지붕 방수작업을 하는 모습

다. 협의를 통해 인근 보육원과 작은 학교로 기부할 곳을 정한다. 이제 만들 일만 남았다. 톱질 연습부터 시작된다. 톱을 들고 손을 움직이는 아이들의 얼굴이 진지하다. 무더운 날씨에 땀을 흘리며 열심히 작업한 덕에 벽체 하나와 바닥이 완성되고, 한 달 후 주춧돌과 바닥이 완성된다. 돌의 무게는 성인 한 명이 들기에도 버겁지만 학생 두 명이 힘을 합치면 문제 될 것이 없다. 시간이 지날수록 집도 점차 그 형태를 갖추기 시작한다.

줄자 사용하는 법, 선 긋는 법, 드릴을 거꾸로 잡는 법까지 날이 갈수록 능숙해지는 학생들과 그 옆에서 힘써 주시는 선생님, 자원봉사자 덕에 드디어 완성. 집은 명패를 걸고 보육원과 작은 초등학교 앞에 자리를 잡는다. 1평짜리 집!

3개월 동안 만든 1평 집을 마을에 기부한 모습

작업이 진행되는 동안 힘든 일도 많았지만 자신들이 만든 집이 누군가에게 의미 있는 공간이 된다는 기쁨에 도전을 멈출 수 없었다.

올여름, 어느 해보다 뜨거웠을 아이들의 마음에도 세상에서 가장 큰 1평짜리 집이 만들어졌다.

꿈꾸는 청소년 목공 꿈의학교 교육 내용

① 교육활동 내용
- 설계하기: 집의 특징 및 제작 시 유의사항 파악하기
- 도안 그리기: 학생들의 다양한 아이디어로 재미있는 집 도안 그리기
- 설계 도안 정하기: 학생들끼리 의견을 조율하여 최종 도안 만들기
- 수공구 사용법 익히기: 톱질, 드릴 등 기본 기술 익히기
- 집 만들기: 뼈대 세우기, 단열재 시공하기, 마감하기
- 집 설치하기: 기부할 장소에 집 설치하기, 명패 만들기

② 교육활동 유의사항
- 학생 안전: 사고 예방 안내, 교육활동 시 운영자 및 교육봉사자가 함께 위치해서 수시로 안전 관리하기
- 학생 관계 만들기: 교육활동 중 발생하는 친구관계 문제는 팀별로 스스로 해결하는 관계 형성하기

③ 마을과 협력 방안
- 교육활동 중에서 지붕 올리기 작업같이 학생들 스스로 하기 어려운 작업은 부모, 이웃 등 자원봉사자들의 도움을 받아 활동한다.
- 학생들의 협의를 통해서 만들어진 1평 집을 기부할 장소를 선정하고 마을이 행복해지는 스토리가 되도록 한다.

웨딩플래너 꿈의학교

주제: 아주 특별한 결혼식을 통해 따뜻함을 만든다.
가치: 스스로 – 도전, 더불어 – 공동체
대상: 중 · 고등학생 30명

아주 특별한 웨딩을 꿈꾸는 학생들이 '웨딩플래너 꿈의학교'에 모였다. 이 학교에서는 결혼과 관련된 기획, 촬영, 음식 등 모든 과정을 경험한다. 졸업식은 인근 시설 장애인들의 결혼식을 올려 주는 프로젝트로 진행된다. 수업 마지막 날, 마을 주민 신상수 교장 선생님께 제공받은 웨딩홀에서 학생들의 꿈이 펼쳐진다.

'아주 특별한 웨딩'이라는 이름의 졸업식이 있는 날, 축가를 연습하는 학생들의 목소리가 홀을 가득 메웠다. 색색의 풍선과 꽃 장식은 분위기를 한껏 고조시키기에 부족함이 없다. 결혼식 시간이 다가오자 마련된 좌석은 복지시설에서 온 하객들로 하나둘 채워졌다. 퍼져 있던 빛이 한곳으로 모이고, 사회를 보는 학생의 떨리는 목소리로 식이 시작된다. 꿈의학교 교장 선생님의 주례 아래 몇몇 학생들이 카메라의 각도와 위치를 잡아 가며 사진촬영에 분주하다. 학생들이 연주하는 결혼행진곡에 맞춰 네 쌍의 신랑, 신부가 턱시도와 드레스를 입고 입장한다. 모두들 긴장한 모습이다.

여기서 끝이 아니다. 결혼식이 끝난 후 음식 준비팀 학생들은 자신이 만든 요리가 어떤 평가를 받을지 마음을 졸이며 사람들의 표정을 살피기에 바쁘다. 음식을 즐기는 하객들의 미소를 본 후에야 마음이 놓인다.

개교식과 함께 드레스 수업에 참여하는 모습

아름다운 결혼식의 축가를 부르는 학생들

"저는 평소 메이크업에 관심이 많아서 화장하는 기술을 배우면 직업을 얻는 데 도움을 받을 수 있지 않을까 하는 마음에 꿈의학교에 입학하게 되었어요. 그런데 봉사를 통해 제가 배운 기술이 다른 사람에게 도움을 줄 수 있다는 경험을 하게 되었고 그것이 가장 큰 배움이라고 생각해요."

1년 후 웨딩플래너 꿈의학교는 또 다른 감동을 준비하고 있었다. 졸업식을 앞둔 학생들은 다문화 가정 두 쌍의 합동결혼식을 통해서 두 번째 아름다운 결혼식을 마련하였다. 작년과 다르게 남학생들 몇 명이 눈에 들어왔다. 사회를 보는 남학생의 목소리가 식의 진중함을 더하는 듯했다.

특히, 올해는 풋볼&오케스트라 꿈의학교와 콜라보로 진행하면서 결혼식 내내 흐르는 오케스트라의 선율이 결혼식장을 가득 메웠다. 또, 한쪽에 낯익은 한 무리의 학생들이 객석을 채웠는데 바로 1기 웨딩플래너 꿈의학교 선배들이다. 결혼식이 진행되는 동안 흐뭇한 표정으로 후배들의 진행을 바라보았다.

학생들은 웨딩플래너라는 자신의 꿈이 다른 사람들의 삶을 아름답게 수놓을 수 있다는 감동으로 자신의 꿈에 자긍심을 갖게 되었다.

오케스트라 꿈의학교와 콜라보로 진행된 두 번째 아름다운 결혼식

웨딩플래너 꿈의학교 운영 절차

기반 조성	계획서 작성

↓

프로그램 조직	학생자치 자율역량 강화 지원 교사(강사) 조직

↓

운영의 활성화	계획에 의한 학생자치 '웨딩플래너' 프로그램 활동 현장 지원 컨설팅

↓

운영의 정착화	'주니어 플래너' 프로젝트(무료 웨딩) 활동을 통한 사회 기부문화 실천

↓

운영 결과	결과 보고 및 정산

웨딩플래너 꿈의학교 교육 운영 일정

순	교육 내용		비고	교육 누계
1		• 경기꿈의학교 '웨딩플래너' 학생 모집 공고	현수막 등	–
2		• 전체 운영진 협의회(1차)	마을학교	
3		• 지원서 접수(자기소개서 외)	마을학교	
4		• 입학심사 통보(개별 통보)	–	
5		• 전체 워크숍 및 오리엔테이션(학생, 교사, 학부모) – 어울림 한마당(학생 자기소개, 레크리에이션)(2) – 학생 안전교육, 성교육(YWCA), 응급처치법 교육(2)	학생, 교사 모두	4
6	입학식	• 입학식(학부모 동참), 교사 소개 – 결혼문화에 철학을 담다(특강)(2) – 입학기념 축하 웨딩케이크 만들기(2)	**강의 및 실습**	8
7	–	• 전체 운영진 협의회(2차)	–	–
8	STEP. 0	• 웨딩 특강(2) • 예약부, 연회부 1 특강(2) • 웨딩 메이크업의 실제 1(2)	학생회 구성	14
9	견학 1	• 웨딩 박람회 견학 – 더 가까운 토크 1차(학생회)	**학생협의회**	22
10	STEP. 1 미션 수행	• 프로젝트(세계의 웨딩)(2) – 사례를 통해 알아 가는 웨딩 • 대학 웨딩플래너과 교수 특강(2) • 내가 꿈꾸는 웨딩 세상(2) (배움 희망 리스트 협의) • 웨딩 소품 제작 수업(3) • 체형과 얼굴에 맞는 드레스 1(3)	학생회 회의	28
11				34
12	견학 2	• 타 지점 방문 견학(강남점, 월드컵점 등)		42
13	STEP. 2 미션 수행	• 웨딩 네일의 이론과 실제(네일아트)(3) • 웨딩 메이크업의 실제 2(2) • 체형과 얼굴에 맞는 드레스의 종류와 스타일(드레스) 2(3) • 본식 원판 스냅사진 촬영(포토부)(2) • 더 가까운 토크 2차(학생회) • 신부부케, 코사지 만드는 법(3) • 결혼은 해야 하는가?(토론수업)(2)	사회적 소외계층을 위한 '아주 특별한 웨딩' 준비 ①	49
14				57

순		교육 내용	비고	교육 누계
15	–	• 전체 운영진 협의회(3차)	–	–
16	STEP. 3 실전 체험	• 분야별로 알아 가는 웨딩 (특별한 웨딩 전 준비과정 체험) • 당일 실전 체험 (예약부, 예식진행부, 이벤트부, 연회부, 포토부, 메이크업 드레스부)	선택형 체험 및 멘토링 실시	61
17	견학 3	• 웨딩플래너 관련 학과 견학		69
18	STEP. 4 프로 젝트	• 과제: 나만의 창조적인 웨딩(1) – 웨딩 메이크업의 실제 3(2) • 더 가까운 토크 3차(학생회)	멘토링 실시	72
19		• 한복 폐백 수업(3) – 전체 운영진 협의회(4차)	'아주 특별한 웨딩' 준비 ②	75
20		• 최신 트렌드 허니문 투어(2)		77
21	견학 4	• 가족연극 관람		83
22	STEP. 5 미션 수행	• 조리부 특강(핑거 푸드 중심)(3)		86
23		• 가성비 좋은 웨딩 홍보 UCC 제작(3)		89
24		• 웨딩플래너와의 만남(사례 중심)(2) – 더 가까운 토크 4차(학생회)		91
25		• 마케팅부 특강(2)		93
26	STEP. 6 사회기부 사업·아주 특별한 웨딩	'아주 특별한 웨딩' 준비 ③ 대상자 선정 – 직접 방문 인터뷰	학생회 아이디어 회의(2) 기관 방문(3) 웨딩(5) **평가회(2)**	104
27		• 학생이 준비하고 실현하는 사회봉사형 '아주 특별한 웨딩' 진행 • 우리는 '주니어 웨딩플래너'		
28		• 학생이 주체 활동평가회 (교사, 학생 전원 참석, 팀 프로젝트) • 전체 운영진 협의회(5차)		
29	졸업 파티	• 성장 발표회(학부모 동참) • 전체 운영진 협의회(6차)(학생회 토크)	전원 참석	108

놀이꾼 인형극단 꿈의학교

주제: 인형극 공연을 통해 다른 사람들과 감동을 나눈다.
가치: 스스로 – 도전, 더불어 – 민주
대상: 초등학교 4~6학년, 학부모

놀이꾼 인형극단 꿈의학교는 학부모 19명이 뜻을 모아 인형극단을 만들어 무료 공연을 하던 동아리 형태에서 시작되었다. 처음에는 단순히 예산을 절약하기 위해 인형 의상과 무대 소품을 만들었지만 손끝에서 탄생되는 작품으로 공연하면서 남다른 애정을 느낄 수 있었다고 한다. 학부모들은 공연을 하면서 느낀 감동을 우리 학생들과 함께 나누고 싶었고, 이것이 마중물 꿈의학교로 이어지게 되었다.

인형극 공연에서 무거운 인형을 학생 혼자 움직이는 것은 어렵고도 힘겨운 일이다. 인형을 든 작고 미숙한 학생의 손 위로 따뜻한 학부모의 손이 든든하게 겹쳐진다. '손에 손을 맞잡다'라는 표현이 딱 어울리는 순간이다. 무대에 보이는 인형은 두 개이지만 보이지 않는 곳에서는 무려 8명이 분주하게 움직이고 있다. 모두가 숨을 죽이고 서로의 눈을 바라보며 소리에 따라, 공간을 움직이며 이

야기를 풀어 간다. 같은 장면을 셀 수 없이 연습했지만 긴장된 탓에 목이 마르고 이마에 땀이 맺힌다. 작은 움직임이 모여 하나의 공연을 완성하는 것이기 때문에 잠시도 방심할 수 없다. 드디어 마지막 장면, 조명이 꺼지고 막이 닫힌다. 그리고 들려오는 박수 소리, 이제야 긴 숨을 내뱉으며 서로를 바라본다. 학생도 학부모도 지금 이 순간은 모두 동료이다.

"마지막 공연은 다양한 분들을 만나기 위해 마을의 어르신 쉼터나 어린이집 등을 알아보고 있어요. 또, 내년에는 더 많은 학생들과 함께하고 싶은 마음에 학생이 찾아가는 꿈의학교로 확대 발전시키는 것에 대해 논의 중이에요."

말도 많고 탈도 많다는 사춘기, 놀이꾼 인형극단의 학생들은 공연을 만들어 가는 동안 학부모들과 잊을 수 없는 추억을 쌓아 간다. 함께여서 참 좋다.

마중물 꿈의학교
(동아리 형태의
예비 꿈의학교)

학생이 찾아가는 꿈의학교

학생이 만들어 가는 꿈의학교

놀이꾼 인형극단 꿈의학교 교육활동

주제	진행
인형극 교육	• 인형 동작 방법, 인물 분석, 표현 방법 등을 배우기 • 학부모와 함께 월 1회 인형극 연습 및 토론으로 유대감을 형성하여 지속적 활동 전개하기 • 동아리 활동에 참여하는 학부모를 인형극 교육 강사로 육성하여 꿈의학교의 지속적인 운영 유지하기
리더십 교육	• 리더십 캠프나 교육을 통하여 내가 모르는 나를 알아 가며 자신감 회복과 긍정적 가치관 확립하기 • 공연 관람으로 내 꿈을 탐색하고 문화 예술의 견문을 넓히기
마을공동체 활동	• 마을교육공동체 개념 정립을 위한 공개 강연 및 토론 활동 • 지역 주민과 함께하는 나눔 장터에서 아나바다운동을 전개하고 지역과 소통하는 시간 갖기 • 지역 축제에서 인형극 공연 재능기부를 통하여 아이들의 재능을 나누고, 다양한 꿈을 꿀 수 있는 환경 제공하기
나눔 봉사 활동	• 지역 아동센터 등의 인형극 봉사를 통해 나눔의 기쁨 알기 • 지역 축제에서 인형극 공연 재능기부 하기

콩나물 뮤지컬 꿈의학교

콩나물 뮤지컬 꿈의학교는 뮤지컬 제작에 필요한 대본에서 작사, 작곡, 연출, 무대, 조명에 이르기까지 모든 것을 50여 명의 학생들이 만들어 가는 학생주도형 꿈의학교이다. 운영자들은 학생들의 실패 과정을 묵묵히 지켜본 후 한계에 부딪혔다고 생각될 때 몇 가지 해결 방법만을 제시해 준다. 그리고 기다린다. 나머지는 학생들 스스로 판단하고 선택하며 헤쳐 나가야 한다.

오늘은 꽈당 뮤지컬 공연이 있는 날이다. '꽈당'은 말 그대로 도전하며 넘어지는 실패를 목적으로 한다. 공연 전날 심장 뛰는 소리가 귀에 들리는 듯하다. 미리 제작한 무대를 조립하고 직접 그리고 출력한 벽그림으로 무대를 꾸미니 드디어 공연 시작이 실감 난다. 배우팀은 한두 명씩 모여 부족한 장면의 마무리 연습에 열중이다. 음향팀은 배경음악을 꼼꼼히 준비하고 음향 밸런스를 조절한다. 조명팀은 극중 필요한 조명 시나리오대로 무대에 조명을 비춰 본다. 의상과 소품팀은 아침도 거르고 소품을 정리한다. 관객들은 제작국이 만든 팸플릿을 보며 공연 시작을 기다리고 있다.

"처음에는 학생들이 실패할 것이 빤히 보이는데 지켜보기만 하는 것이 너무 어려웠어요. 하지만 실패를 경험하면서 서로 협력하고 성장한다는 것을 알기에 처음부터 성공으로만 안내할 수는 없었죠. 참고 기

공연을 위해 무대제작팀이 무대를 설치하고 있는 모습

실패해도 좋은 꽈당 뮤지컬 공연을 마친 후 홀가분한 학생들 모습

다릴 수 밖에요."

긴혹 이른들은 학생들이 실패하지 않도록 장애물을 미리 치워 주며 성공 경험만을 강조하곤 한다. 하지만 일찍이 실패해 본 경험이 있는 사람은 일어서는 방법을 알기에 실패도 하나의 배움이다.

영화제작 꿈의학교

주제: 영화제작을 통해 직업의 다양성을 안다.
가치: 스스로 – 도전, 더불어 – 공동체
대상: 중학교 1학년~고등학교 3학년

영화제작 꿈의학교는 '영화는 영화배우가 만드는 것이다'라는 학생들의 고정관념을 깨뜨리는 학교이다. 처음 만난 30여 명의 학생들이 다섯 팀으로 나뉘어 영화를 제작하고 상영한다. 선생님들은 학생 안전지도와 영화제작에 필요한 기본 기술을 조언할 뿐 시나리오 쓰기, 장소 섭외, 배우 캐스팅과 출연료 협상까지 모두 학생 스스로 해야 한다. 이 과정에서 학생들은 영화 한 편을 위해 수많은 사람들이 애쓰고 있다는 것과 협력의 의미를 배운다.

오늘은 홍대의 와우산 촬영이 있는 날이다. 산으로 오르는 계단 때문에 촬영 전부터 체력을 모두 소진한 느낌이다. 더군다나 비까지 내려 학생들 모두 비 맞은 생쥐 꼴이다. 오늘 따라 촬영장비가 무겁게 느껴진다. 더운 날씨와 비 때문에 늦어지다 보니 촬영이 시작되고 얼마 되지 않아 해가 지고 말았다. 돌발 상황에서도 시나리오를 수정해 가며 마지막 장면을 향해 전진했다. 여기에서 누구 하나라도 포기하면 촬영을 마무리할 수 없다는 것을 알기에 서로를 격려하며 힘을 낸다.

"지금 생각하면 가장 힘들었던 때가 가장 행복했던 것 같아요. 우리 모두 몸과 마음이 한계에 부딪혔고 같이 극복해야 했어요. 마지막 장면의 촬영이 끝났을 때 한계를 극복한 쾌감을 느낄 수 있었어요."

야외촬영이 야간까지 이어졌지만 행복한 표정으로 촬영하는 학생들의 모습

촬영팀이 찍은 영상을 확인하는 모습

촬영을 마친 친구와 동생들의 얼굴을 둘러보았다. 이제는 편집이라는 고된 작업이 남아 있지만 이 또한 잘 이겨 낼 것이고, 우리의 영화는 상영될 것이다.

올해로 운영 3년 차인 영화제작 꿈의학교는 마을과 교육지원청에서 인증한 꿈의학교이다. 이곳에서 학생들은 영화제작 과정에 필요한 다양한 사람들과 다양한 꿈들을 만난다.

지원체계도

사)한국영화인협회
감독협회, 연기자협회, 촬영협회, 조명협회, 시나리오작가협회, 기술협회 등
남양주 거주 영화인 전문 강사 및 멘토 지원

남양주 영상위원회
사업 총괄 및
지원체계 구축

**남양주
영화제작
꿈의학교**

**남양주종합촬영소
남양주 YMCA**
공간 및 전문설비 지원

**학교, 교사,
자원봉사자 지원단**
홍보 및 참가자 선발 및
학생 촬영 활동 지원

남양주시
예산, 행정 지원

꿈꾸는 뿌리 꿈의학교

주제: 우리의 프로젝트를 통해 내 꿈을 디자인한다.
가치: 스스로 – **도전** 더불어 – 협업, 공동체
대상: 중학교 1학년~고등학교 3학년

"얘들아! 우리에게 주어진 1년 동안에 뭘 할까?"

꿈꾸는 뿌리 꿈의학교는 학부모들이 만든 우리동네 꿈의학교로 교육 프로그램은 미리 정해진 것이 아니라 학생들의 의견을 모아 만들어 가는 프로젝트형 꿈의학교이다.

햇살이 화사한 5월, 오늘은 모두가 처음 만나는 날이다. 부모님과 함께 오는 학생, 친구와 함께 들어오는 학생, 혹은 용감하게 혼자 온 학생들의 얼굴 모두에 봄빛이 가득하다. 강당에서 진행되는 이야기 나눔 속에서 꿈의학교 입학 동기는 다르지만 어느새 같은 곳을 바라보고 있는 우리를 느끼게 된다. 서로에 대한 이해로 시작했던 이야기는 자연스럽게 함께 만들어 가고 싶은 꿈으로 이어지고, 내 이야기에 친구의 이야기를 더하고 빼는 과정을 통해 구체적인 1년의 활동 계획이 만들어진다.

평창 올림픽 홍보를 위해 외국인들이 한국의 문화를 경험할 수 있는 여행상품 만들기, 영어와 수학을 어려워하는 학생들을 위한 학습보드게임 만들어 기부하기가 그 주제다. 또 우리 땅 독도 알리기, 연주할 수 있는 악기를 서로 알려 주고 합주하기, 청소년이 할 수 있는 정치·사회 이슈에 대한 신문 만들기 등 다양한 활동들도 탄생한다. 2017년에도 아이들의 꿈이 현실로 이뤄지는 멋진 상상을 해 본다.

꿈의학교에서 하고 싶은 내용을 상상하는 오픈스페이스 활동

학교에서는 일정표대로, 방과 후에는 학원 스케줄대로 움직이던 아이들이 나의 꿈을 스스로 디자인하며 자기 삶의 주인공이 되는 진지한 모습에 응원의 박수를 보낸다.

1년 동안 하고 싶은 프로젝트를 발표하는 모습

1. 꿈 찾기 협의회
   150~200명 학생의 지원을 받아 '얘들아 우리에게 주어진 1년 동안 뭘 할까?'
   라는 주제로 오픈스페이스 형태의 토론을 진행한다. 이 시간을 통해 청소년들
   이 서로의 생각을 공유하고, 나와 너 우리의 꿈에 대해 충분하게 이야기를 나눌
   수 있는 시간을 마련한다. 토론회 결과물을 심사 후, 꿈의학교로 지원할 청소년
   을 선발한다.

2. 공동체 미팅
   협의회에 참석한 청소년 지원자 중 40여 명을 선발하여 1박 2일 공동체 미팅을
   진행한다. 꿈의학교에 대한 취지와 목적을 공유하고 앞으로 꿈의학교 활동 방
   향에 대한 세부 계획을 수립한다.

3. 나를 디자인하라
   학생들이 각 팀별 프로젝트의 세부 실행 계획을 수립한다. 프로젝트 실행의 역
   량 강화와 자기주도적인 삶을 찾기 위한 방법을 모색한다.

4. 중간점검
   중간점검 시간을 통해 팀별 운영 계획을 검토하고 나아갈 방향을 설정한다.

5. 나를 표현하라
   각 팀별로 계획한 프로젝트를 팀원들과 실행한다.

6. 운영 결과 분석 및 발표회
   청소년 자율운영체제의 결과물을 분석하고 피드백함으로써, 차후 '꿈의학교' 방
   향을 정하여 그 결과물들이 지속적으로 운영 될 수 있도록 방안을 마련한다. 청
   소년 출판위원회를 구성하여 자체적으로 출판기념회를 마을축제 형식으로 진
   행한다.

램프 꿈의학교

주제: 다양한 꿈을 경험함으로써 풍요로운 삶을
    만든다.
가치: 스스로 – 기획 더불어 – 협업
대상: 초/중/고

LAMP 꿈의학교는 마을의 학부모들이 세운 꿈의학교이다. 마을에서는 학생들의 꿈과 관련된 교육활동을 무학년제로 운영한다. 학생들은 자신이 원하는 활동을 학년의 제한 없이 배울 수 있다. 꿈의학교에서 얻은 경험들은 학생들의 삶을 풍요롭게 하는 지속가능한 씨앗이 된다. 학교 운영에 필요한 역할도 학부모들이 나눠 맡았다. 학교의 대표인 교장과 교감, 재정과 행정 업무를 맡는 행정국장, 교육총괄 교육국장, 팀을 돕는 교육지원팀장, 그리고 행정, 수업 도우미, 보조강사의 역할을 담당하는 마을장 모두 학부모이다.

LAMP 꿈의학교 4개 마을

① Land(다민족문화마을)
세계 여러 나라의 다양한 문화, 예술, 역사 등을 직접 조사하고 준비하고 만들면서 체험하는 마을

② Art(창의미술마을)
다양한 미술 기법과 작품 활동을 통해 자신들의 창의력을 개발하고 지역의 환경과 아름다움을 함께 생각해서 마을 작품도 구성해 나가는 마을

③ Music(오케스트라마을)
음악활동을 통해 악기를 연주하고 지역사회에 봉사하는 마을

④ Picture(영화마을)
자신의 이야기를 시나리오로 작성해서 촬영, 편집을 통해 단편영화를 만드는 마을

오케스트라팀이 합주하는 모습

"저는 개인적으로 꿈이란 찾는 것이 아니라 만들어 가는 것이라고 생각합니다. 학생들에게 제일 어려운 질문이 꿈을 묻는 질문입니다. 꿈이 없다고 대답하기 부끄럽고 아무것이나 대답하기도 난감해합니다. 이런 고민이 학창 시절뿐 아니라 대학생이 되고, 심지어 직장에 다니면서도 계속되는 사람들이 있습니다. 그러면서 '빨리 내 꿈을 찾아야 할 텐데'하며 조급해하고 불안해합니다. 그러나 꿈은 처음부터 생겨나는 것이 아닙니다. 학생들이 자라면서 다양한 기회를 접하고 그 경험들이 모여 학생들의 꿈을 완성해 갑니다. 학생 시절의 다양한 경험들 하나하나가 소중한 퍼즐 조각이 되고, 이 조각들을 모아 인격을 형성하고 꿈을 완성해 가는 것입니다."

오늘은 LAMP 꿈의학교 졸업식 날이다. 100여 명의 학생들이 1년을 함께한 결과를 발표하는 날인 만큼 학생과 운영진 모두 긴장된 모습이다. 첫 발표는 오케스트라팀이다. 그동안 다양한 봉사공연을 통해 합주를 해 왔지만 무대에 선다는 것은 언제나 새롭다. 각자의 악기로 어울림을 만들어 가며 학생들의 마음도 하나가 되는 순간이다. 영화제작팀은 감독, 촬영, 배우, 스태프 모두가 영화 상영 전 인사를 나누며 그동안의 에피소드를 들려준다. 친구들과 함께 보낸 시간이 파노라마처럼 지나가며 영화가 시작된다. 돌아보면 아쉬움이 남지만 실패 속에서 함께 성장한 친구들을 서로 격려한다. 다민족문화팀과 창의미술팀은 그동안 작업했던 작품과 교육활동 사진을 전시하며 지나간 시간을 정리한다.

언젠가부터 우리 마을에는 형, 동생의 관계가 사라져 가고 있다. 담장 너머 옆집 아주머니가 나를 부르는 소리, 이것 좀 먹어 보라며 주고받던 음식에 담긴 정이 그리운 시대이다. 꿈의학교를 통해 마을의 사람들은 서로의 안부를 묻고, 살아가는 이야기를 들려주며 꿈을 함께 만들어 간다. 여기에서 우리 관계의 등불이 다시 밝혀지기를 바라 본다.

LAMP 꿈의학교 조직도

01. 학교 운영진

11명의 학부모

대표(교장)
부대표(교감)
행정국장
교육국장
교육지원팀장
마을장

02. 담임교사(강사)

재능기부
학부모 전문 강사

창의미술
학부모

영화마을
학부모

다민족문화마을
학부모
전문 강사
자원봉사

오케스트라마을
전문 강사

03. 수업 준비와 진행

마을장
학생관리
보조교사

담임교사(강사)
수업 전담

학부모지원단
수업 도우미
안전 도우미

4부

하나의 꿈의학교
자세히
들여다보기

김영진

김영진 | 사과나무 숲 꿈의학교 운영자 / 우석헌자연사박물관 학예실장

이런 교육을 받아 본 적이 없기에 쉽지 않았고 때론 포기하고 싶었다.

해를 거듭할수록 타협하거나 양보할 수 없는

의미와 가치로 채워져 갔다.

그리고 학교와 학교 밖이 어떻게 균형을 이뤄야 할지를 배워 갔다.

史·科나무 아래서
사과 맞는 꿈의학교

굽고 휘고 꺾였던 엉뚱이들

꿈은 켜켜이 쌓인 경험의 퇴적층 위에서 커 간다 |

가 보지 않은 길을 밝히는 등불

우석헌자연사박물관은 공모 마감 며칠 전까지도 꿈의학교에 대해 알지 못했다. 손수 공고문을 출력해 박물관으로 찾아오신 인근 학교 교감 선생님의 노고 덕분에 꿈의학교를 접할 수 있었다. 솔직히 제안요청서의 내용은 알 듯 말 듯 생소했다. 우리 박물관이 기존에 운영하고 있는 다양한 프로그램에 진로와 융합교육적 성격을 강조하여 내용을 재구성하고 그것으로 운영 계획서를 제출했다.

그해 우리 박물관은 꿈의학교 사업에 선정되었고, '꿈의학교 운영 주체를 위한 워크숍'에 참가하게 되었다. 군대 내무반을 연상케 하는 숙소에서 1박을 하면서, 밤을 새워 워크숍을 기획하고 진행하시는 선생님들과 선정된 운영 주체분들의 열정과 진심 어린 고민에 깊은 감명과 감동을 받았다. 워크숍 내내 '꿈의 학교는 학생들이 잘 짜여진 프로그램을 참여해 보는 곳이 아니다!'라는 생각이 끝없이 반복되고 있었다. 그리고 두 가지의 도전을 하게 되었다.

첫째는 배움의 중심축을 교사에서 학생으로 옮기는 문제였다. 둘째는 내가 원하는 것을 가르치는 것이 아니라, 학생들이 배우고 싶어 하는 것을 가르치는 것이었다(이 두 가지는 언뜻 들으면 유사한 문제 같지만 많이 다른 문제다).

배움의 중심축을 학생으로 옮긴다는 것은 수업의 전 과정을 학생 주도적으로 전환한다는 것이었다. 또 학생들이 배우고 싶어 하는 것을 가르치려면 학생들이 먹기 좋게 세팅한 프로그램을 운영하는 것이 아니라 학생들이 배우고 싶어 하는 것이 무엇인지 찾아내야 했다. 그리고 그것을 가르칠 수 있도록 새로운 성격의 프로그램을 갖추어야 한다는 의미였다. 이러한 새로운 도전과 결심이 가능했던 것은 지금 이 시대에 요구되는 교육이 무엇인지에 대한 확신을 갖게 되었기 때문이다.

율곡연수원에서 진행된 워크숍은 짧지만 밀도 있고 뜨거운 담론의 장이었다. 한국희 관장의 한 줄 메모는 그때의 감동을 고스란히 담고 있다. "눈이 부시다! 마을 곳곳을 밝히던 작은 등불들이 한자리에 모여 있자니 눈이 부시다." 우리 모두의 가슴속에 내가 가는 길만 밝히는 등불이 아니라, 학생들의 마음을 밝히는 작은 빛이 태동하고 있었다. 그 등불은 결국 학교 안과 밖의 교육에 대한 새로운 도전으로 우리를 유인했다. 어쩌면 그것이 가 보지 않은 길을 갈 수 있도록 용기를 갖게 하는 요인이었던 듯하다.

"그러니까 거기가 주말농장인 거죠?"

'사과나무 숲 꿈의학교'의 시작을 알리는 첫 행사로 입학설명회를 개최하기로 했다. 설명회의 시간과 횟수에 관한 사항은 의견이 모아졌지만, 내용적인 부분에서 무엇을 어떻게 가야 할지 쉽게 결정하지 못하는 상황이 전개됐다. 우리가 해야 하는 설명회가 단순히 입학정원과 전형방식을 알리는 형식적인 설명회로 끝나면 안 된다는 멘토단의 의견 때문이었다. 고민을 거듭하며 준비하던 어느 날, 한 학부모로부터 전화가 왔다. 그리고 그 학부모님은 "그러니깐 거기가 주말농장인 거죠?"라고 물었다.

꿈의학교라는 개념도 어려운데 '사·과나무 숲(史·科나무 숲) 꿈의학교'라는 명칭은 난해함을 느낄 만큼 함축적이었던 것 같다. 당황스러운 질문이었지만 20분 넘게 성의껏 설명했다. 이 학부모의 질문은 우리가 설명회를 어떤 내용으로 채워야 하는지를 구체적으로 생각하게 해주는 열쇠가 되었다.

설명회에서 멘토가 수업을 시연하고 있는 모습

우리의 설명회에서는 적어도 꿈의학교가 무엇인지, 어떤 방법으로 꿈의학교를 운영해 갈 것인지, 박물관이라는 학교 밖 교육공간이 갖고 있는 가능성이 무엇인지 전달해 주어야 했고, 우석헌자연사박물관의 인력들이 도전을 받고 교육철학의 변화를 꿈꾸게 했던 율곡연수원의 감동을 전달해 주고 싶었다. 누군가에 의해 개념화된 꿈의학교를 일방적인 설명으로 전달하는 것이 아니라 참석한 학부모·교사·학생들이 스스로 꿈의학교의 필요성과 의미를 발견하고, 공감할 수 있도록 돕는 것에 초점을 맞추었다.

그런 이유로 꿈의학교의 목적 및 취지에 대한 내용은 설명회 마지막 순서에 두고, 특강과 교육 맛보기 등을 먼저 진행하기로 했다. 또한, 멘토는 '풍부한 학식과 경험, 지혜로 한 사람의 인생을 이끌어 주는 안내자'라 할 수 있기에, 멘토와 멘티의 제대로 된 만남과 관계 형성에 중점을 두기 위해 멘토를 소개할 때 학력·수상경력·현재 소속된 기관뿐만 아니라 그분들의 개인적인 아픔, 시행착오, 좋아하는 것, 10년 전·후의

학부모가 생각하는 꿈의학교, 학생들이 생각하는 꿈의학교를 비교해 꿈의학교의 의미를 발견할 수 있도록 한 수업

자기 인식 등을 소개하여 대상이 아닌 그 사람을 만나는 시간이 되도록 노력했다.

메르스가 창궐하던 여름, 입학설명회에는 200명이 넘는 학부모와 학생이 참석했다. 전염병의 가장 큰 적은 두려움이라는 말을 들어 본 적이 있는데, 참석한 모든 분들은 우리가 진짜 두려워해야 하는 것이 무엇인지 알고 있었던 것 같다. 고맙고 반가웠다. 우리 멘토단은 꿈의학교가 단순히 스펙 쌓기가 아니라는 것을 이해할 수 있도록 많은 노력을 했다. 이 설명회 이후 멘토단은 프로그램 진행 방식이나 내용 구성을 위한 의견을 나눌 때 "꿈의학교적이다" 혹은 "꿈의학교적이지 않다"는 표현을 하게 되었다.

만남의 시작

꿈의학교 입학 대상자를 선정하는 것은 그 학교의 교육철학을 실천하는 첫걸음이기에 신중을 기해 진행해야 했다. 공부 잘하는 학생에게 우선적인 기회를 줘야 할까? 학습력이 뒤처지는 학생에게 우선적 기회를 줘야 할까? 꿈의학교 학생을 선택하는 기준을 어디에 둬야 할지 고민이 이어졌다. 그래서 사과나무 숲 멘토단은 심혈을 기울여 서류전형 심사 기준과 자기소개서 양식을 개발했다. 2015년과 2016년은 서류심사와 인터뷰로 입학전형을 진행했다. 서류심사와 인터뷰는 숫기가 없는 학생이라 할지라도, 표현이 서투르다 할지라도 "하고 싶다", "하고 싶은 것을 배우고 싶다"는 축적된 열정을 공감하는 시간이 될 수 있도록 했다. 특히 능력을 측정하는 것이 아니라 진정성을 열어 가는 시간이 되게 하고자 인터뷰에 임하는 멘토단에게 '인터뷰에 앞서'라는 게시글을 만들어 배부하기도 했다. 또, 누군가에 의해 종용된 학생이 아니라 있는 그대로의 모습을 보일 줄 아는 학생에 주목해 줄 것을 요청했다. 그래야 진짜 만남이 가능하다고 생각했기 때문이다.

서류심사는 자기소개서 형식의 입학지원서를 제출하는 것이었는데, 다양한 문항에서 자신을 충분히 소개할 수 있도록 했다. 특히 지원동기,

면담 항목 및 배점

항목		배점	점수
자기관심	내가 속한 관계, 환경 속에서 스스로 탐색하며 알고 싶어 하는 정도	20	
	상세하게 내용을 기재해 주세요.		
용기	주변의 분위기나 불확실성에 대해 부담 또는 손실이 있다고 할지라도 속이거나 사실을 왜곡하지 않고자 하는 정도	20	
	상세하게 내용을 기재해 주세요.		
자발성	외부의 간섭을 배제하고 자기 힘으로 활동하고자 하는 정도	20	
	상세하게 내용을 기재해 주세요.		

지금 나에게 가장 소중한 것을 적고, 인생그래프를 만들어 보게 하여 자신을 입체적으로 표현할 수 있도록 했다.

심층 면접은 고난이도의 면접이 아니라 설명회에 이어 멘토와 멘티가 좀 더 깊이 있는 만남을 갖는다는 의미를 담았고, 멘티 대 멘토 3:1의 형태가 아니라 반대로 멘티 대 멘토 1:3의 만남을 구성했다. 인터뷰 항목에서 가장 비중을 둔 것은 자발성인데, 자발성은 외부의 간섭을 배제하고 자기 힘으로 스스로 학습하려는 의지로 규정하였다. 사실 꿈의 본질은 자발성에 있다고 생각했기 때문이다.

면접관 참고사항
꿈의학교는 교육을 선택의 문제로 바라봄. 사과나무 숲의 교육은 학생 개인의 가치를 스스로 찾는 것에 있음.
평가기준
학생이 어떤 사람인지 인식이 중요함. 점수화하지만 순위를 매기는 것이 아니라 학생 교육 편이를 위한 부득이한 선택임.
(내용 축소 생략)

멘토 대 멘티 3:1의 심층면접과 면접관에게 배부하는 면접관 참고사항

2016년은 2015년보다 입학 경쟁률이 높아 3:1에 육박했다. 인터뷰를 마친 후 멘토단은 이구동성으로 "큰일이다"라고 말했다. 인터뷰 결과 지난해보다 좋은 학생들이 많아 변별력이 없었고 지난해 심혈을 기울여 만든 선정 기준이 어떤 형태로든 뛰어난 학생들에게 더 유리하게 작용하고 있었기 때문이다. 사실 정보력이 취약한 지역에도 입학전형 소식을 알려야 한다는 우석헌자연사박물관 관장의 요청으로, 직원들이 소외 지역을 직접 찾아가 전단지를 배부하기까지 했는데, 그 노력 역시 무색해지는 순간이었다.

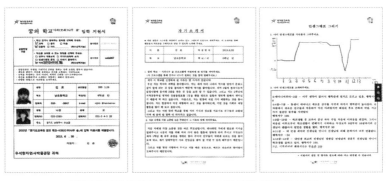

인생그래프 작성하기와 부모서약서 등으로 이루어진 입학지원 신청서

그래서 2017년은 동기부여 혹은 격식 있는 만남의 장이라 할 수 있는 서류와 면접 형식의 입학전형을 포기하고 추첨을 통해 학생들을 선발했다. 그리고 사과나무 숲 꿈의학교 멘토단은 단순한 추첨이 아니라 올해 입학을 지원했으나 선정되지 않은 학생들이 내년에 또 지원을 할 경우는 입학률을 높여 주는 추첨식 비례 입학제를 고안했다. 시간적 차이는 있을지 모르지만, 꿈의학교는 모두가 입학할 수 있어야 한다는 바람에서였다. 마을은 공부를 잘하는 학생이든 못하는 학생이든 다 같이

더불어 사는 곳이다. 이렇게 더불어 산다는 유대감은 가로막힌 벽을 넘어서게 하고, 어떻게 해서든 이기기만 하면 된다는 왜곡된 욕구를 제자리로 돌려줄 수 있는 가치라고 생각한다.

상황 속에서 결실하는 사과(史 · 科)나무 숲 꿈의학교

사과(史 · 科)나무 숲은 역사와 과학의 학문적 융합을 학습 동기로 삼는다. 하지만 '뉴턴의 사과'에 담긴 과학 본성(Nature of Science)과 '스피노자의 사과나무'가 갖는 삶의 자세를 배워 가는 것에 내면적 목표를 두고 있다. 역사와 과학의 융합점 혹은 접점을 콘텐츠로 하여 '상황 속'으로 들어가 문제에 직면하고, 문제를 해결하는 과정을 통해 인성과 감성, 그리고 지성이 조화롭게 성장하는 교육을 목적으로 한다.

- 원하는 것을 배우고, 하면서 배우는 '꿈이 살아나는 학교 밖 학교'
- 상황 속으로 들어가 비정형화된 문제(Ill-structured problem)에 직면하고, 스스로 배움을 설계하여 해답을 만들고 자아를 탐색하는 학교 밖 학교
- '역사(史)'와 '과학(科)'의 학문 간 융합(Interdisciplinary) 교육으로 '생각을 키우는 학교 밖 학교'
- 무학년제 팀워크로 리더십과 팔로우십을 배우고, 수렴 기술과 공감 능력을 키우는 학교 밖 학교

사과나무 숲 꿈의학교 수업은 학생들의 생각이 수렴된 '배움 희망 리스트'와 멘토단의 교육적 자원을 바탕으로 여러 영역의 과학 및 인문학적 접근이 가능한 '축 프로그램(Core program)'을 선정하는 것으로 시작된다.

2015년처럼 해부(Anatomy)를 코어 프로그램으로 한 경우는 해부와 관계된 생물학, 생태학, 동물분류학 등 여러 영역의 과학과 연결되었다. 아울러 역사, 민속학, 생명윤리 등의 인문학적 영역까지 확산적으로 접근하였다. 특히 돼지해부를 위해 학생들 스스로 채워 간 연구와 학습의 과정은 학생들의 사고 속에 돼지에 대한 입체적이며 감성적 상(Image, 狀)을 만들었다. 그래서 돼지로 대표되는 식용동물에 대한 미안한 감정을 뮤지컬로 표현하기도 했다. 이렇게 사과나무 숲 꿈의학교는 역사와 과학 그리고 예술에 대한 '전체적 접근(Holistic Approach)'을 할 수 있었고, 학문을 분절적으로 대하지 않는 학습을 할 수 있었다.

사과(史 · 科)나무 숲 프로젝트

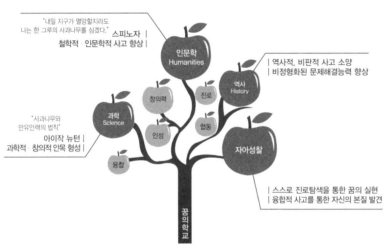

핵심은 이러한 전체적인 접근이 가능하도록 (무엇을 억지로 연결하는 것이 아니라) '실제와 맞닿는 상황 속'으로 학생들을 이끄는 것이다. 상황 속으로 들어가면 문제와 마주서게 되고, 때로는 시행착오를 겪으

며, 정답이 아닌 해답을 만드는 알고리즘을 터득할 기회를 얻게 된다. 흔히 STEAM 교육을 하려면 상황 제시, 공학적 설계, 감성적 체험 등이 있어야 한다고 하지만 상황 속으로 들어가면 하나의 학문으로 해결할 수 있는 것이 거의 없기 때문에 융합은 필연적으로 일어나게 된다.

이때 학생들에게 가장 필요한 것은 배우지 않은 것은 할 수 없다는 선입견 또는 두려움을 버리고 진지하면서도 신중한 자신감을 갖는 것이다.

학생들이 작성한 배움 희망 리스트

이름	배우고 싶은 것		
김OO	1. 비행기가 나는 원리를 배우고 싶다. 2. 세계사에 대하여 자세히 배우고 싶다. 3. 이산화탄소를 얼려 보고 싶다(드라이아이스 만들기).		
이OO	1. 궁들의 차이점과 공통점을 정리해 보기 2. 역사의 한 인물을 집중적으로 조사하기 3. 정약용의 유적지를 가 보고 거중기에 대한 과학적 원리 알아보기 4. 역사 속의 전쟁 연표 만들기 5. 농사짓기		
박OO	1. 자수정 캐내기	2. 진주 찾기	3. 해부하기
박OO	1. 자수정 캐내기 2. 진주 찾기 3. 해부하기	4. 희귀식물 찾기 5. 오렌지나무 심기 6. 옷으로 역사책 만들기	7. 관장실 탐험 8. 명성황후 시해 사건에 대해 알아보기

이 과정 속에서 학생들은 '더 배워야 할 것'이 무엇인지 깨닫게 되고 '스스로 해야 하는 것'과 '함께 해야 하는 것'들을 알게 된다. 뿐만 아니라 학생들이 지금까지 배워 왔던 교과적 지식과 경험적 지식을 최대한 그리고 다양한 방식으로 활용해 볼 수 있게 된다. 이렇게 해서 꿈의학교는 배움의 중심축이 학생이 되고, 배운 것을 해 보는 학교가 아니

라 하면서 배우는 학교가 될 수 있다. 이 부분이 꿈의학교와 학교교육의 교차점인 동시에 역할의 차이점이라고 본다.

독일어 어원에 담긴 경험과 체험의 차이

교육	Erziehung	Er/변화 + ziehung/당기다
경험	Erfahrung	Er/변화 + fahrung/자의나 타의에 의해 만나지는 것
체험	Erlebnis	Er/변화 + lebnis/운전한다

사과나무 숲 꿈의학교는 계획된 발견(Planed Discovery)을 의도하는 측면에서는 체험적 학습의 성격을 갖는다. 하지만 예측할 수 없는 문제를 만나고 이를 해결하며 시행착오를 겪고, 교실 밖의 실제와 직접적으로 이어진다는 측면에서는 경험적 학습의 성격을 띠는 교육이다.

2015년에 이어 2016년 역시 워크숍 과정에서 학생들이 채운 배움 희망 리스트를 분석하는 것으로 본격적인 수업 구조화를 시작했

자연 속에서 '정보 흡수하기' 활동을 하는 학생들

다. 2016년의 배움 희망 리스트는 전년도와 달리 '무엇인가를 직접 만들어 보고 싶다'와 '그것이 운동성을 갖는 것이길 원한다'로 해석되었다. 이에 따라 운동·구조역학, 즉 '메커닉스(Mechanics)'를 중심 주제로 정하고 관련된 물리학과 공학, 생체모방과학 등의 학습 프로그램들을 연계하여 일종의 프로젝트로 갖추어 갔다. 이 프로젝트 기반 수

선사캠프의 일환으로 모닥불을 피워
빗살무늬 토기에 밥하는 모습

업(Project Based Learning)의 첫 단계는 이름하여 '정보 흡수하기'이다. 무엇을 만들지를 정하기에 앞서 강이나 들, 산과 숲 등의 자연이나 역사 유적지로 가서 바람과 물을 느끼고 다양한 생물을 관찰하며 어떤 규칙성이나 관계성을 찾고, 차이점과 특이점을 찾는 것이다.

결과적으로 학생들은 이 과정에서 무엇을 만들지에 대한 단서를 찾아냈다. 식물의 굴지성이나 대칭으로 이루어진 동물의 몸체, 물속의 모래와 물 밖의 모래가 질감이 다르다는 것, 나비의 날갯짓과 잠자리의 날갯짓이 다르다는 것, 자연 속에는 다양한 색이 있다는 것 등을 발견했다. 특히 이러한 발견이 또 다른 질문으로 이어졌는데 이는 각별한 의미였기에 학생들의 질문에 최대한 성실하게 응해 주고자 했다.

구조 및 운동역학을 개념적 정보로 전달하거나, 지식을 가진 사람이 갖지 않은 사람에게 일방적으로 전달하는 방식을 취하지 않았다. '자연(自然, Nature)'이라는 상황 속으로 들어가 오감을 동원해 스스로 정보를 발견하고 의미를 만들어 볼 기회를 갖는 수업이었다. 아울러 학생들의 탐색 대상은 자연 속 온갖 생물과 사물 또는 마을의 문화유산이다. 이것은 박물관의 실물 기반 학습(Object Based Learning), 즉 '실물을 배우는 것이 아니라 실물로 배우는 학습'과 맥락을 같이하는 것이기도 하다.

사과나무 숲 꿈의학교는 3개 시즌으로 이루어져 있다. '본능과 지성을 연결하는 감각을 일깨워라', '소통 곧 공감 능력과 수렴 기술을 갖춰라', '교육은 건너뛸 수 없다'이다. 이 시즌들은 멘토들이 갖는 핵심적인 교육철학이기도 한데, '정보 흡수하기'는 이 첫 시즌에 부합하는 수업이었다. 한편 '정보 흡수하기' 수업은 본래 1차시로 계획되어 있었다. 그러나 수업을 마친 후, 긴급 운영회의를 거쳐 동일한 수업을 1차시 더 하기로 결정했다. 이유는 현장에서 학생들이 보여 준 모습 때문이었다. 학생들은 스스로 무엇을 발견하거나 만지고 보고 들으며 즐기기보다는 끊임없이 멘토들을 찾아와 무엇을 해야 하느냐고 물었다. 심지어 절망 어린 눈빛으로 무엇을 해야 하는지를 가르쳐 주지 않으니 너무 힘들다고 말했다. 이 예기치 못한 상황은 우리 학생들이 수행능력은 뛰어난 반면 자기주도적인 학습은 어려워한다는 것을 멘토들이 알게 되는 계기가 되었다. 그리고 결과적으로 이러한 문제가 있을 수밖에 없었던 이유는 학생들이 자기주도적인 학습 기회를 갖지 못했기 때문이라는 것도 알게 됐다.

여기서 간과하면 안 되는 또 한 가지가 있다. 주제가 바뀌면 학습 접근 및 전개 방식이 바뀐다는 것이다. 이를테면 2015년은 해부를 중심

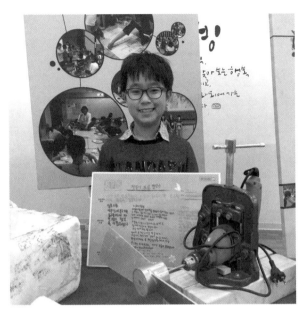
메커닉스 프로젝트의 일환으로 제작한 다양한 프로펠러와 실험 장치들

으로 그와 관련된 생물학, 해부학, 생리학 등의 과학 및 민속학, 윤리학 등의 인문학적 영역을 확산적으로 접근을 할 수 있었다. 반면 2016년의 경우는 움직임이 있는 구조체를 만들기 위해 필요한 기작(機作, Mechanism)을 배우거나 발견하며 적용했다. 이렇게 하는 여러 단계 속에서 과학사를 비롯한 인문학적 접근과 물리, 유체역학, 광학 등의 여러 영역의 과학적 접근이 가능했던 것이다. 즉 콘텐츠의 성격에 따라 교육 전개 방식이 달라진다는 것이다. 2015년 그리고 2016년 모두 앞서 기술한 교육학적 고민과 연구 자료들을 바탕으로 다분히 성공적이었던 것으로 기억한다. 그러나 우리는 두 해 동안 '사과나무 숲 꿈의학교'를 하면서 이것이 정말 학생이 원하는 것을 가르치는 최선의 방법인지에 대한 고민을 멈출 수 없었다.

2015년의 축 프로그램과 관련 수업 및 학습

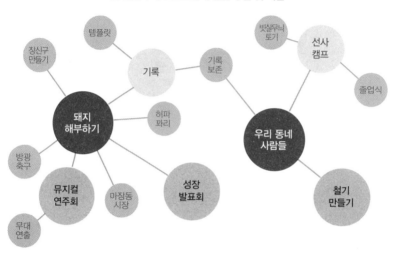

2016년의 축 프로그램과 관련 수업 및 학습

콘텐츠로 끌어내기, 테마로 끌어내기

앞서 학생들로부터 얻은 배움 희망 리스트를 멘토단의 교육학적 역량과 경험을 동원해 해석하고, 거기서부터 학생들이 원하는 것을 가르치고, 역사와 과학의 접점이 되는 콘텐츠를 축 프로그램으로 선정해 학습을 조직화(Organizing)해 가는 방법을 소개했다. 2017년 '사과나무 숲 꿈의학교'를 시작하면서 다시금 '학생들이 원하는 것을 가르친다'는 것에 대한 근본적인 질문을 하게 되었다.

돼지해부 학습으로 연결한 학습 영역

첫째는 학생들이 하기 원하는 이것저것을 할 수 있게 하는 것 자체가 좋은 교육인지 혹은 학생들은 정말 자신이 하고 싶은 것을 제대로 알거나 표현하고 있는지에 대한 문제였다. 물론 다양한 체험과 많은 경험을 해 볼 수 있게 한다는 측면에서는 이렇든 저렇든 상관없다고 말할 수 있다. 그러나 학생들은 가르치는 우리를 어떤 경우든지 용납한다. 우리를 믿고 따라온다. 그렇기에 가르치는 사람은 학생들에게 좋은 것을 주고 싶고 잘 가르쳐 주고 싶다. 이것을 두고 가르치는 사람의 본능 혹은

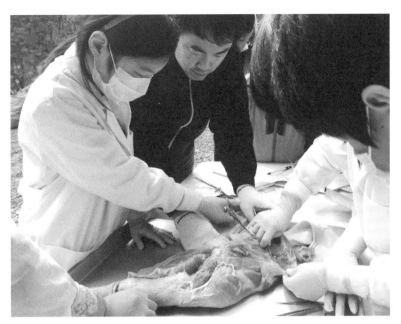
해부 프로젝트의 일환으로 근육의 구조와 움직임의 원리를 배우는 모습

사명이라 말할 수도 있을 것 같다.

둘째는 '해부라는 축 프로그램'을 통해 확산적으로 여러 영역의 과학과 인문학적 접근을 할 수 있긴 하지만 '해부'라는 콘텐츠를 위해 배우고 있다는 점이다. 혹은 '운동·구조역학이라는 프로그램'의 여러 과정을 통해 인문학과 다양한 과학을 연결했지만 '운동·구조역학'이라는 콘텐츠를 위해 관련 내용을 배우고 있다는 점이다. 그러니까 해부를 배우기 위해 민속학을 배우거나 기작을 배우기 위해 동물학을 배우는 것과 같이 여겨질 수도 있다는 말이다. 어쩌면 학생들은 어떤 학문이 다른 학문에 부속된다는 인식을 가질 수도 있다는 문제였다.

그래서 2017년은 콘텐츠를 기반(Contents Based)으로 한 학습 조직화가 아닌 다른 방법을 동원해 학생들이 배우기 원하는 것을 찾아내게

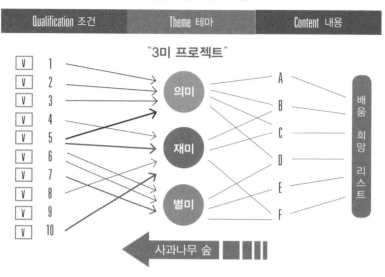

테마 기반의 학습조직화 · 흐름도

Qualification 조건	Theme 테마	Content 내용

"3미 프로젝트"

의미
재미
별미

배움 희망 리스트

사과나무 숲

셀프디스커버리 팀의 수업 모습

밀랍을 대신해 석고로 활자틀을 만들고 납을 녹여 부은 직후의 모습

하고자 했다. 일명 '수업으로 하는 대화'였다. 멘토들이 임의의 주제
로 마중물 수업을 하면 학생들은 그 수업에서 마음에 남거나 관심을 갖
게 된 것, 생각이 머물거나 배우기 원하는 것을 그다음 수업에서 발표하
는 것이면 학생들은 순서나 형식에 갇히지 않는 자발적인 발표를 하고,
또 멘토단은 추임새를 넣듯이 학생들의 발표와 연관된 수업을 이어 갔
다. 이렇게 '수업으로 하는 대화'는 4~5사이클을 반복했고, 그 과정 속
에서 학생들이 진짜 하고 싶은 것을 찾아내는 것이었다. 멘토단은 '의
미', '재미', '별미'라는 테마만을 제시했고 학생들은 이 3가지 테마에
자신이 배우거나 해 보기 원하는 것을 그려 갔다. 그리고 마지막 단계
의 발표 주제를 '2017 사과나무 숲 꿈의학교'의 축 프로그램으로 정했
다. 최종 발표에 참여한 학생은 4명이었고, 그 외의 학생들은 4명의 학
생이 제안한 주제를 선택하여 팀을 이루었다. 2017년은 이러한 테마 기
반(Theme Based)의 방법을 도입해서 멘토의 개입이 최소화된 축 프로그

램 끌어내기가 가능했다. 학생들이 어떤 학문에 다른 학문이 부속되는 듯한 인식을 갖게 되는 부작용도 막을 수 있었다. 이러한 과정을 거쳐 현재는 '셀프디스커버리', '캠핑족', '금속활자 만들기', '노는 게 노는 게 아니야' 팀이 활동하고 있다.

2017년 꿈의학교를 운영하면서 멘토로서 얻은 가장 큰 결실은 '테마'를 기반으로 교육 전개를 시도해서 교사의 개입을 최소화할 수 있었던 것이다. 그 덕분에 학생들은 더 깊은 내면을 들여다볼 기회를 가질 수 있었고, 자신이 하고 싶은 것을 알기 위해 애쓰는 것이 무엇인지 알았을 것이다. 그리고 3년 동안 꿈의학교를 운영하면서 망각하지 않고 지키고자 했던, '학생들이 원하는 것을 가르쳐 준다'에 대한 진일보한 도달점이었다.

무인도의 해변을 거닐고 있는 캠핑족의 학생들

02

사과, 사고?
사고!

매뉴얼인가, 철학인가?

> 나에게 있어 가장 큰 적은 배운 대로
> 가르치는 것이다.
>
> _ 앨버트 아인슈타인 (1879~1955)

　학생이 배우고 싶어 하는 것을 가르치고, 학생이 주도하는 교육을 만들고 진행한다는 것은 결코 쉬운 일이 아니었다(지금도 여전히 어렵다). 돌이켜 생각해 보면 그런 교육을 받아 본 적이 없으니 막연함과 어려움을 느끼는 것이 당연했다.

　'사과나무 숲 꿈의학교' 멘토단 구성은 다양하다. 남극세종기지에서 6년간 펭귄과 저서생물학을 연구한 박사와 프렛대학에서 MFA과정까지 마친 작가가 있다. 또 국립과천과학관 학예연구사로 일하고 있는

지구과학교육학 박사와 대기업을 퇴직하고 성격유형과 심리학을 연구하는 심리학 전문가도 있다. 거기에 박물관학과 문화학을 전공한 박사, 그리고 4~5명의 현직 교사로 이루어져 있다. 그럼에도 불구하고 교육에 대한 새로운 접근이나 프로그램 기획을 하다 보면 종종 격론이 오갔고, 무력감에 빠지기도 했다. 어느 회의 때 한 멘토가 던진 말이 기억에 남는다. "우리가 별것 아닌 것을 너무 대단하게 하려고 하는 것은 아닐까요?" 웃자고 던진 말이었는데, (다들 한 번쯤은 그런 생각을 했기 때문이었는지) 웃어넘기지 못하고 그날 회의는 그렇게 끝났다. 한편으로는 '계획서로 제출한 프로그램도 아주 좋은데, 그냥 그것을 운영하면 되지 왜 이렇게 고민하느냐? 그것만으로도 훌륭한 꿈의학교가 될 수 있다'고 주장하는 멘토도 있었다.

이렇게 회의를 진행하면서 오고 간 신랄한 질문과 비판은 우리가 왜 꿈의학교를 해야 하는지 근본적인 질문에 응답할 수 있어야 한다는 생각을 갖게 했다. 나아가 무엇을 어떻게 가르칠지에 대한 세부 내용을 풀어 갈 열쇠는 '학습목표로 시작되는 지도안이라는 매뉴얼'이 아니라

교육 방식을 두고 고민하는 멘토단

근본적 질문에 대한 충실한 고민으로부터 얻어진 '철학'임을 알게 했다. 그리고 그 철학이 무형식(Non-formal) 혹은 비형식(Informal) 교육현장에서 시시각각 일어나는 예측하기 어려운 변수들을 담아내는 그릇이 될 수 있다고 생각한다.

학생들이 어떻게 쇳물을 다루게 될지를 고민하는 멘토들

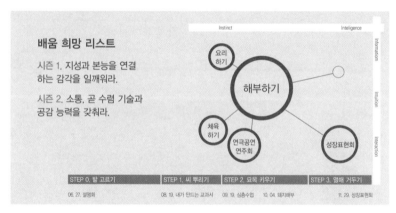

사과나무 숲 꿈의학교의 교육철학과 시즌 – 학습 단계를 반영하여 수업 조직하기

'사과나무 숲 꿈의학교' 멘토단은 지성과 본능을 연결하는 감각을 일깨우고, 나와 다른 생각을 수렴하고, 나와 다른 감정을 공감하는 소통

력을 키울 수 있도록 돕는 것을 사과나무 숲 꿈의학교 교육의 핵심 가치로 합의했다. 적지 않은 교육 지도안을 봤고, 또 만들었다. 이미 비형식 또는 무형식 교육현장에서 학생들을 가르치는 교사들은 교육 지도안으로 학생들의 발현 요구와 질문을 수렴하기 어렵고, 이러한 교육현장에서는 지도안이라는 매뉴얼이 작동하기 어려운 것을 잘 안다.

반복하지 말아야 할 실수

2015년 사과나무 숲 꿈의학교 시즌 2 '소통 곧 수렴 기술과 공감 능력을 갖춰라'의 마지막 프로젝트는 '선사 캠프'였다. 이 캠프는 자연 속에서 일어나는 예측할 수 없는 문제를 스스로 혹은 함께 해결한다는 의미를 가졌기에 영하 14도의 혹독한 추위를 무릅쓰고 진행되었다. 그리고 석기, 철기, 조선시대의 세시풍속을 몸으로 직접 겪어 본다는 테마를 갖고 있었다.

마을의 대장장이가 학생들과 수저를 만드는 모습

멘토단은 학생들이 철기를 체험하게 하려고 캠프 때 사용할 수저와 젓가락을 직접 만들기로 했다. 이를 위해 마을에 있는 대장장이를 강사로 모셨다. 우리 멘토단은 마을을 교육으로 연결하는 이 프로젝트에 기대가 컸다. 학교 밖 교육으로 매우 적합하다는 의견에 공감하는 분위기였다. 우리는 철기 만들기 수업을 본격적으로 준비하면서 대장간을 찾아가 꿈의학교에서 가장 중요한 것이 무엇인지 열심히 설명했다. 설명을 다 듣고 난 대장장이는 "내가 구리에 있는 ○○마을에서 이런 체험을 많이 해 봤는데, 사람 잘 찾아왔어."라며 내심 걱정스러워하는 우리를 안심시켰다. 수업이 이틀 뒤로 다가왔다. 우리는 수업이 어떻게 진행될지 궁금했다. "40여 명의 학생이 캠프 때 사용할 수저와 젓가락을 정말 서너 시간 안에 만드는 것이 가능할까?", "모둠을 나누어 동시다발적으로 진행하려는가 보다!" 이런저런 고민 끝에 한 번 더 진행방법에 대해 의견을 나눠야겠다는 생각으로 다시 대장간을 찾아갔지만 "걱정하지 말고 다른 준비나 잘하세요!"라는 말에 우리는 안심했다.

당일 아침이 되었다. 대장장이는 1톤 트럭에 모루를 비롯해 철물 작업에 필요한 온갖 장비를 싣고 왔다. 고맙고 기대됐다. 그리고 드디어 수업이 시작되었다. 우리가 기대했던 것은 직접 쇠를 달구고, 망치질과 담금질을 하면서 쇠를 다룬다는 것이 무엇인지, 땀을 흘린다는 것이 무엇인지 가르치는 수업이었다. 그런데 그 기대는 보기 좋게 빗나갔다. 대장장이는 2시간 만에 40여 명이 사용할 수저를 학생들이 직접 만들어 내게 하는 데는 성공했다. 그분은 모루에 수저 크기의 홈을 만들어 와 거기에 수저가 될 쇠를 놓고 서너 번 정도 망치질을 하면 수저가 완성되게 했던 것이다. 그것은 퍼포먼스 강한 키트 수업이었다. 철을 달궈, 망치질을 하며 '쇠 맛'을 본 것이 아니라, 그저 지시하는 대로 대장장이 흉내를 내본 것뿐이었다. 사실 수업을 마치고 적지 않은 학부모들은 '사과나무 숲 꿈의학교'가 아니면 어디서 이런 것을 해 보겠느냐며 흡족해했다. 하지만 우리 멘토단은 뒤통수를 맞은 기분이었다. 우리가 진짜 원했던 것은 잘 만들어진 수저가 아니었다. 우스꽝스러운 모양의 수저라도, 시행착오가 있고, 그 시행착오를 넘어서기 위한 스스로의 노력이 있길 바랐다. 그래서 스스로 노력하는 즐거움과 땀 흘리는 참맛을 느끼게 해 주고 싶었던 것이다.

사실 이렇게 훌륭한 교육 기회에 의미를 살리지 못한 것은 대장장이의 잘못도 아니고, 학생들의 잘못도 아닌 멘토단의 잘못이고 실수였다. 계획된 발견(Planed Discovery)이 일어나기를 바라면서도 그 세부 과정을 좀 더 면밀히 살피고 결과를 예측하려는 노력이 부족했던, 혹은 내가 할 일을 남에게 미뤘던 멘토단의 잘못이다.

이 사건은 멘토단에게 '사과나무 숲 꿈의학교'가 추구하는 교육이 무엇인지 다시 한 번 생각하고, 어디까지 나아갈지를 돌아보는 계기가 되었고, 반면교사의 시간이 되었다.

잃어버린 소실점을 찾아서

기승전 교훈?

현직 교사로 재직 중인 멘토 한 분이 '도구를 사용하는 인간-도구의 인간(Homo faber)'을 수업 테마로 잡았으면 좋겠다고 한 적이 있었다. 또 다른 멘토는 돼지해부 프로젝트와 '도구의 인간'을 잘 연계한다면 매우 흥미로운 수업이 될 것 같다는 의견을 제시했다. 그래서 2015

탈지한 돼지뼈를 이용해 만든 장신구와 골격표본

년 시즌 1의 마지막 수업에서 돼지해부 수업과 연계하여 족발을 먹고 그 뼈를 추려 화학처리를 했다. 그리고 선사시대 추장들이 착용했을 법한 장신구와 박물관용 골격표본을 만들었다.

수업에 필요한 자료를 준비하면서 '도구의 인간'이라는 주제가 고고학, 고생물학, 기계 물리학, 광물학 등과 연결되며 역사·과학 융합학습을 하기에 최적의 콘텐츠라는 것을 확신할 수 있었다.

당일 학습실에는 십여 종의 절삭 및 타공, 접합 공구들을 비롯해 장신구를 만들 때 사용할 보석광물들과 인류 최초의 도구라 할 수 있는 뗀석기-아슐리안석기도 준비되었다.

수업은 1단계에서 제작을 위한 도구들이 무엇이 있는지를 알고, 2단계에서 도구를 사용하는 인류를 고고학적으로 이해하고, 3단계는 도구의 의미를 알아보는 것이었다. 특히 3단계 수업은 언젠가 보았던 '우리는 거대 조직의 도구일 뿐이다'라는 문구를 화두로 삼았다. 사실 '도구의 인간' 수업을 통해 학생들과 나누고 싶었던 것은 화학이나 박물관학, 생물학이나 고고학적 지식뿐 아니라 현대사회가 되찾아야 할 가치가 무엇인지를 학생들이 발견하도록 하는 것이었다. '우리는 거대 조직의 도구'라는 문구가 무슨 의미인지 또는 여과 없이 받아들여도 되는지를 묻고 싶었다. 결론적으로 '인간을 도구로 여겨서는 안 된다'라는 말을 하고 싶었다. 그래서 도구에 대한 설명도 기능적인 측면의 사용법에 머무르지 않았다. '도구를 일회용 쓰듯이 써서는 안 된다'는 것과 '도구를 소중히 여기는 마음을 가지고, 쓰고 또 쓸 때 도구와 자신이 하나가 된다'고 알려 주었다. 그렇게 도구와 자신이 하나가 되면 '한계를 넘어서게 하는 힘'을 얻는 것을 강조했다.

점심식사로 족발을 먹고 난 후 뼈를 추려 골격도에 배치하는 모습

학생들은 며칠 전에 먹은 족발이 이렇게 멋지고 그럴듯한 재료로 변한 것에 놀랐고, 제법 난이도가 있는 뼈 탈지 화학처리에 성공한 중·고생들은 우쭐해 있었다. 이 과정에서 수업용으로 준비된 일부 도구들은 기존의 사용법이 아닌 색다른 방법으로 사용되기도 했다. 어떤 학생은 학교나 집에서 사용할 수 없는 도구를 사용하는 것에 쾌감을 느낀다고 말하기도 했다. 그리고 수업 재료를 준비한 중·고등학생들은 다소 피

곤해 보였지만 일종의 카타르시스를 느끼는 것 같았다.

팀티칭에 함께한 멘토 중 한 분이 이런 말로 수업을 마무리했다. 도구와 내가 하나 되지 않으면 그 역할을 다할 수 없듯, 사람을 소중히 여기지 않고, 사용하거나 이용할 대상으로 여긴다면 우리 주변에는 이기거나 넘어서야 하는 경쟁자들만 남게 되는 것이라고.

이 수업은 흔히 말하는 '기승전 그리고 교훈'이 아니었다. '실물을 가르치는 것이 아닌 실물로 가르치는 교육'이자 하나의 주제로 여러 영역의 과학과 인문학적 접근을 가능하게 한 '융합 수업'의 진면모였다.

마장동 축산시장에서 발견한 마을교육공동체의 의미

2015년 시즌 1에서 가졌던 돼지해부 프로젝트의 일환으로 해부에 사용될 돼지를 학생들이 스스로 조사하게 하고, 경제관념을 학습할 요량으로 우리나라 최대의 도축축산시장인 마장동 시장에 직접 찾아가는 수업을 진행했다. 여름날의 마장동 시장은 말 그대로 핏빛이었고 높은 습도와 함께 발산하는 피비린내는 단순한 역겨움 이상이었다. 사전답사를 계획한 멘토들은 적지 않은 걱정을 했다. 구매할 것도 아니면서 돼지 심장이나 부속들에 대해 질문하면 어떻게 답할지 예상할 수 있었기 때문이다. 역시 상인들은 '돼지 심장이 얼마냐?', '방광을 여러 개 구입하고 싶다'와 같은 멘토들의 질문에 냉소적이다 못해 불쾌감마저 드러냈다. 어렵사리 (그리고 실패적으로) 사전답사를 마친 뒤 진행된 멘토 회의에서 일부 멘토들은 마장동 축산시장에 학생들을 보내는 것은 좋지 않을 것 같다는 입장을 보이기도 했다.

그럼에도 불구하고 학생들을 '마장동 시장 속'으로, '축산시장이라는 상황 속'으로 끌어들이기로 결정했다. 꿈은 체험학습 몇 번 해 본다

마장동 축산시장에서 시장 조사 중인 학생들

고 만들어지는 것이 아니기에, 자의든 타의든 접하게 되는 수많은 경험들로 켜켜이 쌓인 '경험의 퇴적층' 위에 꿈이 자라난다는 소신을 갖고 있었기 때문이다.

조를 나누어 가격 조사를 시작한 학생들은 역겨운 피비린내에 코를 막고 상인들에게 질문을 시작했다. 학생들의 질문은 며칠 전 사전답사를 갔던 멘토들만큼 예의를 갖추지도 않았고, 심지어 어떤 학생들은 잔뜩 인상을 찌푸린 채 질문을 하고 있었다. 그런데 얼마 안 있어 멘토들은 작은 기적을 볼 수 있었다. 온갖 예의를 갖춰 조심스럽게 묻던 멘토들에게 그렇게 쌀쌀맞던 상인들이 언제 그랬느냐는 듯 너무도 친절하게 하던 일을 멈추고 심장은 얼마고, 간은 얼마고, 묻지도 않은 부위를 설명해 주기까지 하는 것이었다. 이 광경은 꿈의학교를 시작하면서 가졌던 '마을교육공동체와 꿈의학교를 해야 하는 이유'에 대한 답이 되어 주었다. 그리고 지금 이 시대에 마을교육공동체와 꿈의학교가 갖는 의미가 무엇인지 확신할 수 있었다.

아이들을 위한다는 명분으로 기성세대가 만들어 놓은 무한 경쟁의 족쇄를 벗겨 내고 주위를 둘러볼 수 있게 만드는 것, 그래서 '더불어 함께'를 꿈꾸고, 미소를 되찾게 해 주는 것은 무엇일까. 그리고 그것을 이루어 내는 힘은 어디에 있을까. 아마 어떤 것도 아닌 아이들의 뛰노는 모습과 해맑은 웃음소리가 아닐까라는 생각을 했다. 마치 평생을 궂은일과 고된 노동으로 굳게 닫혀 있던 상인들의 마음을 단번에 열어 낸 사과나무 숲 꿈의학교 학생들의 순수함 같은……

퍼포먼스로 치부당한 꿈의학교

박물관 수집품과 전시 내용에 감동하신 한 교장 선생님이 학예연구실을 찾아오셨다. 박물관 전문가에게 가장 반가운 손님은 전시에 감동한 관람객을 만나는 것이기에 함께 차를 마시며 이런저런 이야기를 나누게 되었다. 대화 중 요즘 꿈의학교 때문에 고민이 많다는 이야기를 하게 되었다. 그런데 교장 선생님께서는 "이제 하다 하다 꿈까지 들먹거리니 문제예요. 돈을 잔뜩 퍼부으니 퍼포먼스 효과는 있겠죠."라며 꿈의학교에 대한 불편한 심기를 표현하셨다. 그리고 이 말은 상당한 시간이 지난 지금도 뇌리에서 가라앉지 않는 부표가 되어 때론 격랑하고 때론 넘실거린다.

멘티의 스토리텔링을 듣고 객관화 과정을 진행하는 멘토들

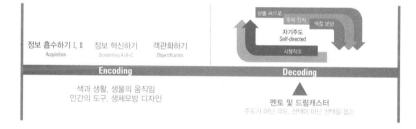

메커닉스 프로젝트의 학습과정과 알고리즘

2016년의 '사과나무 숲 꿈의학교' 축 프로그램의 주제는 메커닉스 (Mechanics)였다. 그 시작으로 자연 속에서 아무런 단서 제공 없이 정보를 흡수하게 하고, 이 과정 속에서 학생들 스스로 습득한 정보에 대응하는 전문화된 정보를 멘토들이 제공함으로 인코딩(Encoding) 과정을 갖게 했다.

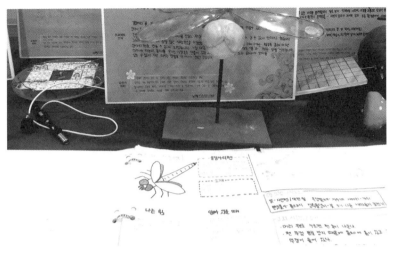

메커닉스 프로젝트의 일환으로 제작한 '자성의 원리를 이용해 공중에 떠 있는 잠자리 펜'의 설계와 모형

이 과정을 통해 학생들은 무엇을 만들 것인지 스스로 정해 갔다. 그리고 정보와 정보를 합쳐 또 다른 정보를 만드는 스토리텔링(Storytelling) 과정과 기획 내용을 공개하고 전문가로부터 조언과 비평을 듣는 객관화(Objectification) 과정을 가졌다. 계획과 설계과정을 통해 디코딩(Decoding)과정도 가졌다. 사실 사과나무숲 꿈의학교 멘토단이 이러한 일련의 과정을 선험적으로 그릴 수 있었던 것은 아니다. 다만 학생이 원하는 것을 가르치고 배운 것을 해 보는 것이 아니라 하면서 배우는 것이라는 사과나무 숲 꿈의학교의 기치를 따라 (효율성이라는 산업혁명 시대의 어젠다에 얽매이지 않고) 지금 우리에게 요구되는 학습을 충실이 실천하고자 했을 뿐이었다.

학생들은 각자의 주제와 단계별 목표에 따라 재료와 도구를 찾아내야 했고, 멘토단은 학생들이 요청하는 것만 준비해 주었다. 학생들이 요청한 재료와 도구 그리고 방법론은 허점투성이였다. 그리고 그것이 실패할 것이란 것을 알고 있는 멘토들의 입장에서 그 상황에 개입하지 않고 지켜보고 있는 것은 결코 쉬운 일이 아니었다. 그러나 그 허점들이 시행착오를 만들어 냈고, 그 시행착오가 학생들을 고민하게 했고, 스스로 할 일과 함께 할 일을 구분하여 협동과 도전을 가능하게 했다.

학교에서 배우는 지식이 시험문제를 풀기 위한 것이 아니라 실제에서 작동하는 유효한 정보라는 것도 알게 했다. 성취가 무엇인지 알게 했고, 지난한 과정을 인내로 이겨 내야 한다는 것을 알게 했다. 그리고 우열을 따지기 위한 평가가 갖는 절대적 약점이 무엇인지도 알게 했다.

볏짚을 엮고 움집을 세우는 학생들

이것이 학교 안 교육과 학교 밖 교육이 갖는 차이의 단면이라는 것을 인식하게도 했다. 어떤 멘토는 이것을 학교교육이 있기 때문에 학교 밖 교육에 요구되는 필연성이라 말했다. 예측할 수 없는 변수 혹은 요청들이 끊임없이 일어났다. (이러한 교육이 진행되기 위해서는 시간과 비용은 당연히 추가된다. 우리는 이런 교육을 위해 40시간 이상의 초과 수업을 진행해야 했고, 수차례 외부 전문가를 섭외하여 학생들의 학습 욕구를 채워 주고자 했다.)

　내용을 들여다보지 않고 꿈의학교를 언뜻 보자면 돈 들여 퍼포먼스만 강화시킨 것처럼 보여질 수도 있다. 혹시라도 아이들 스스로 배움을 기획할 수 없고, 그 배움을 주도할 수 없고, 시행착오에 온몸을 던져볼 수 있는 기회가 마련되지 않았다면 이야기는 달라진다. 그 꿈의학교는 돈 들여 퍼포먼스만 강화시킨 것이란 의견에 동의할 수밖에 없다는 생각이다. 학교교육을 단순히 학교 밖으로 옮겨 온다고 해서 학교 밖 교육이 되지 않는다는 다소 고지식한 문제의식 때문일지도 모르지만, 학교 밖 교육의 지향점과 사회적 기능에 대한 이해는 좀 더 촘촘한 체에 걸러 볼 문제라고 생각한다. 어차피 개혁은 달리는 자동차를 세우지 않고 바퀴를 갈아 끼우는 것과 같은 것이라 하지 않던가?

03

붉고 탐스러운
사과가 되기 위해

대체 혹은 대안인가, 균형인가?

> 모든 사람은 학교를 갖고 있는 동시에 다른 사람들의 학교로 존재한다.
> 우리는 서로의 가장 큰 학교로 존재한다.
>
> _ 코메니우스 (1592~1670)

교육이라는 어원을 독일어에서 살펴보면 강제성이라는 의미를 내포하고 있다고 한다. 그리고 학교의 기원과 사회 속 학교의 역할을 고찰해 본다면 학교는 교육전문가 집단이며, '사회가 요구한 기관 또는 시설'이라고 할 수 있다.사회가 정보를 공유하거나 공급하기 위해, 필요하다면 강제성을 가지고라도 적당한 수준의 지식을 사회 구성원들에게 습득시키고자 만들어 낸 것이다.

즉 학교는 사회에 의해 요구된 교육전문가 집단이고, 그래서 태생적으로 형식(Formal) 교육의 성격을 가질 수밖에 없다고 본다. 그러나 이 말이 학교가 가르치고자 하는 것과 학생이 배우고자 하는 것의 괴리를 간과하고, 우열 측정 중심 또는 문제 풀기 중심의 구태의연한 교육을 지속하는, 작동하지 않는 반미래적 교육을 지속해도 좋다는 의미는 아니다.

다만 정보와 경험이 생각의 자원(Resource)이 된다는 측면에서라도 학생들은 다원화된 경로와 방법을 통해 정보와 경험을 축적할 기회를 가져야 한다. 어떠한 형태로든 정보와 경험이 축적될 때 '생각하는 힘'을 갖출 수 있고 창의가 발현된다고 생각한다. 그런 면에서 학교라는 제도적 교육은 정보를 오류 없이 축적하게 하는 매우 효율적인 공간이 될 수 있다. 한편 학교 밖 교육은 학교에서 얻은 정보나 지식 그리고 배우지 않은 어떤 것들까지 실제 속에서 실패와 시행착오를 겪으며 배울 수 있는, 선택이 가능하고, 결과의 우열을 측정하지 않는 공간과 시간이 되어야 한다. (꿈의학교가 무너진 공교육의 대안이라는 식의 표현은 적절하지 않다. '무너진'이라는 표현 자체가 부적당하다고 생각한다.)

학교 밖 교육이 입시를 위한 학원이 아니라 꿈의학교 혹은 마을교육 공동체가 되고, 학교는 시대를 선도하는 학교 내 교육을 일궈 냄으로써 절묘한 조화를 이루기를 고대한다. 꿈의학교가 학교교육을 대체할 수 없고, 모든 학교교육을 꿈의학교처럼 할 수도 없다. 학교교육이 있기 때문에 학교 밖 교육에 대한 필연적인 요구가 발생하는 것이고, 학교 밖 교육의 의미와 가능성을 감지할 수 있기 때문에 학교교육의 변화 또는 성장을 요구하는 것이다. (이 관점은 입시로 점철된 학교교육의 병폐와 그 해결책을 찾는 문제와 맥락적으로 다르다. 혹자가 꿈의학교가 모든 학교교육을 대체할 수 있다고 믿는다면 그는 이상주의자이거나 학문을 너무 쉽게 생각하는 것이 아닐까.)

꿈의학교는 미래교육이 될 수 있는가?

'사과나무 숲 꿈의학교'가 미래교육을 위한 준비 혹은 시도라고 생각해 본 적은 없다. 그러나 학생들과 학부모를 마주한 자리에서 끊임없이 되풀이되는 질문은 꿈의학교가 급변하는 사회·경제환경에 적합한 교육인지 혹은 미래적 교육이라 말할 수 있는지였다. 물론 어떤 교육도 미래를 장담할 수는 없으리라 생각한다.

어쩌면 인류는 새로운 시대를 맞이할 때마다 막연한 두려움과 부정적인 감정을 숨기지 않고 표현했던 것 같다. 예컨대 전기와 전구를 이용해 흑암을 밝히는 놀라운 기술을 마주한 인류가 전구 빛을 너무 오래 쬐면 실명할 수 있다는 나름의 근거를 제시하며 세상에 경고하였던 것처럼 말이다. 지금 세계적으로 경제, 과학계 등 다양한 분야에서 관심을 갖는 최대 이슈는 4차 산업혁명(Industry 4.0)일 것이다. 이 용어는 미래 인류의 삶이 어떻게 연출될지를 집약하는 고유명사로 자리 잡아 가는

여행지에서 보낸 하루를 글로 정리하는 아이들

듯하다.

사실 4차 산업혁명을 말하기 전에 이미 인공지능과 로봇, 빅데이터, 사물인터넷은 있었다. 그런 면에서 인류 최초의 혁명이라 일컫는 석기 혁명, 문명을 확산한 청동기 혁명, 현대문명을 지탱하고 있는 철기 혁명과는 성격이 다르다. 또 오늘날과 같은 거대 문명이 가능하게 한 산업혁명, 수십억 인류의 부양을 가능하게 한 녹색혁명, 정보 집적의 신기원을 일궈 낸 반도체 혁명 등과도 성격을 달리하는 소위 '하이브리드 혁명'이라 표현하기도 한다. 그리고 이 하이브리드 혁명은 과거의 어떤 혁명보다 광범위하고 빠른 속도로 우리 인류의 삶을 변화시킬 것이라고 말한다.

떨어지는 사과를 보며 만유인력의 법칙을 발견했던 것과 같이 적은 비용으로 엄청난 과학적 발견을 할 수 있던 시대는 이미 끝났다고 볼 수 있다. 오늘날의 과학은 하나같이 천문학적인 자본이 투입되어야 발견되고 성취된다. 또한 이 천문학적 자본이 일궈 내는 첨단과학은 대부분 그 이면에 가공할 만한 위험을 내포하고 있다. 핵이 그렇고 줄기세포가 그렇고 인공지능이 그렇다. 그렇기 때문에 그 과학에 대한 주체적인 소비가 가능할지, 그 과학기술이 어디에 어떻게 사용될 것인지가 중요한 문제로 대두된다. 결국 과학기술 자체가 가치 있는 것이 아니라, 과학기술을 어떻게 적용하고 활용할 것인지에 대한 올바른 선택에 가치가 부여된다고 볼 수 있다. 이때부터 이미 교육은 새로운 요구와 마주하게 된다.

혹자는 미래의 대체에너지 기술 발달로 에너지 비용이 매우 저렴해질 수 있다고 주장한다. 또한 미래의 의학 발달은 인류의 평균 수명을 200살 이상까지 견인할 것이라 예측한다. 그리고 로봇과 인공지능이 만들어 내는 제품들의 품질은 일정 지점에서 평준화될 수 있을 것이라 말한다. 이러한 예측 모두가 개연성을 갖는다. 다만, 4차 산업혁명의 핵심

물고기 경매장으로 향하는 아이들

대학생 자원봉사 선생님과 학생

이 되는 빅데이터나 인공지능은 교육에 다른 관점을 시사한다. 지금까지의 교육이 정보를 집적하고 부를 축적하기 위한 효율성에 초점을 맞추었다면, 앞으로의 교육은 부를 공유하고 새로운 가치를 창출하는 행복의 정도에 초점을 맞춰야 한다는 것이다. 미래사회에 요구되는 교육은 앞으로 더 잘하기 위한 교육이 아니라 지금을 더 향유하는 교육이다. 양적 성장과 속도의 경쟁이 아닌 가능성과 함께 어우러지는 다양성, 즉 기능이 아니라 가치에 무게를 두는 교육이어야 할 것이다. (그리고 이 가치는 인성의 문제이기도 하다. 인내, 배려, 용서, 협동, 수용력 등의 가치는 책으로 배울 수 있는 것들이 아니다. 함께 겪어야 배울 수 있는 것들이다.)

경기도에는 뮤지컬 꿈의학교, 영화 꿈의학교, 인형극 꿈의학교 등 500여 개가 넘는 꿈의학교가 있다. 경기도교육청의 마을교육공동체단과 꿈의학교 사업부는 새가 알을 품듯이 이 꿈의학교들을 품어 가고 있다. 이 꿈의학교들이 약하든 강하든, 많든 적든 상관없다. 다만 '실제와 맞닿는 상황 속'에서 학생들 스스로 배움을 기획하고 시행착오를 겪으며 책으로 배울 수 없는 가치들을 겪게 하는지가 중요하다. 만약 그렇다면 꿈의학교가 미래적 교육이라 말하는 것에 주저할 필요가 없다고 생각한다. 또한 학생들의 질문이 어떻게 사회적·인문학적인 가치들과 연결되는지 말해 주고 발견하게 해 주고 있다면 미래적 교육이라 말하는 것에 거리낄 필요가 전혀 없는 것이다.

미래적 교육 혹은 미래교육의 본질은 VR/AR 첨단 장비를 착용하고, 로봇의 강의를 듣고, 모두가 프로그램 언어를 배워 코딩 전문가가 되게 하는 것이 아니다. 더 필요한 것은 잃어버린 가치를 되찾고 건전하고 발전적인 새로운 가치를 만들고, 인간의 본질을 더 현명하게 조명하는 것이다. 그래서 첨단의 과학기술을 혹은 혁신을 주체적으로 소비하고 건강하게 사용하고 선택하는 데 초점을 맞추는 것이라 생각한다.

왜 꿈의학교를 하는가?

7~8세, 진학할 나이가 되었는데도 음식을 씹지 못해 비쩍 말라 가는 아이를 치료하는 내용의 다큐멘터리를 시청한 적이 있다. 시청하는 내내 안타까웠고, 어떤 요법으로 그 아이를 씹게 할 수 있을지 무척 궁금했다. 치료법을 찾기 위해 참여한 아동심리학자는 아이의 부모와 상담을 마친 후 지금이라도 이유식을 하라는 치료법을 내놓았다. 아이 부모의 이야기에 따르면 여러 가지 환경적 이유로 적절한 시기에 이유식을 해 주지 못하였고, 어쩌다 보니 이유식 시기를 건너뛰고 분유에서 밥

으로 넘어갔다는 것이었다. 그 말을 쉼표 삼아 잠시 광고가 나왔다. 광고가 진행되는 내내 도대체 얼마 동안 이유식을 해야 되는 걸까 궁금했다. 1년, 3개월 아니면 그 이상일까……. 광고가 끝나고 그 전문가는 3일 동안 이유식을 하라는 뜻밖의 기간을 제시했다. 30일도 아니고 단지 3일이었다. 거짓말처럼 3일의 이유식이 끝나고, 4일째 되는 날 그 아이는 씹기 시작했다. 그리고 삼킨다. 그 모습을 보고 있던 아이의 엄마는 오열한다. (너무도 미안하고 아이에게 고마웠기 때문이리라.)

지금 우리 학생들에게 경기꿈의학교가 주는 의미는 바로 3일간의 이유식과 같은 것이 아닐까 생각해 본다. 놀아 보지 못하고, 하고 싶은 것을 해 보지 못하고 어른들이 정해 놓은 것들을 선택의 여지 없이 해야만 한다. 초등학교에 진학하면서 심지어 그 전부터 학원을 다니고 그렇게 중학생이 되고 고등학생이 된다. 시험으로 점철된 학창 시절을 마치고 성인이 되어 어렵게 대학에 진학하고 나면, 이제 취업을 위해, 자격증을 취득하기 위해, 스펙을 쌓기 위해 꽃처럼 아름답고 찬란한 시간을 도서관에 갇혀 보내야 한다. 이런 우리 학생들에게 절체절명의 이유식이 바로 꿈의학교라 생각한다. 너무도 당연한 교육을 꿈의학교라는 명

팀티칭을 하고 있는 멘토와 멘티

분으로 억지로 밀어붙이는 형국이긴 하지만 꿈의학교를 통해 씹는 법을 배운다. 그렇게 씹게 된다면 비록 3일이라는 짧은 이유식 기간과 같더라도, 씹을 줄 알게 된 이상 이들은 달라질 것이다. 앞으로 더 딱딱하고 질긴 것도 씹어 삼킬 수 있을 것이라 확신한다.

이러한 측면에서 사과나무 숲 꿈의학교의 마지막 시즌은 '교육은 건너뛸 수 없다'이다. '지성과 본능을 연결하는 감각을 일깨워라', '소통력 곧 수렴 기술과 공감 능력을 갖춰라'에서 이어지는 이 마지막 시즌은 말 그대로 지금의 교육환경에서 접근하기 어려운, 설령 맹목적이라 할지라도 인위적인 배움이 목표가 되지 않는 학생들이 하고 싶은 것을 할 수 있게 해 주는 것이다.

꿈은 억지로 새겨 넣는다고 자기 것이 되는 것이 아니다. 또한 체험 몇 번 참여해 본다고 만들어지는 것도 아니다. 꿈은 켜켜이 쌓이는 경험의 퇴적층 위에 내면의 소리에 충실함으로써 스스로의 선택과 의지로 만들어 내는 삶의 좌표라고 생각한다. (꿈은 정하는 것이 아니라 찾아가고

만들어 가는 것이라 정의하는 것이 더 맞을 것 같다.)

몇 번이고 시간을 묻다 끝내 시간이 너무 빨리 간다며 아쉬워하던 학생들의 잔상 위로 "우리가 꿈의학교를 왜 해야 하지?"란 질문을 던져 본다.

경기꿈의학교에서 추구하는 교육목표와 우리가 꿈의학교를 통해 학생들에게 교육하고 싶은 것은 바로 학생들이 꿈을 찾고, 그 꿈을 이루기 위해 스스로의 한계를 넘어설 수 있도록 힘을 키워 주기 위한 것이라 생각한다. 나아가 자신의 한계를 뛰어넘는 것은 남을 이김으로써 얻어지는 것이 아니라 더불어 함께할 때, 다름을 인정하고 하나 될 줄 알 때 가능하다는 것을 알게 하고 싶기 때문이다. 그렇기 때문에 꿈의학교는 무모한 도전도, 그에 대한 실패도 품어 줄 수 있어야 한다. 우열을 측정하지 않는 여백을 가지고 있어야 한다. 그리고 꿈의학교 교육은 필요한 지식을 효율적으로 전달하는 것에 무게를 두는 것이 아니라 스스로 생각하고 자기 확신과 자신감을 되찾을 수 있도록 이끌어 주는 것에 무게를 두어야 한다고 생각한다.

"사과나무 숲 꿈의학교는 무엇을 가르치는 곳인가?"라는 질문에 한마디로 답하라고 한다면, 역사와 과학을 가르치는 곳이 아니라 역사와 과학으로 자신감을 가르치는 학교라고 말한다. 사과나무 숲 꿈의학교 교육의 궁극의 목표는 단순히 역사와 과학의 융합을 가르치는 것이 아니다. 꿈을 만들어 낼 수 있는 힘과 자신감을 되찾을 수 있도록 이끌어 주는 것이다.

자신감은 수많은 변화와 변이를 받아들이고 그 변화 속에서 자신의 정체성을 잃지 않는 것이라 생각하기 때문에……, 내면의 소리는 자신감이라는 고막을 울려 들려오기 때문에…….

학생들이 직접 만든 금속활자와 종이로 인쇄한 학교명

5부

꿈의학교,
우리들만의
성장 이야기

진흥섭

진홍섭 | 꿈의학교 담당 연구년 교사

과연 꿈의학교의 무엇이 잠자던 학생의 열정을 깨웠을까?

매 순간 떠오르는 질문의 답을 찾아 몇 년간 발품을 팔고 다녔다.

교육의 중심을 학생 성장에 두고서야

비로소 진정한 교육의 주체인 학생들을 만날 수 있었다.

이런 충격적인 공연은 난생처음 본다.
조명은 엇나가고 배우들은 대사를 하다가
침묵하기를 반복했다.

심지어 한쪽 벽면이 없어 배우들이 뒤로 왔다 갔다 하는 게 다 보이는 무대. 상황은 갈수록 심각해졌지만, 이 공연을 세운 총기획자의 표정은 그럴수록 더 해맑아졌다.

"다행히 전 좋은 대학에 들어가 나름 성공한 작곡가가 되었는데, 전혀 행복하지 않더라고요. 어느새 나는 실패하지 않으려고만 애쓰는 불안한 삶을 살고 있었으니까.

'마음껏 실수하고 실패해도 좋다. 단, 조건이 있다. 본인이 한 말에 끝까지 책임을 져라.'

아이들이 실패를 미처 해 보기도 전에 나서서 가로막는 게 아니라, 그게 실패일지라도 결과를 만들어 보게 하는 것.

그렇게 아이들이 제대로 실패해 보도록 저는 지켜봐 주는 거죠."

김포 콩나물 뮤지컬 제작 꿈의학교_ K교장

나와 친구들의
성장 이야기

무엇이 '잠만보'를 고개 들게 했는가?

> 지혜는 각자가 자신 속에서 스스로 발견해야지,
>
> 어떤 가르침의 형식으로 외부로부터 획득할 수는 없다.
>
> 헤르만 헤세의 '유리알 유희'에서_ 권기록

수업시간이나 평소에 잠이 많은 아이들을 보고 '잠만보'라고 한다. 우리 교실에는 언제부터인가 '잠만보'가 하나둘 늘어 가고 있다. 우리가 어떻게 해야 아이들이 고개를 들지 깊은 고민에 빠졌다. 괴물과도 같은 입시 앞에서 주눅 들어 있는 우리 아이들. 더 많은 지식을 전달하려는 조급한 마음에 각자가 자신 속에서 스스로 발견해야 할 지혜를 찾기란 더욱 멀어 보인다.

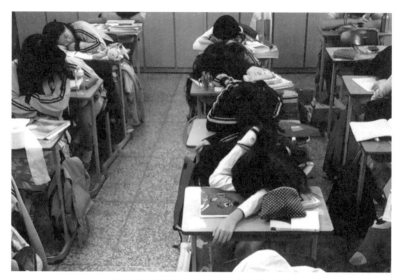

수업시간에 잠을 자는 아이들을 '잠만보'라 부른다.

반면에 꿈의학교에서의 많은 아이들은 활발하고 분주했다. 학교에서는 엎드려 있던 아이가 꿈의학교만 오면 눈이 초롱초롱해지는 이유가 뭘까? 무엇이 아이들을 고개 들게 했을까? 그들의 행동을 관찰하면서 이유를 하나씩 찾아본다.

'책무' 갖게 하기: 내가 맡은 일이니까요.

수업에 의욕이 없는 아이라고 내면에 에너지가 없다고 단정 지을 수 있을까? 경우에 따라 엎드려 있는 아이에게 오히려 넘치는 내적 힘과 열정 그리고 원대한 꿈이 있을 수 있다. 단지 교실의 현실과 그 아이의 이상이 맞지 않아서 의욕이 떨어진 것은 아닐까? 학교는 이런 아이에게 자기가 좋아하는 것을 해 보도록 기회를 준 적이 있는가? 의욕이 없는 아이에게 책무를 준다면 어떻게 변할까?

책무를 주는 것은 사람에 따라 무거운 짐이 될 수도 있다. 하지만 아
이들이 좋아하는 일과 연결된 책무는 아이들의 눈을 반짝거리게 한다.

영화제작을 경험하며 꿈을 키우는 남양주에 위치한 영화제작 꿈의
학교에서 있었던 일이다. 한 아이가 영화제작 활동에 불참할 상황에 놓
였던 적이 있었다. 자기가 빠지면 혹여 친구들에게 누가 되지 않을까 고
민했다.

의욕 없이 무기력한 아이들을 매일 보는 선생님들의 마음속은 까맣
게 탄다. 어떤 이는 교사가 그 아이들을 깨워야 하는 책임이 있다고 말
하지만, 그 아이가 고개를 숙인 데에는 사회의 몫도 있다. 그도 그럴 것

이 성적 상위 10%만을 잘 살게 하려고 나머지는 들러리가 되거나, 심지어 상위권 학생이 좋은 대학을 졸업해도 청년실업자가 되는 경우가 많은 이 사회.

그러나 사회가 바뀌는 것을 기다리기보다 교육을 바꿀 기회에 도전할 수 있다면 바로 실행하는 것은 어떨까? 쇼미더스쿨에서 아이들은 자신의 꿈을 키우기 위해 스스로 만들어 가는 학교의 계획을 발표한다. 그 시작하는 마당에 참석한 어느 꿈지기 교사가 붙임쪽지에 적은 글이다.

아이들이 진행… 바로 이거야!
학교에서 무기력에 잠들어 있는 학생들을 보며 교사로서 자괴감에 빠지곤 했는데, 꿈을 꾸고 아이들이 진행하며 얼굴에 웃음이 가득한 꿈짱들을 보면서 '아, 바로 이거야!'라는 생각이 들었다.

– 쇼미더스쿨에 참석한 어느 교사

아이들은 어른들이 이끌고 가는 것에는 열정이 살아나지 않나 보다. 아이들을 가르치다 보면 평소 많이 까불던 녀석이 학급임원이 되어 달라진 행동을 하는 아이들을 종종 만나게 된다. 책무는 확실하게 아이들을 스스로 움직이게 한다. 더군다나 자신이 좋아하는 일에 책무를 맡긴다면 그동안 상실한 엄청난 에너지와 내적 힘에 열의를 갖게 하며, 스스로 조금씩 균형을 잡아 갈 것이다.

어떤 꿈의학교에서는 다른 친구들에게 설명할 책임을 맡은 아이가 서대문형무소에 5번이나 답사를 다녀왔다고 한다. 이동할 동선과 설명할 거리들을 잘 챙기고 싶어서였다.

아이들에게 책무를 주니 서대문형무소 답사를 다섯 번이나 다녀왔다고 한다.

'흥미' 갖게 하기: 시켜서 해 봐요, 그렇게까진 안 해요.

뭔가에 푹 빠져 있는 사람을 보고 '덕후(일본어 오타쿠)'라고 한다. 최근 들어 자신이 좋아하는 것에 푹 빠져 있는 사람들을 SNS에서 많이 볼 수 있다. 자기가 하고 싶은 것을 하면서 저렇게 좋아하는데, 만약 그것을 교육으로 이끌면 어떨까?

이찬승(2016)은 WISE(World Innovation Summit for Education) 비영리 재단이 실시한 School in 2030의 설문 결과에서 오늘날 학교교육이 무너진 원인은 '학생들이 배우기를 원하는 내용'과 '학생들이 배우고 싶은 내용' 간의 차이 때문이라고 했다. 또 학생들이 참여하고 싶고 몰입할 수 있는 배움의 방식이 서로 달라서라고 말한다.

하고 싶은 것, 즉 배우고 싶은 내용과 참여하고 싶고 몰입할 수 있는 배움의 방식을 학생들에게 최대한 보장하는 학교가 꿈의학교이다.

성남의 한 꿈의학교에 참여한 고등학생 아이들이 학교 실습실에서 보드를 가지고 뭔가를 만들고 있었다. 원래 정해진 시간은 토요일 낮 동안이지만 정해진 시간을 자주 초과한다고 한다. 고등학생들이니 아무래도 대학입시에 관련된 활동이 아닐까 싶어 그 이유를 물어보았다.

상당히 흥미롭잖아요.
그게 아니라요. 보드를 가지고 실습을 해 보니까 상당히 흥미롭잖아요. 흥미로워해요. 오죽하면 특별히 가르칠 강사가 없으니까 자기들끼리 강의를 해요. 여기저기서 배워 가지고 와서 이젠 꽤 실력도 있어요. 웬만큼 안다고 해서 누구를 가르친다는 것은 쉽지 않잖아요. 대학입시에 도움이 되니까 하라고 해도 매번 시간 초과하면서 저 정도까진 안 하죠.

– 성남 보드 꿈의학교 P교사

아이들이 좋아하는 것을 대부분의 어른들은 말리는 경향이 있다. 말려서 될 일은 아니라는 것을 알면서도 말이다. 최근 중학교 남자아이들이 많이 타는 픽시 자전거라는 것이 있는데, 페달을 뒤로 밟으면 뒤로 간다. 위험하기 때문에 대부분의 학교에서는 자전거를 타고 오지 못하게 하고 있다.

그러나 어느 중학교 체육교사들은 이것을 제지하기는커녕 오히려 권장하고 있었다. 자전거를 타고 등교하는 아이들을 두 손 들고 환영한다. 한발 더 나아가 자전거를 매개체로 하여 자전거를 이용한 영상, 자전거 디자인하기, 자전거 설계 등 자기가 자신 있어 하는 여러 가지 분야들과 연결시켜서 다양한 수업을 진행하고 있었다.

내가 하고 싶은 것들
자전거를 엄청 좋아하는 친구들이 와요. 거기다가 내가 하고 싶은 것들을 연결했기 때문에 동기부여가 되지 않았나 싶습니다.

– 광명 자전거 꿈의학교 L교사

픽시 자전거는 체인만 있고 스프라켓과 트레일러가 없어 앞뒤로 움직일 수 있다. 자전거를 소재로 여행, 설계, 정비, 음악, 디자인, 영상 팀을 꾸려 수업을 진행하고 있다.

꿈의학교는 아이들의 꿈의 장을 마련한 학교 밖 공교육이다. 개인적 비용이 들지 않기 때문에 많은 학생이 꿈의학교를 다닐 것이라 예상하기 쉽지만 실상은 그렇지 않다. 오히려 비용이 들수록 출석률이 높은 것이 요즘의 추세다. 그럼에도 포기하지 않고 계속 아이들이 꿈의학교에 다니는 이유는 아이들이 좋아하는 것을 하기 때문이었다.

아이들이 좋아하는 자전거를 소재로 여행, 설계, 정비, 음악, 디자인, 영상 등의 수업을 이끌 수 있다.

재미로 느끼니까
무료 교육이다 보니 재미없으면 등록만 해 놓고 안 와요. 조금이라도 애들이 좋아하지 않으면 학부모들은 시간 낭비다 싶어 아이를 안 보내죠. 오케스트라의 경우도 지루한 연습 과정 같지만 합주의 즐거움과 감동이 학생들에게 재미로 느껴지니까 학생들이 꾸준히 오는 거지요.

– 성남 램프 꿈의학교 A교장

'실패 경험' 갖게 하기: 응원합니다. 이불 킥!

꿈의학교는 마음껏 실패하는 학교이다. 누군가는 실패의 경험은 젊을수록 좋다고 했다. 누구나 실패는 하기 마련이다. 실패의 기회가 오히려 최고의 배움의 기회가 되고 극복하려는 의지가 생기기도 한다. 이런 이유로 실패를 권장하는 꿈의학교와 실패를 극복하는 과정을 성장의 과정으로 여기는 어른들이 있다. '실패해도 좋다' 그리고 '정말 실패해도 괜찮다'는 학교가 바로 꿈의학교다.

> **이불을 확 차고 일어나**
> 밤에 자려고 누우면 요즘에 있었던 고민들, 그날 있었던 내가 한 실수 때문에 쪽팔리고 미안하고 열 받고 자다 말고 혼자서 이불을 확 차고 일어나서 '내가 왜 그랬지?' 하는 것에서 아이들이 성장한다고 생각해요.
>
> – 꿈의학교 담당 R장학사

핀란드의 헬싱키초등학교에서는 실패하는 법, 다시 시작하는 법, 스스로의 힘으로 성공하는 법, 실패했을 때 어떻게 대처해야 하는지를 배운다고 한다. 일부러 실패 워크숍도 열린다고 하니 이왕 실패할 거라면 이른 나이에 많이 경험하는 게 중요하다는 생각이다. 우리가 만나 본 꿈의학교의 대부분은 실패를 경험한다. 그러한 실패 속에서 아이들 스스로 지혜를 얻고 배우게 된다.

일부러 실패 기회 주기

학생들이 실패해도 좋은 시간을 담보해 주려고 해요. 어른들이 이렇게 하면 '실패할 거야'라고 하면 아이들은 어른들을 의지하게 돼요. 그래서 여름에 '꽈당 콘서트'를 하는 이유도 실패하는 기회를 일부러 주고자 여는 것이죠. .

– 김포 콩나물 뮤지컬 제작 꿈의학교 K교장

현재는 전 세계 30여 개 나라에서 '실패의 날'을 정해 자신의 실패 담을 이야기한다고 한다. 아이들이 마음껏 실패를 하는 것은 기회의 장을 마련하는 일이기에 실패로 인해 생기는 시간과 경제적 손해를 두려워할 필요는 없다.

실패에는 경제적인 손해도 따르고 시간 낭비도 따른다. 그러나 그런 것쯤은 아이들도 알고 있었다. 실패의 손해로 인해 실패를 두려워하는 사람은 학생이 아니라 어른들이었다.

세금 낭비 아닌가요?

영화는 안 찍고 아이들끼리 우왕좌왕하는 모습을 보고, 학부모가 불평을 했던 일이 있어요. 학부모가 보기엔 아무것도 안 하고 있는 거 같으니 세금 낭비 아니냐, 강사료 낭비 아니냐, 항의를 하시더라고요. 그때 꿈의학교 의도를 설명드렸지요.

– 성남 램프 꿈의학교 A교장

영상을 제작하기 위해 대여한 하루 치 장비의 가격을 고민하는 운영진의 마음과 토요일 자는 아이들을 깨워 꿈의학교로 보낸 학부모의 마음, 정해진 시간에 모든 촬영을 마쳐야 한다는 중압감을 가지고 있는 꿈의학교 교장 선생님의 심정은 까맣게 속이 탈 수도 있다. 그러나 한편으로 생각해 보면 아이들이 실패를 통해 배우는 값진 경험은 돈으로 살 수 있거나 앉혀 놓고 자세히 설명한다고 배울 수 있는 것은 아닐 것이다.

> **지금 잘하지 못해도 괜찮다.**
> 무엇을 못하는 이유는 그 상황을 회피하기 위한 것이었습니다. '인생에서 지금 이 순간 잘하지 못해도, 쉬었다 가도, 다른 길로 가도, 지금 잘하지 못해도 괜찮다'라는 말들이 위로가 되었습니다.
>
> – 쇼미더스쿨 참가 학생

처음 시도해 보는 요리지만 그 엉뚱함에 또 다른 창의적 사고를 유발할 수 있다.

'부족하게' 하기: 때로는 궁핍하게, 때로는 절실하게

톰 행크스 주연의 영화 'CAST AWAY'는 한 택배기사가 무인도에 표류하면서 벌어지는 일을 담고 있다. 그는 살아남기 위해 가지고 있는 몇 안 되는 물건들로 다양하게 쓸모를 궁리할 수밖에 없었다. 배구공으로 말동무 친구를 만들고, 스케이트의 날을 분리해 도끼로 쓰고, 망사 치마로 그물을 만드는 식이다. 그 정도만 가지고 그곳에서 강인하게 4년을 지내고 손수 만든 보트로 결국 섬을 탈출하게 된다.

대부분의 사람들은 궁핍하고, 절실하면 스스로 생각하고 이를 극복하기 위해 움직인다. 어느 꿈의학교에서도 아이들에게 부족하게 하여 그들이 이를 깨닫고 스스로 움직이게 하고 있었다.

> **궁핍해야 스스로 해결책을 찾죠.**
> 궁핍해야 해요. 넉넉하면 해결책을 스스로 찾지 않아요. 카메라가 없다. 그럼 어떻게 해서든 빌려요. 빌린 시간만큼 집중해서 찍고, 비용이 비싸서 재촬영이 어려우니까. 만약에 넉넉해 봐요. 카메라를 사 주는 거예요. 그럼 망치게 되죠. 조금 힘들면 내일 찍지 뭐 이렇게 되는 거라고요.
>
> – 남양주 영화제작 꿈의학교 L교장

남양주 영화제작 꿈의학교 교장 선생님은 어렵고 궁핍하던 젊은 시절을 보냈다. 궁핍 그 자체가 오히려 삶의 원동력이 되었던 시절과는 다르게 지금 아이들에게 궁핍은 체험이나 실험일 수 있을지 모르지만 적어도 절실하게 만들면 아이들은 움직인다. 손쉽게 궁핍하게 만드는 방법이 있다. 절실하게 하는 것이다.

'요리책처럼 따라 하라'는 말이 있다. 일명 판박이 교육이다. 만들려하는 요리의 레시피를 똑같이 따라 해야 그나마도 비슷한 정도의 요리를 만들어 낼 수 있기 때문에 따라 하는 것은 중요한 과정이다. 다른 교육도 아닌 말 그대로 엄격한 요리교육에서 그 절대적인 규칙을 깬 것이 '집밥백선생'이라는 프로그램이다.

먼저 요리선생님은 제자들에게 만들고 싶은 떡볶이를 마음껏 만들어 보게 한다. 제자들은 좌충우돌 짜고 맵고, 너무도 달게 자신만의 방법을 총동원해 떡볶이를 만들고 서로 맛을 보며 크게 웃음을 띤다.

"자, 그럼 이제 제가 한번 해 볼까요?"

요리선생은 학생들이 레시피가 절실히 필요할 때 나선다. 요리 중에 "이때 어떤 제자는 이렇게 했지만, 나는 이렇게 한다."라고 말하면 제자들은 "아!" 하고 나름 깨달음의 탄성을 이어 간다.

"이제 다 끝났어요. 맛 좀 봐요!"

이때 제자들은 나도 할 수 있다는 자신감이 넘친다. 요리책처럼 하면 정답에 빠르게 도달할 수 있지만 학생들에게 절실한 궁금증과 목마름을 조장한다면 눈을 크게 뜨고 스스로 적극적으로 움직인다.

톰 행크스의 주연 영화 〈CAST AWAY〉의 한 장면
궁하면 통한다고 주인공은 열대 지방에서는 필요 없는 스케이트로 도끼를 만들고
배를 만들어 무인도에서 탈출한다.

'생활(삶)과 배움(앎)' 연결하기: 생활에 적용 가능하니까

우리는 생활 현실에서 배우고 깨닫게 될 때 배움의 즐거움을 더 느낄 수 있다. 그러나 우리의 현실에서 배움은 시험문제에 출제되는지에 따라 가치가 결정된다. 이것이 우리 아이들의 삶에 얼마나 풍요로울 수 있을지 의문스럽다. 애초에 배움이란 즐겁고, 배워서 이치를 깨닫고, 알게 되어 생활에 적용할 수 있는 것이다.

'우리가 하고 싶은 것으로 세상을 이롭게 하자'라는 것을 목표로 하는 의정부에 위치한 어느 꿈의학교에서는 더 이상 지식이 배움의 중심이 아니라고 한다. 배움은 생활을 위한 학습이라고 한다.

의정부 꿈이룸학교의 더혜윰 프로젝트 주제

분야	프로젝트 주제(2016~2017)
공학	• 가습기 살균제 속 유해물질 탐구 • 누진세 문제에 대한 해결 방안 탐구 • 시각장애인을 위한 기술 탐구
정치/법	• 청소년 정치적 자유 침해에 대한 연구
인문	• 가족관계 혹은 가족과 사회에서 강요받는 역할에 대한 문제 연구 • 또래 집단이 개인에게 미치는 영향에 대한 연구
환경과학	• 폐기물 에너지를 활용하는 문제에 대한 연구 • 일회용 생리대가 인체에 미치는 영향에 대한 연구
의학	• 현대인들이 많이 걸리는 정신적 질환에 대한 접근과 치료법 연구 • 고등학생 우울증 자기 인식과 실태 분석 및 우울 지표 개발
언론	• 편견으로 억압된 청소년의 표현의 자유 문제에 대한 해결 방안 탐구 • 방송 분야별 문제 분석 및 발전 방향에 대한 연구
문화예술	• 일상생활에서 일어나는 극단적 유행의 문제에 대한 연구 • 영화 속 콘텐츠 연구(과거 · 현재 · 미래 전망, 영화 상영 전 광고)
자연과학	• 빛 공해가 뇌에 미치는 영향과 빛 공해를 줄이기 위한 방안 탐구
교육	• 교육의 효율성에 대한 문제해결 방안(경쟁 vs 협력) • 학생참여형 수업의 문제점과 한계 및 개선 방안
사회경제	• 청년이 생각하는 좋은 일자리에 대한 연구 • 외국인 노동자의 인권 및 제도에 대한 실태 조사 • 지역사회 문제를 해결하는 사회적 기업 사례 연구 • 청소년 범죄의 원인에 대한 연구와 해결 실마리 찾기 • 의정부 청소년 아르바이트 실태 조사

중고등학생 수준의 삶을 아는 과정이라는 나름 멋있는 연구뿐만 아니라 초등학생이 주도하는 배움의 과정을 얼마든지 꿈의학교에서 확인할 수 있다. 실생활을 통해 배움을 이어 나가는 남양주 사과나무 숲 꿈의학교에서는 아이들에게 하고 싶은 주제를 마음껏 이야기하고 여러

주제를 모아서 실행에 옮긴다. 초등학생들은 주로 그들의 생활 속에서 좀 더 알고 싶은 주제를 찾고 연구한다. 주제 분야에 대한 전문가가 될 때 까지 앎을 파고든다.

생활 속에서 얻은 것

어디서든 자기는 불 하나는 확실하게 피울 수 있다고 불 피우기 전문가래요. 뭐 하나 자신 있다고 얘기하는 걸 보기가 쉽지는 않아요. 생활 속에서 큰 것을 얻었다 생각해요.

– 남양주 사과나무 숲 꿈의학교 K학부모

우리 아이들의 삶은 거센 바람과 같고 거친 파도와도 같다. 그 바람과 파도가 방파제를 넘듯, 어느 날은 세상 속으로 뛰어나가고 싶어 한다. 남양주의 영화제작 꿈의학교에서는 학생들의 삶을 배경으로 한 영화제작이 한창이다. 영화 속 이야기를 통해 가출을 생각해 본 그 막막함을 예술로 승화하는 배움의 현장이다. 여기서도 자신의 삶을 예술을 통해 남을 이해하는 앎으로 연결하고 있었다.

가출 청소년을 만나서

제목은 '출가'예요. 삶에 지쳐 무턱대고 집을 나와서, 새로운 공간을 찾아가요. 거기서 또래 가출 청소년을 만나게 됩니다. 그들은 서로의 이야기를 하다 삶의 의미를 찾고 집으로 돌아가게 됩니다. 그 친구의 삶은 엄마는 바빠서 냉장고에 인스턴트만 넣어 주는, 아주 단조롭고 소통도 없고, 가정의 의미가 없는 상황인 거죠.

– 남양주 영화제작 꿈의학교 P학생

배움의 앎과 생활의 삶이 일치할 때 모두가 즐겁다.

어떤 모습으로 성장했나요?

"인생이 배우는 시기와 배운 것을 써먹는 시기로 나뉘던 시대는 지났다.
우리 자녀 세대가 40대가 되었을 때 그들이 학교에서 배운 내용 중
80~90%는 쓸모없을 확률이 높다"_ 유발 하라리(Y. U. Harari)

아이들은 '지식을 전달'하는 학교에 이미 지쳐 있다. 학교에서는 자꾸 지식과 정보를 전달하려고 하는데, 아이들은 그 자체를 궁금해한다. '인터넷을 이용하면 쉽게 지식과 정보를 찾을 수 있는데 왜 자꾸 가르치려 하지?'

하라리는 이제 더 이상 지식이 인간의 성장에 밑거름이 되지 않는다고 말한다. 4차 산업혁명의 시대에서 살아갈 지금의 아이들은 지식을 많이 알고 있기보다 문제를 해결하는 역량을 갖춘 사람이 잘 사는 시대

에 살 것이다.

따라서 이제부터라도 교육은 지식 전달보다 개인이 습득할 역량에 초점을 맞춰야 한다. 그리고 그 역량이 성장할 때 개인과 개인이 속한 공동체도 함께 성장할 수 있다.

꿈의학교는 학생의 성장과 공동체의 가치에 초점을 둔 활동들이 수없이 진행되었다. 개인과 공동체의 성장 키워드는 바로 '스스로'와 '더불어'이다.

열정에 관한 '질문': 그들 얘기지, 저희 얘기가 아니잖아요?

아이들은 많은 질문을 한다. 특히 한참 말을 배우는 시기에는 끊임없이 묻고 또 묻는다. 이 세상에 궁금한 점이 그렇게도 많을까? 아이들의 질문은 세상에 대한 질문이다. 달이 왜 자꾸 나를 따라오는지, 원의 360도는 왜 360이라는 숫자를 사용하는지 원을 100도로 두면 어떨지가 궁금하다. 죽음 이후에는 어떤 것이 있는지, 젊은 사람을 왜 꽃으로 비유하는지, 왜 물속에서는 숨을 쉴 수가 없는지, 왜 시간을 거꾸로 돌릴 수는 없는지도 궁금하다. 모든 질문의 답을 다 이해할 수는 없어도 조금씩 이해하면서 아이들은 세상을 알고 조금씩 성장하게 된다.

아이들에 비해 어른들은 세상에 익숙해져 있어 더 이상 질문을 쏟아 내지 못한다. 인류가 지금처럼 발전한 것은 아이들이 세상에 대한 질문의 답을 찾아가는 과정을 통해 발전한 것은 아닐까, 마치 뉴턴이 사과나무에서 떨어지는 사과를 보며 질문했던 것처럼.

무심코 내뱉은 질문을 존중

아이가 무심코 내뱉은 질문들을 꿈의학교에서는 굉장히 존중해 주셨어요. 그걸 찾아가는 것이 매우 의미 있다고 생각합니다. 솔직히 부모인 저도 그런 질문들을 듣고도 무시했을 수도 있거든요.

– 남양주 사과나무 숲 꿈의학교 O학부모

아이들의 영화 만들기는 영화제작에 대한 호기심과 의지에서 시작해서 다양한 질문들로 시작된다. 시나리오에 대한 질문, 영화 촬영 도구에 대한 질문, 연출에 대한 질문, 녹음에 대한 질문 등 이러한 질문들을 조금씩 해결하는 과정은 영화제작을 배워 나가는 과정이다.

어떻게 만들어요, 영화는?

처음에 꿈의학교를 들어온 이유는 '영화를 만들고 싶다'였어요. 그런데 그것만 가지고 영화를 찍을 수는 없잖아요. 선생님께 하나씩 질문하면 옆에서 기초부터 차근차근 가르쳐 주시고 우린 배워 갔어요.

– 남양주 영화제작 꿈의학교 L학생

아이들의 질문은 때론 도발적인 경우가 있다. 꿈의학교에서는 이러한 질문들을 하는 아이들을 오히려 반긴다. 아이들의 기존 사회에 대한 질문이나 기존에 있는 예술에 대한 질문은 그 사회의 구조와 그 예술 작품을 극복하고, 이보다 한 단계 올라서려는 마음에서 시작되는 것을 알기 때문이다.

단순히 따라 하는 랩은 래퍼들의 이야기지 자신들의 이야기가 아니다. 그렇기 때문에 나의 이야기를 랩으로 표현하는 것에 대해 당당히 질문하는 것이 아이들을 성장하도록 하는 시작임을 알 수 있다.

그들 얘기지, 저희 얘기가 아니잖아요?
래퍼를 따라 하는 것은 그것은 래퍼들의 얘기지, 저희의 얘기가 아니잖아요? 내가 표현하는 거니까 내 안에 있던 거, 내 얘기를 다 감정을 실을 수 있기 때문에, 저에게 의미가 있어요.

– 군포 랩스쿨 꿈의학교 K학생

질문은 호기심에서부터 나온다. 스스로의 열정은 질문에서 시작된다.

꿈과 관련된 수많은 '상상': 상상은 현실이 될 수 있다.

무한한 상상력이 창의적인 사회를 만들 수 있다. 4차 산업혁명 시대에 살아가게 될 아이들에게 권장해야 할 일은 마음껏 상상하고 상상하는 힘을 높이는 일이다.

아이들은 끊임없이 상상하고 지금껏 경험해 보지 못한 현상이나 사물들을 마음속에 그려 보는 생각들로 새로운 아이디어를 제시하곤 한다. 아이들이 상상한 내용을 들어 보면 언제나 어른들에 비해 고정된 틀이 없고 건전하다.

그래서 교육의 장에서는 기발한 아이디어들을 아이들이 내고 어른들은 이 상상을 현실로 옮길 수 있도록 도와주어야 한다. 꿈의학교에서는 아이들의 상상이 실현될 수 있도록 존중하고 돕고 있었다.

자신이 랩스쿨을 차려 보겠다는 학생이 있다. 랩을 열심히 배우고 익혀서 좀 더 멋진 래퍼가 되어 랩을 가르치는 학교인 랩스쿨을 만들겠다는 것은 그야말로 멋진 상상이다. 이러한 멋진 꿈을 미래가 아닌 지금 당장 시작하면 어떨까?

왜 굳이 먼 미래에
랩이 좋아요. 10년 후에 랩스쿨에 있을 제 모습을 상상해 봤어요. 그랬더니 선생님께서 왜 굳이 먼 미래에, 랩에 관해 대단한 사람이 되어서야 뭘 하려고 하냐, 지금 당장 랩스쿨 차리면 어떻겠니.

– 군포 랩스쿨 꿈의학교 K학생

의정부 꿈이룸학교에서는 아이들이 상상한 것을 실현하고자 노력하는 선생님들이 계신다. 아이들의 상상은 창업이라는 틀에서 시작되었다. 단순한 돈벌이로서의 창업이 아니라 사회적 약자에게 필요한 것을 생산하고 일반인들의 인식을 개선하고자 노력했다. 구체적인 계획을 세우고 실제 실행하는 모든 과정을 꿈의학교 선생님들이 도왔다. 아이들의 상상이 현실로 이루어져 '꿈을 이루는' 꿈이룸학교였다.

- "다양한 시선으로 보는 이야기" 주제로 **사회적 약자**(장애인, 아동, 청소년, 여성, 성소수자 등)들을 위한 인식 개선, 물품 판매 후 기부
- 개성 있는 **가죽제품** 디자인, 직접ㆍ제작, 홍보, 판매
- 잊어서는 안 되는 역사적 사실(베트남 전쟁)을 위한 캠페인과 픽토그램 물품을 제작 판매
- 학교 밖 청소년에 대한 인식ㆍ개선, 편견 없고 **평등한 세상**을 위한 굿즈 제작, 문화 기회, 인터넷사이트 운영
- "세상을 **밝게** 비추리" 주제로 관심이 필요한 대상들을 위한 다양한 텀블러 제작, 기부 활동 진행
- 의정부 어르신들에게 업사이클링 제품 제작 의뢰, 고령화 시대의 사회적 기업 운영
- 몽실학교 안에서 다양한 프로젝트 활동을 위한 **밥집 창업**, 발효식품 상품 개발
- 꿈이룸학교의 시작부터 지금까지의 이야기를 담은 **책 출판**
- 몽실학교 옥상에서 벌을 키워 **도시 양봉**을 통해 환경 개선, 생태계 복원 프로젝트

아이들의 상상은 공허하지 않다. 상상이 정말 현실로 바뀔 수 있기 때문이다.

상상은 공허하지 않았다. 더욱이 아이들이 하는 상상은 가치가 있었다. 상상은 높이 쌓아 가는 성과도 같다. 멋지고 튼튼한 성을 쌓으려면 돌을 다지고 그 위에 또다시 돌을 얹어야 하듯이 상상한 것을 조금씩 현실로 이루었을 때, 그 이룬 것을 발판 삼아 또 다른 상상을 할 수 있게 된다.

상상은 현실이 될 수 있다.
"상상하던 것을 실현하는 방법은 내가 실행하면 된다. 괜찮다. 말만 하지 말고 정말 괜찮아져라. 상상을 불가능으로 결정짓지 마라. 상상은 현실이 될 수 있다."라는 강연이 정말 힘이 났다.

– 쇼미더스쿨 참가 학생

당차게 맞서는 모습 '도전': 카페를 운영하고 싶어요.

도전은 맞서는 것이다. 그것도 당차게 맞서는 것이다. 언제나 처음 맞서는 대상은 낯설고 두려운 법이지만 나이가 어릴수록, 그 대상에 대해 모를수록 무모하고 당당하게 도전할 수 있다. 사실 아이들의 무모한 도전은 아름답기까지 하다.

고양 꿈꾸는 뿌리 꿈의학교에서는 제일 처음 둥그런 탁자에 모여 1년 동안 자기가 도전하고 싶은 과제를 적는다. 2017년 현재 150명 각자의 의견이 각양각색이다. 동영상, 연극, 뮤지컬, 방송 등을 하나의 주제로 묶고, 시, 작곡, 악기 등을 또 다른 주제로 묶어 총 15개로 모아 주제 워크숍을 하였다. 이 주제를 어떻게 실행할지 고민하면서 활동 계획을 세우도록 했다. 그리고 최종 결과는 포트폴리오에 담아 출판하는 형식이다. 뭐든지 도전하고 성공하든 실패하든 그 안에서 성장한다.

도전은 자신의 진로와 결부될 때 꽃을 피운다.

자전거를 타고 조립하고 수리하는 과정에서 수송수단에 대한 관심은 분명 높아졌다. 그렇다고 그 정도의 관심만으론 자신의 진로를 결정하는 데에는 한계가 있다. 시작하고 진행하다 보면 자신의 적성을 발견하게 되고, 이 분야에 도전하는 것이 의미가 있다는 것을 발견하게 된다.

도전하는 자에게만 가능한 일은 분명 존재한다. 대부분 일반 고등학교를 입학하고 많은 사람들이 가려는 길에 들어서는 것에 비하여 흔히 가지 않는 길에 들어서는 것은 말 그대로 도전이다.

도전에는 감동이 있다. 높은 산의 정상에 올라가는 도전에 감동이 없다면 누가 오르겠는가? 도전의 장은 항상 열려 있지만 누가, 언제, 그곳에 서 있느냐는 또 다른 문제이다. 모든 도전은 곧 감동이기에 꿈의학교에서는 도전만으로도 의미가 있다.

신체에 장애가 있는 학생이 자전거를 타고 친구들과 함께 어울려 자전거로 힘껏 달려 보겠다는 마음은 도전이다. 도전하는 마음을 가진 사람에게 장애란 없다. 당차게 맞서는 아름다움만 있을 뿐이다.

장애가 있는 친구의 자전거 타기

도움반 친구가 한 명 있었어요. 신체적인 장애로 안전에 관해 걱정을 많이 했어요. 나중에 학부모님께서는 아이가 많이 밝아졌다고 하셨어요. 제가 봐도 신체적으로도 많이 성장했고, 친구들이랑 같이 어울리다 보니 마음에 큰 변화가 온 것 같아요. 그 학생이 발표회에서 소감을 말하는데 뭉클해지더군요.

– 광명 자전거 꿈의학교 L교사

우리에게 도전의 길은 항상 존재한다. 그 도전의 길에 발을 딛자.

면밀하게 준비하는 '기획' : CGV에서 저희 작품 상영해요.

일을 함에 있어 계획하는 능력이 기획력이다. 기획력과 관련된 이론만 가지고서는 아이들의 기획력을 향상시킬 수 없다. 실제로 활동을 해 보며 시행착오를 겪어 봐야 한다. 기획력은 경험과 성찰에 의해 성장하기 때문이다.

남양주 영화제작 꿈의학교에서는 영화제작에 관심을 가지고 있는 아이들이 모였다. 영화를 찍고 싶다는 단순한 호기심과 흥미를 가지고 시작한 일이지만 실로 어마어마한 기획 능력이 필요하다는 것을 아이들은 느낀다. 스마트폰으로 동영상을 몇 번 찍어 본 수준으로는 버거운 일이다. 그래서 아이들이 할 수 있는 분량만큼 2~3명에게 각각의 감독의 역할을 분배해 주었다.

스스로 체크하고 분량 나누기

어떤 영화를 찍을 것인지부터 시나리오, 스토리 선택 등을 학생 스스로가 해요. 써오고, 토론하고, 그것이 실현 가능한 것인지 본인들 스스로가 점검하고 분량을 나눠요. 그래서 감독이 2명 혹은 3명이 될 수도 있어요. 일정 계획, 장소 섭외도 마찬가지고, 소품도 스스로 사 가지고 와요. 아예 예산도 아이들에게 주어 운영하도록 했어요.

– 남양주 영화제작 꿈의학교 L교장

기획은 자기주도적인 과정이다. 영화를 찍기 위한 기획에는 주제 선정 협의, 시나리오 협의, 촬영 협의, 음향 협의, 배경이 되는 공간 협의 등을 해야 한다. 즉 고민해야 하는 수많은 경우를 예측하는 것도 기획이라고 할 수 있다.

꿈의학교에서는 제작된 영화의 수준에 관심을 갖지 않는다. 영화제작은 기획의 능력을 기를 수 있는 매개였다. 특히 아이들이 기획하여 만든 영화를 마을의 큰 영화관을 대관하여 상영하는 것은 이들에게 더없이 큰 기획의 결실이었다.

큰 스크린으로 보는 내 영화
준비하는 과정이 힘들었거든요. 촬영이 끝나고, 영상이 하나씩 완성과 함께 편집과정을 거쳐 완성된 영화를 영상제에 출품했는데, 상을 받아 영화관에서 상영이 되었어요. 내가 만든 영화를 큰 스크린에서 보게 되었는데, 기분이 묘했어요. 1년 동안 고생했던 게 다 보이니까요.

– 남양주 영화제작 꿈의학교 P학생

하나를 배우면 열을 안다는 말은 지식을 습득했을 때보다 능력을 갖추었을 때 더 적합한 말이다. 꿈의학교 한 곳에서 배운 기획 능력을 다른 꿈의학교와 함께 연합발표회를 하다 보면, 그 능력이 더 상승하는 것을 보게 된다.

일반적으로 발표회는 어른들이 기획하는 경우가 많고 누군가에게 보여 줘야 한다는 심리적 압박감으로 긴장감의 경연장이 된다. 그러나 꿈의학교에선 아이들에 의한 아이들을 위한 발표회다.

우리들의 발표회
보통 발표회는 어른들의 행사였다면, 우리들의 발표회는 사회, 안내, 접수, 홍보물 제작까지도 우리가 다 해요. 각 꿈의학교 발표 기획단 친구들끼리 만나 협의하고 그래요. 역할 분담도 하고 다 함께 쓰는 홍보물 제작에 대한 내용, 촬영은 어떻게 할 것인지, 이런 내용을 협의해요. 간식은 무엇으로 할 것인지까지도요.

– 고양 꿈꾸는 뿌리 꿈의학교 C학생

기획에는 있으나 계획에는 없는 것이 있다.
그것은 왜(Why) 일을 추진하는지에 대한 목표와 방향이다.

함께 일을 추진하는 '협업' : 배우 업고 홍대거리를 뛰었어요.

함께 계획하여 일을 추진하는 것을 협업이라고 한다. 아무리 어렵고 힘든 일이라도 함께하면 이뤄 내는 것, 어느 때는 개인들의 능력을 합한 것을 넘어서는 것이 협업이다.

뛰어난 스펙이 있는데 불협화음을 내는 사람보다는 스펙은 부족해도 협업을 잘하는 사람과 함께 일하고 싶은 이유는 일이 끝나도 사람이 남기 때문이다. 이보다 더 큰 소득은 없다.

꿈의학교에는 모두 다른 아이들이 모인다. 나이도, 성별도, 학교도 다르다. 학교를 다니지 않는 아이도 있다. 그러다 보니 아이들의 역량도 모두 다르다. 그래서 협업을 할 때 시너지가 발생하는 경우가 많다.

사과나무 숲 꿈의학교에서는 협업을 중요시하고 있다. 수업의 1/3 기간 동안 협업을 위한 팀을 구성하는 데 시간을 할애한다. 그 과정을 거치고 나면 팀에 대한 결속과 각자의 역할에 큰 애정을 느끼게 된다.

협업은 인간미를 만들어 낸다. 내 일만 잘한다고 될 일은 아니기 때문이다.

애초에 자기 팀의 일원이 아니었던 배우가 난관에 처했을 그 친구를 돕는 모습이 놀랍다. 일이 힘들 땐 '너 때문이야'라고 말하기 쉽다. 협업이 잘되는 곳에서는 '너도 잘돼야 나도 잘된다'라고 한다. 협업은 아이들이 더 잘한다. 우리 어른들은 슬리퍼를 사다 줄 수는 있어도 친구를 업고 뛰는 열정이 과연 있을까?

꿈의학교 오케스트라는 악기 연주 실력을 높일 수 있는 기회보다도 협업에 더 큰 의미를 둔다.

베네수엘라의 엘 시스테마 오케스트라는 단순히 악기 연주 실력에 관심을 갖기보다는 빈민가 어린이들의 자기 존중감과 감수성을 일깨우는 데 더 관심이 있었다고 한다. 오케스트라의 웅장한 연주 속에서 나의 존재감을 확인한다면 내가 나를 소중히 여기게 된다고 한다. 악기 하나만으로도 자존감이 높아진다는데, 오케스트라처럼 다양한 악기들의 협업은 더 말할 필요가 없을 듯하다.

열린 분위기, 협력 분위기예요.
일반 학원이나 방과 후에 하는 오케스트라는 초보끼리 묶이고 경력자끼리 묶여요. 그러나 꿈의학교는 달라요. 초등학생부터 고등학생이 다 함께 모여 있어 친구들끼리 가르치기도 하고 동생이 오빠를 가르치기도 하고 그래요. 협력이 우선인 분위기죠. 솔직히 다른 데서는 악기에 관한 한 경력자들이기 때문에, 소리를 잘 내는 자리를 차지하기 위해 경쟁이 치열하죠.

– 안양 오케스트라 꿈의학교 K학부모

협업은 감동이 있는 기적이다. 협업을 통해 얻을 수 있는 것은 무한하기 때문이다.

성장을 위해 고민하는 '성찰' : 나를 생각할 시간이 필요해.

단순히 지식이 쌓인다고, 실수가 쌓인다고 성장하지는 않는다. 자신의 일을 돌이켜 반성하는 성찰이 있어야 성장한다.

성찰하는 모습은 사실 쉽게 눈에는 띄지 않는다. 하지만 꿈의학교를 운영한 운영자들은 아이들이 성장한 모습이 보였기에 망설임 없이 소개했다. 아이들은 성찰을 통해 지금까지 겪은 일을 자신의 소중한 자산으로 삼고 내 것이 된 만큼 이를 대하는 태도와 자세도 함께 달라졌다.

태도가 바뀐 아이들

처음에는 아이들이 무엇을 해야 할지 모르는 경우가 있었어요. 심지어 복장, 태도나 언행이라든지 지도가 많이 필요했죠. 그런데 꿈의학교 연말에 수료식을 할 때는 아이들이 태도가 바뀌어 있었어요. 발표를 하는 모습에서 진지함이 보였죠. 나름대로 무언가 완수를 한 것이란 생각이 듭니다.

– 광명 자전거 꿈의학교 L교사

실수는 누구나 할 수 있다. 그리고 성찰을 통해 그 실수는 큰 배움이 될 수 있다.

재료비만 가지고 무대를 다 꾸밀 수 없다. 특수한 일에는 인건비가 들기 때문이다. 아이들도 당연히 알겠거니 했다가 그 일로 말미암아 다른 예산을 빠듯하게 운영해야 했다고 한다. 그러나 실수한 아이가 또 실수할 확률은 그만큼 줄어들 것이다.

인건비를 생각 못한 거죠.

제작진과 미술팀의 자잘한 사고와 실패가 있었어요. 전체 예산 운영도 학생들이 하는데, 미술팀이 전체 예산의 1/3을 미술재료로 사용해 버린 적이 있었어요. 인건비를 생각 못한 거죠. 이 문제로 다른 학생들의 간식을 많이 줄여야 했어요. 학생들이 저지르고 실수를 수습하고 책임지도록 하는 경험도 필요하니까요.

– 김포 콩나물 뮤지컬 제작 꿈의학교 K교장

성찰에는 시간이 필요해 보인다. 조금 돌아가더라도 성장하기 위한 시간이 필요하다. 자기를 돌아볼 시간 말이다. 성찰은 종용하거나 다그쳐서 될 일은 아니지만 자신 만의 몫이라고 그냥 놔두기만 한다고 될 일도 아니다.

만들어 가는 꿈의학교의 쇼미더스쿨에서는 다 함께 위로를 통한 성찰의 시간을 가졌다. 성장의 모습이 쉽사리 눈에 보이지는 않아도 그들의 말과 글에서 성찰을 통해 마음이 조금씩 성장하는 것을 볼 수 있었다.

괜찮아. 정말.
인생에서 지금 이 순간 잘하지 못해도, 우울하지 않아도 된다. 쉬었다 가도, 다른 길로 가도, 지금 잘하지 못해도 "괜찮아."라는 말들이 위로가 되었다.

– 쇼미더스쿨 참가 학생

지식과 경험이 쌓인다고 성장하지는 않는다. 돌이켜 반성하는 성찰의 시간이 있어야 성장한다.

바람직한 절차와 운영 '민주성': 우리 이거 어떻게 할까요?

남들을 배려해서 많은 일을 도맡아 하는 경우가 있다. 누군가는 고마워하겠지 하는 마음에서 시작되었거나, 다른 사람에게 일일이 다 설명하느니 혼자 하는 편이 더 빠르다고 생각했을 것이다. 그러나 그것이 공동의 문제라면 분명 혼자 할 일은 아니다.

작은 일이라도 같은 문제에 대해 인식을 하고 공동으로 해결점을 찾고, 문제를 풀어 간다면 함께 성장할 것이다. 그리고 문제를 푸는 방식조차 구성원들의 선택에 의한 것이어야 의미가 있다.

꿈의학교에서는 민주성을 중요한 가치로 여긴다. 정치적이거나 사회문제의 해결점을 찾기 위해 토의하는 것도, 무언가를 창작하는 과정에서도 함께 모여 서로의 생각을 나누는 것도 민주적인 모습이다.

> **함께 수다 떨어야 아이디어가 나와요.**
> 모두 함께 수다를 떨다 보면 아이디어가 쏟아져 나와요. 장면 장면에 대한 학생들과의 토론 과정이 충분히 이뤄져요. 그럴 때 번뜩이는 아이디어를 곡이면 곡, 극이면 극, 안무면 안무로 발전되도록 하는 거죠.
>
> – 김포 콩나물 뮤지컬 제작 꿈의학교 K교장

사람들끼리 문제를 해결하는 모습 속에서 민주적인 태도를 확인할 수 있다. 나이가 많아서, 경력이 많아서, 남자 혹은 여자라서, 지위가 높아서 작은 의견이 무시되는 것은 민주적인 태도와는 거리가 있다. 대부분의 꿈의학교에서는 무학년제로 운영되기 때문에 나이와 상관없이 민주적인 태도로 평등하게 논의할 여건이 조성되어 있었다.

협의하는 방법을 도출하기

촬영 장소, 의상 선정과 같이 결정이 필요한 경우 모두 모여서 논의를 하더라고요. 첫 한 달은 탐색과 갈등의 과정이 있을 수밖에 없지요. 요즘 아이들은 선배라고 해서 말을 참거나 하지 않아요. 고학년이라고 저학년의 의견을 무시하지만도 않아요. 그 과정이 끝나면 협의하는 방법을 아이들끼리 도출해 내더라고요.

– 성남 램프 꿈의학교 A교장

민주성은 때로는 험한 길이고 멀리 돌아가는 길처럼 보인다. 하지만 구성원들끼리 모여서 결정한 길이라면 함께 헤쳐 나가야 할 길이다. 꿈의학교에서는 작은 사회라 오히려 민주성을 체득하기에 좋은 조건이다.

자기들끼리 헤쳐 나가기

프로젝트를 진행하면서 그 안에서 벌어지는, 학교에서는 배우지 못하는 여러 가지 것들을 자기들끼리 경험하고 헤쳐 나가는 것도 있어서 좋아요.

– 고양 꿈꾸는 뿌리 꿈의학교 B교장

민주적인 방식으로 문제를 해결해 본 경험이 있는 아이들은 지식으로 배운 것이 아니라서 그런지 민주성을 더 많이 체득하게 된다. 또 그렇게 성장한 아이는 문제가 생기면 체득한 민주적인 방법과 절차로 문제를 해결하려고 할 것이다.

내가 혼자서 일을 도맡아 했다고 주변 사람들이 진정 고마워하지는 않는다.
그들과 함께 고민할 기회를 주지 않아서다.

모두가 추구해야 할 '공동체': 그 분위기를 잊을 수 없어요.

집단은 구성원 각자의 존엄성을 인정해야 한다. 개인도 집단을 위해 조직의 권위를 존중하고, 공동체의 조화로운 발전을 염두에 두고 생각하고 행동해야 한다. 이러한 자세들이 모두 공동체 의식이다.

대부분의 아이들은 꿈의학교라는 공동체 속에서 자신의 이익과 상대방의 이익을 서로 존중하며 조화로운 발전을 위해 서로 양보하며 응원하면서 어려움을 극복하고 있었다. 그 과정에서 공동체 덕분에 자신의 한계를 넘어서는 경험을 하는 경우도 있었다.

그 분위기를 잊을 수 없을 거 같아요.
촬영 장비도 엄청 많은데, 산에서 비가 오는 거예요. 날씨도 덥고, 제일 힘들었어요. 드디어 마지막 장면만 남았는데, 돌발 상황이 너무 많아 시나리오도 바로 수정했어요. 마지막이다 보니까 다 같이 으쌰으쌰 하는 분위기로 찍었거든요. 그때 그 분위기를 잊을 수 없을 거 같아요. 한계를 넘어선 것 같은 기분이었어요.

– 남양주 영화제작 꿈의학교 P학생

함께 어려움을 극복하게 되면 하나가 되는 마음도 공동체 의식이다. 우리가 존중해야 할 것은 이러한 의식의 규모가 확대될 때이다. 이러한 의식이 나와 가족에서 가까운 사람으로, 마을로, 사회로 그리고 국가로 확대될 때 우리가 지향하는 사회와 나라를 만들 수 있다.

사회에 공헌하는 사람이 될래요.
저희 아이가 '학교를 그만두고서라도 사회에 공헌하는 사람이 되고 싶다'라는 거예요. 그만큼 밖으로 시선을 돌릴 수 있는 아이가 된 것 같아요. 저희 아이가 가정폭력을 당한 친구를 따돌림당하지 않게 뒤에서 보듬어 주더라고요.

– 고양 꿈꾸는 뿌리 꿈의학교 B교장

공동체 의식의 시작은 거창한 것부터 시작되진 않았다. 오히려 작은 응원에서부터 시작되었다. 내가 전체를 위해 힘든 일을 해도 한 사람 한 사람이 나를 다독여 줄 때, 서로가 서로를 존중해 주는 과정에서 공동체 의식의 싹은 트고 있었다.

나와 같은 고민, 나와 같은 처지에서 마음이 서로 통하는 것을 동병상련이라고 한다. 꿈의학교와 꿈의학교 간에도 서로를 응원하는 공동체 의식이 형성될 수 있었다. 쇼미더스쿨에서 만난 아이들은 미술이면 미술, 발명이면 발명처럼 같은 분야인 꿈의학교끼리 더 많은 이야기를 나눈다. 그러면서 보다 큰 공동체를 꿈꿀 수 있는 계기가 되었다.

공동체는 우리가 함께하는 모습이자 추구해야 할 가치이다.

마을 사람들의
성장 이야기

아이들과 반대 방향 버스를 함께 타 보실래요?

"교육자는 별로 말이 없이 모범이 되거나,
도움을 주기 위해 개입해야 할 가장 효과적인 시기를 기다려야 한다.
그것은 제자의 타고난 소질이 잘 발휘되도록 촉진하는 것이다."

헤르만 헤세의 '유리알 유희'에서_ 권기록

목적지가 오른쪽인데 아이들이 왼쪽으로
가는 버스를 타려고 한다면 당신은 어떻게 해
야 할까? 버스를 잘못 탔다고 말하는 순간 이제
부터 아이들은 어른에게만 의존하게 되고, 더
이상 스스로 헤쳐 나갈 생각과 의지가 멈추게

된다.

하고 싶은 말을 참는 건 대단한 인내가 필요한 일이다. 시간이 갈수록 목적지와 점점 멀어지는 버스 안에서 아이들이 스스로 깨닫기까지 기다려 주는 사람이 꿈의학교에서는 꼭 필요했다.

한 아이가 성장하기 위해 온 마을과 마을 어른들이 존재하고, 그 아이는 마을의 공동체라는 품에서 자라난다. 마을에서 공동체 가치교육을 지향하는 꿈의학교의 교사들은 대부분 마을 사람이거나 마을과 관계된 사람이었다. 그 사람이 아이를 가르치면서 아이가 하려는 행동에 개입을 할지, 그대로 놔둘지, 개입을 한다면 어느 정도로 할지, 언제 개입을 할지 고민하는 과정 속에서 그의 속마음은 까맣게 탈 것이다. 그리고 그러한 경험들이 쌓이고 쌓이며 성찰하는 과정에서 조금씩 성장하게 될 것이다.

공동체 가치를 위해 마을에서 아이들과 함께하는 꿈의학교. 그 안에서 성장하는 이들은 아이들만이 아니었다. 어른도 함께 성장하고 있었다.

개입: 자전거 잡아 주다 몰래 손 놓기

자전거 타는 법 가르치기와 아이들을 교육하는 것은 서로 공통점이 많다. 만일 자전거를 처음 타는 아이의 뒤를 잡아 줄 기회가 있다면 손을 언제 놓아야 할지 그 타이밍에 대해 고민하게 될 것이다.

자전거를 처음 타는 아이에게 어른이 할 수 있는 행동은 많다. '알아서 배우도록 아무것도 안 하기', '타고 다니며 재밌어하는 엄마 모습 보여 주기', '탈 수 있게 용기를 북돋우기', '타면 좋은 점을 설명하기', '조금 잡아 주다가 잘 탄다 싶으면 손 놓기', '이럴 땐 이렇게 핸들을 꺾는 거야 하고 설명하기', '아빠가 자전거 처음 탈 때 빨리 배웠던 것 자랑하기', '아이가 타기 싫어하는데 억지로라도 타도록 강요하기', '지금까지 언급한 것을 모두 다 하기' 등.

아이가 배우는 과정에서 어른들의 행동이 연결되어 있는 것을 개입이라고 하자. 아이가 어떤 상황이냐에 따라 어른의 행동이 달라질 테지만, 아이의 현재 상황에 따라 어떤 순간에 개입해야 하느냐, 개입한다면 어떻게 하느냐 하는 시간과 정도의 문제는 참으로 고민스럽다.

꿈의학교에서도 어른들을 곤혹스럽게 하는 아이들의 모습들을 자주 보게 된다. 그때마다 우리는 어떻게 행동을 할지 그 '개입 정도'를 선택해야 한다. 일반적으로 가르치려는 사람이 학습자에게 하는 개입의 정도를 표현하자면 실로 다양하다.

어느 타이밍에 손을 놓아야 할지 매우 조심스럽다.

표현	지나친 개입		개입		최소한의 개입	개입 없음
용어	지배/ 구속	참견/ 간섭	유도/ 제안	관여/ 참여	자율/ 자유	방임/ 방종
정도	5	4	3	2	1	0

- 지배: 어떤 사람이나 집단, 조직, 사물 등을 자기의 의사대로 복종하게 하여 다스림
- 구속: 행동이나 의사의 자유를 제한하거나 속박함
- 참견: 자기와 별로 관계없는 일이나 말 따위에 끼어들어 쓸데없이 아는 체하거나
　　　 이래라저래라 함
- 간섭: 직접 관계가 없는 남의 일에 부당하게 참견함
- 유도: 사람이나 물건을 목적한 장소나 방향으로 이끎
- 제안: 안이나 의견으로 내놓음
- 관여: 어떤 일에 관계하여 참여함
- 참여: 어떤 일에 끼어들어 관계하다
- 자율: 남의 지배나 구속을 받지 아니하고 자기 스스로의 원칙에 따라 어떤 일을
　　　 하는 일. 또는 자기 스스로 자신을 통제하여 절제하는 일
- 자유: 외부적인 구속이나 무엇에 얽매이지 아니하고 자기 마음대로 할 수 있는 상태
- 방임: 돌보거나 간섭하지 않고 제멋대로 내버려 둠
- 방종: 제멋대로 행동하여 거리낌이 없음

　　가장 강력한 '정도 6'을 얽매임으로 둔다면, 지배나 구속의 표현이 적합하다. 정반대쪽에 있는 방임과 방종은 가르치는 사람의 개입이 전혀 없는 '정도 0'으로 표시할 수 있겠다. 꿈의학교에서 추구하는 자율과 자유는 안전 확보라는 최소한의 개입이 반드시 들어 있어야 하기 때문에 '정도 1'로 표시할 수 있다.

　　한편, 관여나 참여는 아이들의 세계에 발만 들여 놓은 상태, 혹은 팔짱을 끼고 지켜보는 상태이다. 유도와 제안은 학습자의 마음을 끌어 보려는 노력으로 어떤 목적을 가지고 혹은 아이들의 자율을 존중하는 마

음에서 살짝 의견을 던져 주는 상태이다. 간섭과 참견은 따로 언급하지 않아도 우리가 피해야 할 가르침의 방법이겠지만 아무리 강조해도 지나치지 않는 안전사고 예방 차원이라면 간섭과 참견이든 혹은 그보다 더 하더라도 반드시 아이들을 안전하게 보호해야 한다. 이때 간섭과 참견을 받아 아이들의 감정이 상하게 되는 모습이 아니라 보호받아 감사함을 느낄 수 있는 분위기를 조성하는 것이 관건이다.

왁자지껄하고 시끌벅적한 꿈의학교에서 어른들은 아이들의 말과 행동에 어떻게 대응해야 할까, 매우 어려운 문제이다. 아이들이 집 밖에서 잠을 잔다고 하면 어른들은 긴장하지 않을 수 없다. 한번은 한 아이가 발에 쥐가 난 적이 있었다. 잠시 쉬면 나을 수 있는데, 어른들은 큰 병원에 가야 하지 않느냐고 화들짝 놀란다. 아프지 않다고 하면서 다시 일어나 활동하는 아이를 보고 어른들이 모두 머쓱해진 적도 있다.

어른들이 오버하고 있는 거구나.
한 아이가 다리를 삐끗했거든요. 다들 긴장을 하고 난리가 난 거예요. 그런데 제가 가만히 쳐다보니까 다리에 쥐가 난 거더라고요. 애가 스스로가 민망한 거죠. 그 정도는 아닌데, 이래서는 안 되겠다는 것을 본인이 느꼈는지 일어나는 거예요. 제가 그걸 보고 느낀 거는 '우리 어른들이 너무 오버하고 있는 거구나'였어요.

— 남양주 영화제작 꿈의학교 J학부모

캠핑 활동으로 하는 꿈의학교 아이들은 자기들끼리 프로그램을 만들고, 계획대로 활동하고 있었다. 캠핑이다 보니 안전도 유의해야 하고 아이들 활동도 궁금하고 자꾸 들여다보는 것이 어떤 상황에서는 반드시 필요하다. 하지만 전면에서 개입하지 않고 수면 아래서 분주해지는 것이 더 현명한 방법임을 부모들은 스스로 알게 되었다.

꿈의학교에 참여하면 생활기록부에 활동 내역이 기록이 된다고 하니 관심이 증폭되었다. 정보에 빠른 학부모들이 관심을 갖기도 했다. 이것에 대해 꿈의학교가 이를 개선해야 한다고 지적하는 연구물들이 쏟아져 나왔다.

꿈의학교 본연의 취지는 학생들이 스스로 만들어 가는 것이다. 하지만 지나친 개입으로 등 떠밀려 꿈의학교에 참여한 아이들은 안타깝게도 잘 버티지 못한다. 또한 조급한 부모의 시각에서 보면 아이들이 얼핏 노는 것처럼 보일 수도 있다.

아이들을 가르치는 과정에서 중요한 것이 또 하나 있다. 바로 개입해야 할 적절한 시기를 알아채는 것이다. 교사는 학생이 자신 속에 존재하는 지혜를 발견하고 체험하도록 도와주는 역할만 하면 끝이다. 바꿔 말하면 자전거를 스스로 탄다고 판단했을 때 자전거를 가르치는 사람은 손을 놓으면 그 역할이 끝나는 것처럼 말이다.

꿈이룸학교 길잡이 교사회의 지침 중 일부는 다음과 같다. 교사들이 의견을 수렴한 10가지 지침 가운데 그 반절이 개입과 관련된 내용이었다. 능숙하다고 인정받는 교사들 역시 아이들의 활동에 개입할 때의 절절한 시기와 정도에 대해 고민하고 있었다.

- 아이들이 스스로 주인이 될 수 있도록 해야 한다. → [자율/자유]
- 항상 우리가 어디까지 관여해야 하는 것인가를 고민해야 한다. → [관여]
- 가르치려 들지 말고 스스로 말하게 해야 한다. → [유도/제안]
- 민주적인 방식으로 아이들이 스스로 결정하게 해야 한다. → [자율/자유]
- 내버려 둔다고 되는 것은 아니다 함께해야 하고 같이 고민해야 한다. → [관여/유도/제안]

– 의정부 꿈이룸학교 길잡이 교사회 규칙 중 일부

인내: 까맣게 타는 속

누군가를 가르치는 일은 매우 복잡한 과정들이 얽혀 있는 종합 예술이다. 많이 배웠기 때문에 반드시 성공적인 수업이라고 할 수 없는 데에는 학습자가 다르고 상황과 맥락도 다르기 때문이다.

꿈의학교도 이와 마찬가지였다. 수십 년 동안 공교육 교사로서 지낸 사람도 가르칠 때마다 매번 속이 타는데, 처음 정기적인 수업을 맡게 된 마을 사람들은 오죽할까? 더군다나 요즘 아이들은 과거와 얼마나 다른가? 입시라는 공룡에 마음 아파하고, 쉽게 검색하면 나오는 지식을 익혀야 하고, 인공지능의 로봇들이 쏟아져 나오기 시작한 때 태어난 아이들 아닌가?

처음 만난 아이들에게 하고 싶은 것을 말해 보고, 마음껏 상상하고 도전하라고 하면 아이들이 바로 그 말을 실행에 옮길까? 천만의 말씀이다. 아이들에게 필요한 것은 꽁꽁 얼어붙은 마음의 얼음을 녹일 뜨거운 군불과 저 끝이 안 보이는 바닥의 생각 샘물을 퍼 올릴 마중물이 없이는 아이들은 움직이거나 생각하지 않는다.

자율을 주면 뻘쭘해해요.
처음에 아이들에게 자율을 주었더니 아이들이 무엇을 할 줄 모르고 뻘쭘해하거든요. 그때는 난감하죠.

– 고양 꿈꾸는 뿌리 꿈의학교 B교장

외줄 타기를 할 때는 좌우 어느 쪽이든 몸의 균형을 잡지 못하면 바로 떨어진다. 꿈의학교에서 시작 단계에서부터 아이들에게 맡기고 그들의 생각을 존중하려는 생각이 흔들린 때도 있었다.

성남 지역의 모든 운영진들이 한자리에 모여 평가회를 하는 자리에서 화두는 단연 개입의 시기와 정도였다. 자율로 맡기기에는 눈에 보이는 결과물이 너무 없다고 판단했고 무엇보다도 가르치는 사람들이 스스로 잘 가르쳤다고 판단할 수 있느냐는 말에 모두 공감했다.

자율과 간섭이 애매해요.
자율적으로 뭔가를 맡기자니 애매한 것이 있고, 또 선생님이 뭔가를 알려 주자니 또 애매한 것이 있었어요. 제일 큰 문제는 일탈을 경험해 보지 않은 완전 모범생 출신 운영진에게 있다는 생각이 들어요. "어머 ~ 이건 잘하긴 했는데…… 그건 아니지 얘들아 ~"라고 하면서 자꾸 우리의 생각에 아이들을 맞추려고 하는 거예요.

– 성남 책이랑꿈이랑 꿈의학교 H교장

꿈의학교에서 종이접기를 하면서 아이가 희한하게 생긴 뭔가를 정성스레 만들었다. 그런데 엄마 입장에선 종이로 접은 쓰레기처럼 보일 수도 있다. 어렵사리 주말에 시간을 내서 여기 왔는데, 시간 낭비가 아닌가라고 고민하게 된다. 아이가 무엇을 하더라도 앞에서는 인정하지만 속으로는 어렵게 느껴질 수 있다. 어디까지 개입하고 어디까지 자율로 두어야 할지, 그 중간 지점을 찾기는 일은 실로 쉽지 않았다.

꿈의학교 교사들은 아이들의 행복을 위해 개입의 마음을 접을까?, 결과물을 만들어 내기 위해서는 어쩔 수 없는 개입이 필요한 것이 아닌가? 등의 생각으로 계속 갈등을 하고 있다. 또한 이것이 가장 큰 숙제라고 생각한다.

가장 큰 숙제-어디까지 개입해야 하나
꿈의학교를 진행하면서 선생님들의 가장 큰 숙제가 바로 어디까지 아이들에게 자율적으로 맡겨야 하나, 어디까지 개입해야 하나, 진짜 아무런 결과물이 없는 상태에서 수업이 끝나도 우리가 그것으로 만족할 수 있느냐를 판단하는 것이었죠.
– 성남 책이랑꿈이랑 꿈의학교 H교장

많은 교수법들을 정리하면 크게 두 가지로 정리된다. 하나는 우리가 흔히 알고 있는 전달식 관점(Transmissive View)으로 기존의 많은 지식을 학생들이 접하기 쉽게 교사는 구조적으로 재구성하여 강의식으로 진행하는 교수법이다. 엄청나게 짧은 시간에 많은 내용을 체계를 갖추어 전달하기 때문에 효율적이다. 하지만 낙오되는 학생들이 있어 사회에서 소외되는 사람들을 양산한다.

다른 하나는 발달식 관점(Developmental View)이다. 대표적인 것이 프로젝트 교수법인데, 꿈의학교에서 주로 사용하는 교수법이다. 학생들에게 생활 속에서 궁금증을 유발하게 하고 하나둘 생긴 질문들을 해결해 가면서 지혜와 역량을 쌓는 방식이다. 이 방식으로 진행하면 수준의 차이는 있어도 낙오하는 학생은 없다. 그러나 수업 자체가 구조화되어 있지 않아 학생의 생각이 열려 있어도 교사의 치밀한 준비와 예상이 없으면 어디까지나 밝은 이론에 불과할 가능성이 크다.

> **차라리 정해 주시면 안 돼요?**
> 구조화되지 않는 수업이 얼마나 위험한가. 아이들도 이제 무엇을 해야 할지 몰라서 방황하고 있는 상태에서 아이들도, 선생님조차도 무엇을 할지 물어보세요. '차라리 정해 주시면 안 돼요?'
>
> — 성남 히스토리 꿈의학교 J교장

꿈의학교는 바깥 활동을 많이 한다. 지식을 쌓기보다는 체험 위주의 교육을 통해 보다 많은 역량을 쌓기 위해서이다. 또한 안에서 하는 수업보다 아이들의 호기심을 세상 만물을 통해 일으킬 수 있고, 바깥 활동에서 비롯한 예측하기 어려운 변수들로 인해 학생들이 다양한 분야에 관심을 가질 수 있기 때문이다. 주어진 상황을 극복하고 헤쳐 나가는 역량도 본래의 교육 의도와는 상관없이 추가로 기를 수 있다.

그러나 실제 상황에서는 철저한 준비와 대비가 없으면 위험하고, 돌발 상황도 벌어진다. 그리고 계획과는 다른 초과 비용이 지출될 때도 있다. 자칫 안전에 위협을 느낄 수 있는 것도 바깥 활동이다.

성남 학교섬 꿈의학교에서 출발한 일명 '가출' 여행은 아이들의 답답한 속을 풀기 위해 함께 떠나는 여행이었다. 그래서 위로와 존중을 목표로 하고 안전을 위해 어른이 함께 동행하는 여행이었다. 하지만 고민되는 점이 한두 가지가 아니었다.

앞서 두 가지 교수법 중 대표적인 프로젝트 수업을 설명하면서 빠진
부분이 있다. 이 비구조화 된 교수법은 학습자의 역량에 의해 시간과 비용
이 많이 든다는 것이다. 따라서 처음부터 여유 있는 시간과 비용을 책정하
고 시작해야 지켜보는 교사의 속이 그나마 조금이라도 안심이 될 것이다.

개입이 적어야 아이들의 자율이 보장된다. 꿈의학교에서만큼은 이것을 지켜보려 하지만
가뭄에 농심처럼 어른들 속은 까맣게 타들어 간다.

갈등: 아슬아슬한 줄타기

1983년 노벨문학상 작품은 윌리엄 골딩의 『파리대왕』이다. 이 작품에서는 무인도에 표류된 아이들이 힘의 논리에 의해 험악하게 변해 가는 모습이 그려졌다. 어른의 개입이 전무한 채 벌어진 그 상황은 독자로 하여금 어른의 최소한의 개입이 얼마나 중요한지 깨닫게 한다.

최소한의 개입은 반드시 필요하다. 하지만 조금이라도 지나치게 되면 안 하느니 못한 것이 개입이다. 그래서 아슬아슬한 줄타기 상황과 비슷하다. 개입할 때는 매우 조심스럽고 섬세해야 한다.

한편, 꿈의학교에서의 자율은 아이들을 무책임하게 관리하는 방임이나 방종이 아니다. 우리는 아이들이 스스로 열정을 가지고 자신의 꿈을 찾을 수 있도록 개입을 최소화해 자율적 분위기를 조성해야 하고 동시에 상응하는 책임감도 갖도록 해야 한다.

꿈의학교에서는 이처럼 어른들의 조심스러운 개입 상황을 쉽게 발견할 수 있다. 영화제작을 위해 정보를 충분히 주는 것, 그 안에서 자율을 주는 방법을 선택한 꿈의학교도 있었다. 또 다른 영화제작 꿈의학교는 처음부터 많은 부분을 아이들에게 맡긴 후 꼭 필요한 것에 개입하되 자연스럽게 교사의 생각을 제안하고 올바른 방향으로 유도하는 섬세한 노력도 있었다.

모두 조심스럽게 개입하는 모습들이었다. 하지만 대부분의 운영자들과의 인터뷰에서 개입이라는 용어 사용에 혼란이 있었다. 용어가 일치하지 않으면 화자와 청자 모두 각각 다른 판단을 할 수 있는 구실을 내세우게 되고 오해와 혼돈이 생기므로 이들의 대화를 통해 바르게 수정해 본다.

그냥 내버려 두면 아이들이 성장하지 않는다. 그냥 내버려 둔다는 것이 바로 방임과 방종이다.

3년 동안 느낀 것은 꿈의학교의 정신은 아이들에게 맡기는 것[자율/자유]이라고 하는데 실제로 안 그래요. 다 맡기면 [방임/방종] 비효율적이에요. 그래서 아이들에게 정보는 충분히 주되 운동량 [자율/자유]을 주어야 해요. 잘못 착각[방임/방종]하면 엉뚱해져요.

– 남양주 영화제작 꿈의학교 L교장

대부분 아이들에게 맡기죠[자율/자유]. 하지만 완벽히 개입을 안 할 수는 없어요[관여/참여/유도/제안]. 완벽한 자율[방임]은 없죠. 개입이 되어야 하는데, 그것을 물 흘러가듯 자연스럽게 [관여/참여/유도/제안]해야죠.

– 성남 램프 꿈의학교 A교장

적절한 상황에서 잘 유도하고 다양한 선택을 제안하는 타이밍을 잡아야 하므로 눈을 떼지 말고 지켜봐야 한다. 그리고 아이들에게 자율적인 선택을 제안하고 이것이 시행될수록 교사는 더 많은 준비를 해야 하는 것도 잊지 말아야 한다.

그냥 내버려둔다고 되는 것은 아니다.
"그냥 내버려둔다고 되는 것은 아니다."라는 말에 공감해요. 교사는 멍석만 깔아 주고 결과에 대해 마음을 비워야 해요. 그런데 몇몇 아이들은 멍석조차 자기가 만들고 싶어 한다는 것을 알게 되었어요.

– 성남 에코엔에코 꿈의학교 L교장

아는 만큼 보인다는 말이 있다. 알수록 많이 보이고 보일수록 행동의 반경도 넓어진다. 그래서 아이들에게 많이 알게 하려는 최소한의 정보 전달은 중요하다. 그런데 아이들은 지식의 전달에 지쳐 있는 상태라 아이들이 원하는 것만 제공하는 전략이 필요한 것이다.

고양 꿈꾸는 뿌리 꿈의학교의 아이들은 자신이 원하는 방향을 설정하고 싶어 했다. 그리고 그 방향에서 지식을 가르쳐 주려고만 하지 말고 직접 경험을 통해 터득할 수 있게 해 달라고 아이들은 이야기하고 있었다.

저희에게 가르쳐 주려고만 하지 마세요.
가르쳐 주시는 것 말고 저희가 원하는 방향으로 직접 해 보라고 하거나 기회나 경험을 주셨으면 좋겠어요. 그리고 우리가 만드는 것이 그럭저럭 부족할지 몰라도 저는 직접 할 수 있는 거라면 좋다고 생각해요.

– 고양 꿈꾸는 뿌리 꿈의학교 C학생

개입할 때는 일관성이 있어야 한다. 갈팡질팡해서는 안 된다. 특히 무조건 꼭 개입해야 하는 경우가 있다는 것을 아이들에게 알려 줄 필요가 있다. 바로 안전과 관계된 것이다.

아이들이 보다 안전하게 활동하기 위해서는 보통의 개입보다 더 지나친 개입도 좋다. 또한 아이들을 감당하기 어려운 어른들도 (병이 날까 걱정될 때, 무더위 속에서 보호해야 하는 등) 어른으로서 판단력이 부족한 아이들에게 반드시 간섭해야 할 분명하고 명확한 이유가 있다.

어른이 아이의 활동에 개입하는 것은 아슬아슬한 줄타기와도 같다.

안전 도우미 역할

정류장 장면을 촬영할 경우, 길 건너 정류장을 찍으려면 카메라가 도로 중간 중앙선에 있어야 하죠. 이럴 때 안전 도우미의 역할이 정말 중요하지요. 또 나쁜 마음을 먹은 촬영장소 소유주가 있어요. 촬영 장소로 노래방 방 하나를 빌리는 데 나쁜 마음을 먹은 주인이 8만 원을 내라고 했다며 내려고 하더라고요. 운영진이 그때 말렸어요.

– 성남 램프 꿈의학교 A교장

밤샘은 금지

중요한 게 안전이잖아요. 터무니없이 밤을 새운다고 할 때는 말려야지요. 영화란 것이 찍다 보면 푹 빠져서 밤을 새울 수가 있어요. 그런데 숙소도 마련하지 않은 상황에서 그렇게 밤새우면 아이들 병나죠.

– 남양주 영화제작 꿈의학교 P교사

건강 문제 적극 관여

찌는 더위에 그 많은 짐을 다 들고 가게 할 수 없죠. 군대도 그 더위엔 행군을 멈추는데, 그리고 컵라면만 먹게 할 수 없는 거죠. 안전, 음식 이런 기본적인 건강 관련된 부분만큼은 아이들이 결정한 것을 그대로 하게 둘 순 없었어요. 이때 교사의 개입이 필요하죠. 아무것도 관여하지 않으면 바로 사고로 이어질 수 있거든요. 꾸준히 지켜봐요. 낭떠러지 근처에 가지 않도록.

– 성남 학교섬 꿈의학교 J교장

또 유념할 것은 자율에는 책임이 따른다는 원칙이다. 자율이 방임 또는 방종과 구분되는 점이 바로 책임이 전제하고 있다는 점이다. 자기가 좋아하는 요리를 하기 위해 자기가 선택한 예산 범위 내에서 좋아하는 식재료를 사고, 요리 방법도 자기가 좋아하는 방식으로 정했다. 요리 시간도 자신이 정하고, 요리의 분량도 자기가 마음껏 정해 자율적으로 즐겁게 요리를 했다고 하자. 그만큼 자율을 누렸다면 책임감을 가지고 자신의 요리가 어떻게 활용될지, 조리도구와 식기는 어떻게 정리할지, 발생한 쓰레기를 어떻게 처리할지에 대한 답도 내어야 한다. 진정한 자율적인 모습이 이런 모습이기 때문이다.

꿈의학교에서는 실패해도 괜찮고, 실수해도 괜찮다. 지금 당장 못해도 좋지만 꾸준히 노력하여 시간이 걸릴지라도 끝까지 포기하지 말고 다시 도전하는 마음이 중요하다. 이것은 자신이 굳은 맘을 먹고 말을 꺼낸 것에 대한 최소한의 책임이 아닐까?

> 마음껏 실수하고 실패해도 좋다. 단, 조건이 있다.
> 본인이 한 말에 끝까지 책임을 져라.
>
> – 김포 콩나물 뮤지컬 제작 꿈의학교 K교장

결정: 슬기로운 장면 모음

여러 꿈의학교를 둘러보면, 한편에서는 각자 나름의 성공적인 개입 노하우를 가지고 있다고 자신 있게 말한다. 그런가 하면 다른 한편에서는 다른 꿈의학교 운영자와 학부모들이 이런저런 문제들을 어떻게 극복하는지 궁금해했다.

어떠한 좋은 사례가 자신과 결부되었을 때 딱 들어맞으면 참 좋겠지만 사례의 환경과 나의 환경이 다르고, 학생들이 다르기 때문에 바로 적용이 되지 않는 경우가 많다. 따라서 내용을 참고하여 나의 꿈의학교에 적절하게 변형하여 적용하는 것이 바람직하다.

여러 가지 사례는 어른들이 주로 언제, 어떻게 아이들에게 개입하는지에 대한 노하우가 담겨 있는 경우이다. SNS를 이용해 나름 성공한 꿈의학교 운영진의 목소리를 듣고, 공감하면서 문제를 해결하거나 보다 슬기로운 개입을 위해 서로 소통하는 실제적인 만남이 필요해 보인다.

창작은 학생이, 프로그램 진행 확인만 운영진이

꿈의학교가 개교한 지 3년이 되고 보니 이제는 경험 있는 선배들의 도움을 받아 학생들끼리 자가발전의 과정이 궤도에 올랐다고 생각돼요. 요즘은 창작의 과정이 전부 학생 주도로 이루어지고, 운영진은 프로그램의 진행 과정만 체크하고 있죠.

– 김포 콩나물 뮤지컬 제작 꿈의학교 K교장

아이들 앞에선 여유 있게, 뒤에선 분주하게

정말 카페를 어떻게 만드냐고요. 그렇다고 '너희 이건 안될 것 같아.' 뭐 이렇게 말할 순 없잖아요.

엄마들도 모르는 분야니까 막 걱정이 되는 거예요. 미리 인터넷으로 정보를 얻고 아이들이 카페를 성공하려면 어떻게 해야 하는지, 주변에서 분주하게 알아보고 다니고 그랬지요.

– 고양 꿈꾸는 뿌리 꿈의학교 B교장

가치 있는 방향으로 제안, 유도

여행을 가려고 해도 '좀 더 가치 있는 공정여행도 있다.' 그쪽으로 유도를 한 거죠. 그러면 어떤 형태로든 답이 와요. 결과적으로 제주도를 가게 되었는데, 만 원 정도 되는 숙박시설에서 지내고 제주도에 온 외국인들을 만나서 우리가 생각했던 활동들을 실현하는 거죠. 외국인들과 윷놀이를 하는데 그 자리에서 캐러멜을 길게 이어 가지고 윷으로 삼아 한다거나 그런 것들이 아이들로부터 나오더라고요.

– 고양 꿈꾸는 뿌리 꿈의학교 B교장

아이들이 받아들일 때까지 다양하게 제안

오늘도 게임팀 아이들이 스크래치 프로그램 강좌를 배워요. 게임 만드는 것이 쉽지 않아요. 그래서 저희는 전문가 선생님께 배우라고 초빙을 했어요. 그런데 아이들은 한 번 듣더니 '우리가 하는 것은 다른데요?' 이러는 거예요. 그래서 강사 선생님께 정말 송구스럽게 그만하겠다고 하고 '그럼 어떻게 할 건데?' 물어보니깐 유닛이란 프로그램으로 책을 사 가지고 하겠다고 해요. 그래서 책 사주고는 계속 속앓이를 해야 했죠.

– 고양 꿈꾸는 뿌리 꿈의학교 B교장

선출된 학생팀장과 소통하며 운영

자전거 정비팀의 경우 아이디어와 방향만 주고 대부분의 일들은 아이들이 직접 하고요. 계획 단계에서 뽑힌 리더에게 권한 이임을 많이 해요. 그다음에 한 걸음 떨어져서 관찰을 해요. 운영이 잘 안된다고 직접 개입하지는 않고 팀장에게 넌지시 이야기해요. 교사는 계속 관심을 가지고 있어야 해요.

– 광명 자전거 꿈의학교 L교사

잘하는 학생 선배 데리고 오기

아이들이 다 악기를 해 본 것도 아닌데 그냥 밴드를 하겠다고 떡하니 자기네들이 프로젝트를 던진 거예요. 그래서 처음에는 조금 해 봤던 친구들을 데려와 멘토 역할을 하게 했죠. 그랬더니 이제 아이들이 보컬을 했던 아는 형, 기타를 치는 아는 형, 드럼을 치는 형 등을 스스로 데리고 오기 시작하더라고요. 그래서 우리 꿈의학교가 아닌 고등학생이 우리 꿈의학교 중학생들을 가르치는 거예요.

– 고양 꿈꾸는뿌리 꿈의학교 B교장

졸업생을 멘토단으로 운영

저희 꿈의학교에는 멘토단이 있어요. 꿈꾸는 뿌리 꿈의학교를 졸업한 1기, 2기 선배님들이 참여해 주었어요. 그런데 멘토단이라고 했더니 너무 커 보여서 특별한 이름을 붙이지 말자고 했데요. 저희 팀에도 멘토 오빠가 있었는데, 저희는 생각지도 않았던 문제들을 한 번 해 보셨으니까 코치해 주셔 가지고 되게 좋았어요.

– 고양 꿈꾸는 뿌리 꿈의학교 C학생

전문가를 모시고 오기

심리상담팀은 심리학을 공부하겠다고 하는 애들이 있었어요. 저희는 교육전문가가 아니잖아요. '심리상담이라는 것은 쉬운 게 아니다. 전문가도 600시간의 임상을 해야 하고 그러면 너희들도 스스로 남아서 친구 상담도 해 주며 도와주고 하려면 스스로 어떤 역량을 높이면 좋을까?'라고 질문했더니, 자기네들이 심리 선생님을 초빙해서 강의도 받아 보고 앞으로 어떻게 실행할까 의논도 해 보고 하겠다고 하더라고요.

– 고양 꿈꾸는 뿌리 꿈의학교 B교장

정치, 외교, 시사만큼은 학생들끼리 알아서

외교할래요팀은 탄핵 이후 정치, 외교, 시사에 관심이 많아졌어요. 그 팀이 숫자가 제일 많았어요. 모의법정을 해 본다든가, 아이템도 되게 핫해요. 예를 들어 인천영아살해 사건이라든가 북핵으로 모의 유엔대회도 하고, 나중에는 신문을 만들어서 자기가 했던 내용을 싣고 그래요.

– 고양 꿈꾸는 뿌리 꿈의학교 B교장

학생들과의 대화, 의논, 피드백으로만 수업

프로펠러를 만들어서 뭘 하겠다고 하면 어떤 프로펠러를 만들지 기획부터 잡는 것이지요. 그리고 아이들이 필요로 하는 재료를 구입해 주시고요. 그리고 각 분야의 전문가 선생님들께서 이렇게 프로펠러를 깎으면 더 낫지 않을까라고 피드백만 주시면 아이들이 직접 다 만들어 가요. 실험에 이르는 과정까지도 아이들과 같이 의논해 주셔서 아이들의 생각을 현실화시키는 방법까지도 이르는데 그렇다고 그 방법을 무조건 가르쳐 주시는 것이 아니고요. 계속 대화를 하시는 거예요. 여러 가지 가능성을 아이들이 생각할 수 있게요.
여기 꿈의학교 장점은 선생님들이 매 시간 아이들을 살펴서 다음 시간에는 잘못된 것이 바로 수정된다는 것이에요. 선생님들의 열정이 정말 놀랍거든요.

– 남양주 사과나무 숲 꿈의학교 K학부모

창작, 공연, 제작 운영 모습

창작팀의 경우 극작가와 작곡에 대한 강의와 마감에 대한 분배와 푸시를 도운 것이죠. 작곡할 수 있는 프로그램을 제공해 주거나 편곡 작업 정도까지 도와줬습니다. 공연팀에는 거의 개입이 없었어요. 시선 맞추기와 발성 연습을 같이 해 주고 연습 계획을 짜 주는 정도를 도와줍니다. 아이들이 딴짓을 안 하도록만 하는 정도입니다. 제작팀은 거의 웬만한 직장에 취직이 가능할 정도로 홍보물제작과 영상제작 기술이 아주 뛰어납니다. 다큐멘터리 감독을 모시고 강의를 한 번 듣고 한 달 만에 영화를 제작했다고 하더라고요.

– 김포 콩나물 뮤지컬 제작 꿈의학교 K교장

촬영을 10회만으로 제한

주제는 거의 일률적으로 학교 폭력, 왕따 등 이런 것들을 찍거든요. 아이들이 정한 그런 것들 외에 다른 예를 주기도 합니다. '하고 싶다고 되는 것은 아니다'라는 것을 알려 줍니다. 장소 섭외도 그렇고요. 기자재나 그것들은 빌려 와야 하고, 한없이 쓸 수 있는 건 아니잖아요. 그래서 이번에 정확하게 촬영을 10회로 제한했어요.

– 남양주 영화제작 꿈의학교 P교사

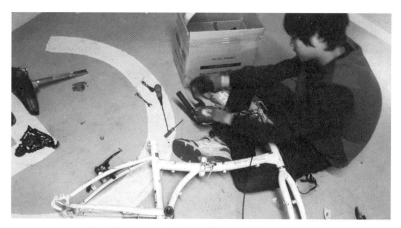

아무리 좋은 사례라도 나에게 끌어왔을 때 맞지 않는 경우가 있다.
아이들이 다르고 교육적 상황이 다르기 때문이다.

유의: 헤아려야 할 것들

긍정 사례들을 통해 세심한 교육적 노하우를 알 수 있듯이 반대의 사례도 귀담아들을 필요가 있다. 실수했던 교육 경험들은 간혹 더욱 자극적으로 와 닿는다. 반드시 유의할 사항들 가운데 첫 번째는 교육의 일관성이다.

아이들에게 어떤 제안을 할 때, 아이들의 반응을 예상하고 제안해야 한다. 그리고 일단 제안을 했다면 일관되도록 유지해야 한다. 이랬다, 저랬다 말을 바꾸면 아이들은 혼란스러워한다. 그리고 더 이상 교사의 말에 주의를 기울이지 않는다. 일관성이야말로 아이들과의 관계에서 가장 기본이 되는 약속이다.

한편, 어른들은 적절한 개입이라고 생각하는데 아이들은 간섭이라고 느낀다면 그것은 간섭이다. 그것은 교육의 방점이 교수자의 입장보다 학습자의 입장에 찍혀 있기 때문이다.

말 바꾸지 않기

교사가 유의할 것이 있어요. 프로젝트 하면서 학생들에게 뭘 할 거냐고 물어보고서는 후에 이건 이래서 안 돼, 저건 저래서 안 돼, 치밀하게 마음의 준비를 하고 물어봐야 해요.

– 고양 꿈꾸는 뿌리 꿈의학교 B교장

말을 꺼내지나 말지

'자, 오늘은 시험도 끝났으니까, 우리 가족 모두 외식하자!'라는 상황이라면, 뭐 먹고 싶니, 해 놓고 아이들이 짜장면이요 하면, 음…… 그건 밀가루라서 안 된다. 그럼 피자요. 그것도 밀가룬데, 이런 식으로 안 된다고 하면 다음부터는 아이들이 말을 안하게 되는 거죠.

– 남양주 사과나무 숲 꿈의학교 K운영자

간섭과 개입의 시각차를 극복하기 위해서는 어른과 아이들 간에 신뢰하는 분위기가 가장 중요하다. 신뢰는 구성원 간의 믿음과 화합 속에서 이루어지기 때문에 적절한 간섭이 때로는 고마운 징검다리로 인식될 수 있다. 아이들이 어른들의 애정을 느꼈기 때문이다. 그러나 그 반대의 경우도 있다. 신뢰하지 않는 관계에서 아이들은 단순히 쳐다만 봐도 거북한 간섭으로 느끼는 경우도 있다.

이유 없는 불평

새로 오신 선생님께서 자꾸 저희들 사진을 찍으세요. 저는 정말 사진 찍히는 거 싫어하거든요. 그랬더니 이번에는 자꾸 제 그림에 대해 물어보시잖아요. 그냥 그리는 것인데 무슨 의미가 있냐고, 그냥 안 궁금하고 안 물어보셨으면 좋겠어요.

– 성남 학교섬 꿈의학교 K학생

때로는 어른의 개입을 도움이라고 생각하고, 아이들은 이를 당연하다고 생각하는 경우가 있다. 비싼 카메라가 있으면 아이가 마음껏 사진을 찍을 수 있을 것이라고 생각해서 사 주는 경우가 있다. 그러나 아이는 부모의 기대와는 다르게 행동할 수도 있다. 절심함을 느껴 볼 시간적 여유를 주어야 했다. 시대를 다르게 살아온 세대 간의 오해는 바로 도움이 과잉이 될 수 있다는 점이다.

의존은 자율과 거리가 멀다. 아이들이 스스로 활동하게 할 수 있는 기회를 막는 일종의 지나친 간섭은 아이들을 의존적으로 만들 가능성이 높다. 어른들은 도움이라고 생각했지만 아이들은 한 번 두 번 받았던 그 도움으로 인해 다른 일에도 의존적이 될 수 있다. 더 이상 절심함이 없고 스스로 나아갈 동력을 잃을 수 있기 때문이다.

자율의 싹을 자른 간섭
한 조는 장소 섭외를 계속 못 하고 있는데, 그 원인이 부모들의 주도로 꿈의학교를 시작한 경우였어요. 부모의 간섭이 크면 학생들은 주도적으로 행동하기 힘들지요.

– 성남 램프 꿈의학교 A교장

이러한 경향은 비단 어른들의 간섭에서만 있는 것이 아니었다. 보다 원활하게 꿈의학교를 진행하고자 먼저 경험했던 선배들을 멘토로 운영하는 경우에는 유의해야 할 점이 있다. 먼저 해봤기 때문에 주도적으로 후배들을 이끌고 가므로 후배들은 선배들에게 의존하는 경향이 생길 수 있다는 점이다. 의도와는 다르게 이 경우 역시 자율을 막는 간섭에 해당될 수 있다.

정말 아이들에게 맡기려면 하고 싶은 말도 끝까지 참아야 한다. 그 과정에서 버스가 역방향으로 가더라도 하고 싶은 말을 참아야 하고 묵묵히 그 버스를 함께 탈 수 있는 그림자 선생님이 되어야 한다. 항상 존재하지만 그림자가 있다는 것을 느끼는 경우는 드물다. 아이들에게서 눈을 떼지 않고 항상 지켜보며 관찰하는 어른이 그림자 선생님이다.

여러 가지 목적을 모두 달성하기에 힘이 들 수 있다. 하지만 교육에서는
반드시 헤아려야 할 일들이 생각보다 많음을 유의해야 한다.

아이들로 하나 되는 마을 사람들

> "손수 바깥 세상에서 교육사업을 하려는 것은
> 카스탈리엔(기존 교육)의 한계성을 극복하는 최상의 방법이다."
>
> 헤르만 헤세의 '유리알 유희'에서_ **권기록**

생태계의 특징은 복잡성에 있다. 얽히고설켜 있지만 그 안에 엮인
모든 연결선들은 필요와 공존, 그리고 화합을 위한 고리이다. 몇 가닥이
끊어진다고 쉽사리 무너지지 않지만 몇 가닥이 끊어졌기 때문에 작더
라도 모두에게 영향을 주는 유기체들의 모임이 생태계이다.

교육생태계도 같은 이치로 복잡성이 있다. 생태계가 모두 살아 있다
는 공통점과 각자의 역할이 다르듯이, 교육하고 있다는 공통분모 위에
각자 역할이 복잡하게 다른 사람들과 엮여 있다.

또 다른 교육생태계의 특징은 비선형적이라는 것이다. 하나의 원인

에 하나의 결과를 얻는 것이 아니라 여러 가지의 결과를 얻을 수 있다. 예를 들어 학교 안에서의 선행이 이 마을 저 마을 전체의 선행이 되어 지역에 귀감이 되는 이야기가 되듯 파장이 널리 퍼진다는 특징을 갖는다.

이렇게 복잡하고 비선형적인 교육생태계 속에서 학교는 외로운 섬이거나 담장이 높은 교육 장소로서 존재하진 않는다.

꿈의학교를 중심으로 다양한 교육생태계의 모습을 보이며
마을에서 하나 되는 어른들을 만날 수 있다.

'마을 주민 주도형' 교육생태계: 우리 마을은 우리 손으로

'마을 주민 주도형' 교육생태계는 오랫동안 거주해 온 마을 사람들이 주축이 된다. 마을 사람들은 여러 지역자치기관들과 함께 마을 문화사업을 선도하다가 아이들의 교육을 위해 꿈의학교를 개설한 것이다.

아이들을 교육하기 위해 온 마을이 필요하듯이 꿈의학교 교육을 중심축으로 삼아 마을축제 등 다양한 마을문화를 교육적으로 풀어 나가려는 방식을 취한다. 장소는 마을의 유휴 공간을 주로 활용한다.

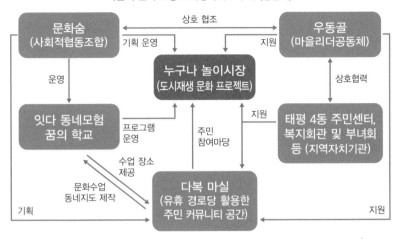

마을 주민 주도형 교육생태지도의 예 (성남시)

'잇다 동네모험' 꿈의학교의 운영 주체는 '문화숨' 사회적협동조합이다. 사회적협동조합의 특성상 지역의 발전과 소외계층의 권익을 목적으로 한다. 경기도 성남시 수정구 태평동 일대에서 비영리 법인으로 운영하고 있다.

태평동 마을에는 다문화가정과 편모가정, 저소득층 학생이 많다. 또한 국내 양말 공장의 대다수가 여기에 모여 있으며, 관련 가내수공업이 많이 활성화되어 있다. 인구 구성은 어린이들보다 노인들이 더 많다. 이러한 환경적인 요인으로 문화숨 사회적협동조합은 시작 당시부터 재생과 소외계층에게 문화로서 지역에 활력을 불어넣으려는 목적으로 활동하였다.

활동의 장은 마을의 유휴 경로당을 활용해서 만든 '다복마실'이라는 커뮤니티 공간이다. 다복마실 공간을 활용한 문화숨은 동네 어린이와 청소년, 주민들에게 문화 수업을 하며 문화를 주도하고, 지역 문화를 살리는 활동의 일환으로 주민들의 요구에 따라 어린이와 청소년 교육에 집중하기 위해 꿈의학교를 개설하였다.

'다복마실' 커뮤니티 공간은 꿈의학교의 운영 장소이자 주민들의 문화 프로그램 운영 장소이며 도서관이 된다. 자유롭게 아이들이 와서 책을 읽거나 아이들의 책 읽기, 바리스타 체험, 각종 만들기 등의 프로그램이 운영되는 주민복합 커뮤니티 공간으로 활용되고 있다.

잇다 동네모험 꿈의학교는 동네 지도 그리기를 통해 자기가 살고 있는 동네의 골목을 탐방하고 지도를 그리는 과정에서 지역에 애착을 갖게 하였다. 특히 이 지역은 사업성이 없어 재개발에서도 제외되고 대신 도시재생사업으로 선정된 지역으로 간판, 도로, 주차장 정비 등의 도시 외관만 정비하는 지역이다.

도시재생 문화 프로젝트의 일환으로 하는 마을문화 축제가 있다. 꿈의학교는 축제에서 주민 대상 놀이 프로그램을 어른과 아이들이 직접 운영하도록 하고 있다. 경사진 동네에서 '줄다리기', '무궁화 꽃이 피었습니다.', '디비디비딥', '땅따먹기', '타이포셔너링(태평 이름을 예쁘게 꾸미는 활동)' 같은 놀이 코너를 아이들이 기획하고 운영하였다.

축제의 모습을 구체적으로 스케치하자면, 마을 사람들을 위해 차 없는 날을 정해 거리에 농악대를 등장시키고 마을축제를 시작한다. 동네 축제의 놀이 기획자로 꿈의학교 아이들이 매뉴얼을 만든다. 만약 어린이가 놀이의 규칙을 모르면 참여하는 주민들과의 변수를 생각해 이럴 땐 이렇게 하자는 등 서로 약속을 정하였다. 예를 들면 글을 못 쓰는 친구가 타이포셔너링을 한다고 오면 미리 글을 써 주고, 가위질을 못하는 친구가 오면 스티커를 주는 식으로 놀이 코너마다 도움의 손길을 만들어 두었다.

또 문화숨에서 자원봉사자 아이들이 운영하는 '우동골(우리동네골목의 줄임말)'은 양말 공장 사장님이 주멤버이다. 이 동네에 오랫동안 사셨던 분들이고, 이분들이 축제 후원도 해 주시고, 이 축제를 위해서 여러 후원을 해 주셨다.

이 모든 활동의 중심에 문화숨이 있어 여러 가지 연결고리를 유지하고 있었다. 특히 우동골에서 텃밭을 운영하는데, 꿈의학교 아이들이 가서 도와준다. 양말 만들고 남은 한 줄로 컵받침 만드는 것도 다복마실에서 알려 주고 우동골에서 선생님도 오셔서 가르쳐 준다. 공장을 견학하는 프로그램도 있고 다른 동네 아이들도 견학을 오곤 한다.

'교육사업비영리단체 주도형' 교육생태계: 단체의 철학이 교육으로 확장

'교육사업 비영리단체 주도형' 교육생태지도는 사단법인, 문화재단, 봉사모임 등 기존의 단체에서 교육 관련 사업이 추가된 경우가 대부분이다. 이는 비영리단체의 철학을 확장시키는 과정에서 일회성 교육사업의 한계를 극복하고자 확장성과 심화를 위해 꿈의학교와 같은 안정된 교육 시스템이 필요했던 요구와 맞물려 있었다. 교육의 장소는 자신들의 교육사업 공간을 비롯해 인근 학교나 청소년 수련관의 장소를 빌려 운영한다.

교육사업 비영리단체 주도형 교육생태지도의 예(평택시)

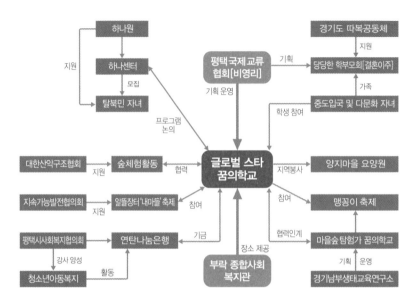

평택의 '글로벌스타' 꿈의학교는 비영리단체인 '평택국제교류협회'에서 기획하고 운영한다. 주로 다문화 학생과 중도입국 자녀들이 꿈의학교에 참여하고 있으며, 인근 안성시 하나원에서 교육을 마치고 평택에서 살게 된 탈북민 자녀들에게도 문을 열어 놓고 있다. 비영리단체인 평택국제교류협회에서는 결혼이주로 한국에서 학부모가 된 이주 여성들을 대상으로 '당당한 학부모회'를 결성했다. 이것이 외로운 타국생활의 버팀목이 되고 있으며, 협회에서는 글로벌스타 꿈의학교를 개교해 이들의 자녀들을 지원하고 있다.

꿈의학교의 주요 활동은 다문화 학생들의 자긍심 향상을 첫 번째 과업으로 삼고 다양한 봉사활동을 운영한다. 예를 들어 이 지역의 양지마을 요양원에 방문하여 어르신들에게 손 마사지를 하거나 '대한산악구조협회'가 지원하는 숲체험활동에 함께 참여하였다. 또한 '경기도 의제 21'이 주최하고 '지속가능발전협의회'에서 운영하는 알뜰장터인 '내 마들 축제'에 참여하여 친환경적인 체험을 공유하였다. 이곳에서 발생한 기금을 연탄나눔은행에 기부하였다. 연탄나눔은행은 '평택시 사회복지협의회'에서 강사를 양성하여 청소년아동복지활동을 지원하는 활동 가운데 하나다. 글로벌스타 꿈의학교는 인근 꿈의학교인 '마을숲탐험가'와 함께 '맹꽁이 축제'에 참가하여 지역의 봉사활동을 하였다.

이처럼 비영리단체가 지역의 다양한 모임과 연계 또는 연합하여 자신들이 처음에 간직한 철학을 교육에 담아 지속적으로 운영하기 위한 활동들이 꿈의학교라는 틀에서 이뤄지고 있다.

비영리단체는 대부분 사단법인, 문화재단, 학부모 봉사 모임 등 매우 다양한 형태로 이뤄져 있다. 예를 들어 보면, '책놀이(책이랑꿈이랑)'는 자원봉사자 출신의 학부모들, '와글와글 작은 도서관'은 참교육을 위한 전국 학부모모임, '아시아평화를 향한 이주'는 난민인권교육단체, '금토산 하늘'은 환경교육을 하는 학부모 모임이 운영하는 등 그 종류와 수가 많다.

이들이 활용하는 장소를 구체적으로 살펴보면 '글로벌스타' 꿈의학교의 경우에는 평택국제교류협회 사무실과 인근 부락 종합사회복지관을 이용한다. '함께하는 교육연구소'의 경우 청소년 교육에 관심 있는 지역거점 센터를 마련해 놓고, 아이들에게 공간을 빌려주어 카페를 운영하거나 창업 연습을 할 수 있도록 한다. '꿈&휴 작은 도서관'은 지역 커뮤니티로 아이들 교육을 대상으로 하는 프로그램에 도서관을 제공한다. '평화체험 통일맞이'는 해당 사무실에서 꿈의학교를 직접 운영하며 마을 공동 교육을 위해 모인 학부모 봉사모임의 경우 장소를 열어 놓는 아파트 내의 커뮤니티 센터를 이용하는 경우도 있다.

한편 음악 관련 꿈의학교들은 아이들에게 처음으로 악기 교육의 기회를 제공하는 경우도 있고, 오디션을 통해 연주가 가능한 아이들을 선발하는 경우도 있다.

임대 아파트가 있는 성남의 모 초등학교에는 오케스트라가 없다. 초등학교 교장 선생님의 협조 아래 장소를 제공받고 꿈의학교를 개설해 악기를 배울 수 있게 됐다. 소리가 큰 악기의 경우는 민관의 협조가 있어야 가능했다. '분당 청소년 꿈의 오케스트라'의 경우 판교 청소년 수련관을 빌려 연습을 하였는데, 내년에는 인근 초등학교와 연계해 운영할 계획이라고 한다.

악기의 경우 저소득층에서는 접할 기회가 없는 경우가 많아 시청과 협약을 맺어 바우처로 무료 교육을 받을 수 있다. 결과적으로 지역 학교나 기관에서 제공하는 연습 장소로 장소 문제가 해결이 되고, 해당 학교의 학생들에게 오케스트라를 접할 수 있는 무료 교육 기회를 제공할 수 있게 되었다.

베네수엘라의 엘 시스테마 오케스트라는 몇십 년 전에 시작되었던 오케스트라이다. 범죄율이 높은 빈곤 지역에 오케스트라를 만들어 악기 교육을 시작한 결과, 범죄율이 줄고 학습을 유지하는 비율이 늘어났다고 한다. 정서적으로 불안한 아이들이 음악으로 치유된 것이다. 그리고 베네수엘라 정부가 이를 지원하기 시작했다고 한다.

'연구회 주도형' 교육생태계: 교사들이 앞장서요.

'연구회 주도형' 교육생태지도는 교사들이 주관하여 운영하는 꿈의학교 형태이다. 인적 자원은 교사연구회 및 동호회 소속의 현직 교사이다.

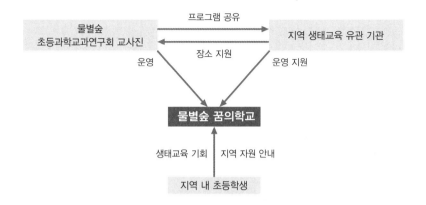

교사연구회 주도형 교육생태지도의 예(가평)

프로그램 공유

물별숲
초등과학교교과연구회 교사진

지역 생태교육 유관 기관

운영　　　장소 지원　　　운영 지원

물별숲 꿈의학교

생태교육 기회 │ 지역 자원 안내

지역 내 초등학생

　가평 물별숲 꿈의학교는 교사연구회와 지역기관이 함께하는 꿈의학교이다. 물, 별, 숲 영역의 자연·생태교육을 함께 고민하는 지역 내 교사연구회 소속의 현직 교사들이 모여 지역 학생들과 함께할 수 있는 활동을 구상하면서 꿈의학교를 조직하였다. 천혜의 자연환경을 가진 지역 내의 생태교육 자원을 적극 활용하는 점이 특징이다. 자연휴양림과 천문대가 다수 있고, 지천에 북한강 상류 하천이 흐르는 가평에서 지역의 자연과 생태환경에 관한 교육을 진행한다.

　연구회가 조직되었던 10년 전부터 교육지원청과 학교 중심으로 학생들과 함께하는 다양한 활동을 해 왔고, 2017년에는 물별숲이라는 가평의 브랜드를 경기꿈의학교로 새로이 탄생시켰다. 학생들과 함께할 수 있는 새로운 방법을 고민하던 연구회 내 교사들의 자발적인 움직임으로 시작하여, 지역 내 초등학교 4~6학년 학생들을 대상으로 홍보하였다. 기존에는 방학 중 캠프, 교육과정 연계 체험활동 등의 방법을 활용했다면, 꿈의학교 개교를 통해 연중 한 가지 영역에 치우치지 않는 프로그램으로 변화했다는 데 의의가 있다.

물별숲 꿈의학교는 지역의 교육 자원을 최대로 활용하는 것이 특징이다. 연인산도립공원, 잣향기푸른숲, 유명산자연휴양림, 국립중앙내수면연구소, 자연과별 천문대 등 생태·환경교육을 운영하는 지역 유관 기관들과 뜻을 같이하여 학생들에게 다양한 프로그램을 제공하고자 한다. 또한 연구회 교사들은 각자의 소속 학교에서 물별숲 생태환경교육이라는 이름을 걸고 생태교육 자원을 발굴하고, 교육과정에 반영하고자 노력하고 있다.

2017년에는 숲 영역에서 숲속 생태놀이, 텃밭 가꾸기, 자연에서 살아남기, 곤충 표본 만들기, 수목원 생태체험 등으로 활동하여, 일회성으로 끝나거나 지루해지기 쉬운 숲 생태교육의 만족도를 높였다. 또한 물 영역에서 학생들이 직접 가평 목동천 민물생태탐사를 통해 지역의 민물고기 자원을 알아보고, 간이정수기 만들기, 수도박물관 체험, 수서생태체험관 탐사 등을 통해 가평의 학생들에게 적합한 프로그램을 운영하였다. 별 영역은 운영에 있어 시간적 어려움에도 불구하고, 직접 천체망원경을 조립하여 관측하고, 인근 지역의 천문대를 방문하여 활동의 깊이를 더했다. 2017년에 참가, 수료한 26명의 학생들과 학부모들은 연중 운영된 물별숲 꿈의학교의 프로그램 다양성과 새로움에 높은 만족감을 나타내었다.

'다주체 협력형' 교육생태계: 교육 기회균등에 모두 한마음

'다주체 협력형' 교육생태지도는 매우 복잡한 것이 특징이다. 복잡함 속에서도 교육의 기회균등을 위해서라면 기꺼이 상호 협력적이다. 특정한 철학과 목적을 이유로 개교한 꿈의학교에 비해 교육의 기회균등을 목적으로 설립된 꿈의학교들은 그 수도 많을뿐더러 서로 연계하고 융합될 가능성이 매우 높다. 이러한 가능성 때문에 생태지도의 특징도 특정 형태로 고정되어 있기보다는 형태 자체가 환경과 맥락에 따라 유동적이다.

다주체 협력형 교육생태지도의 예(성남시)

이전에는 교육을 중심으로 하던 단체였지만 자신들의 교육철학을 좀 더 심화하고, 저소득층 아이들, 교육 기회를 얻지 못하는 아이들을 위해서 참여하였다.

교육에 대한 열정으로 꿈의학교를 신청하거나 장기적으로 제대로 가르쳐 보고 싶은 경우, '워낙 교육을 못 받은 아이들을 위해서' 꿈의학교를 개설하거나, '이 동네 아이들은 뭔가 있어야 해'라는 마음으로 운영 주체가 되는 경우가 의외로 많다.

성남의 '디딤돌 학교'는 학교 밖 학생들은 애초에 구성 자체가 혜택을 받지 못하는 구조다 보니 지원 학교 차원에서 시작한 경우이다. '아사모학교', '청소년업사이클링'은 분당과 구성남의 중간에서 양쪽 지역의 균형을 위해 설립하게 되었다고 한다. 특이하게 학교가 9개씩이나 많이 몰려 있으면서 특별한 기회가 없는 구성남의 학생들에게 존중과 위로의 철학으로 진행하고 있다.

유사한 예로 '아주 즐거운' 꿈의학교는 '아힘나' 대안학교 학생들을 대상으로 운영하다가 일반학생들에게 문을 열어 함께 운영하고 있다. 장소 역시 대안학교를 운영하는 곳을 활용하고 있어 모든 학생들에게 교육의 기회균등을 위해 노력하고 있다.

교육 기회를 얻지 못하는 아이들에게 꿈의학교를 통해 교육의 기회를 주는 것이다 보니 어떤 곳은 점심이라도 제대로 먹으려고 하는 경우도 있다. 일부러 운영 시간을 길게 해서 토요일에 점심을 제공하기도 한다. '아사모' 꿈의학교는 상대원 3동 복지회관에서 인수를 받아 엄마들이 운영한다. 처음에는 자동차 정비 꿈의학교였으나 복지회관에서 프로그램을 이어받으면서 자동차 정비 프로그램뿐만 아니라 자동차 디자인 프로그램으로 발전시켜 더 크게 운영하고 있다. 연극 프로그램의 경우 초등부와 중고등부로 나눠서 하고 사진반은 초등학생들만을 대상으로 한다. 여러 가지 프로그램을 다양하게 운영한다.

'다주체 협력형' 교육생태지도의 구조가 구체화되지 못하고 복잡한 것은 교육의 기회균등에 대한 인식이 널리 확산되고 재능을 기부하려는 사람이나 기관이 많아서이다. 협약을 맺어서 재학생이 와서 강사로 재능기부를 하고 있는 경우가 많다. 청소년 업사이클링도 학부모, 교사 등 모두 봉사 개념으로 운영한다. '북트레일러'의 경우 경민대학교 교수가 교육기부를 하는 등 다양한 형태를 가지고 있다.

넘어야 할 산: 직접 하기 어려웠던 말들

꿈의학교는 빙산의 일각이다. 깊은 바다에서 수면에 드러난 것이 꿈의학교일 뿐이다. 밑에서 떠받치고 있는 부분은 교육에 관심 있는 마을이라는 공간과 마을 사람들, 교육청, 학교, 행정기관, 교육사업자 등 실로 많은 사람이 아이들의 교육을 위해 분주하다. 그리고 이 모든 빙산의 덩어리를 우리는 마을교육공동체라 부른다.

양적 성장과 질적 성장 사이에서 우리는 잠시 내실을 기할 고민의 시간을 모두 함께 가져야 할 것이다.

마을교육공동체는 넘어야 할 산들이 있다. 그 가운데 꿈의학교와 연관된 고민들을 하나하나 짚어 보자.

꿈의학교는 매년 양적 성장을 이루고 있다. 그리고 이제는 질적인 성장이 필요하다는 이야기들이 많다. 옥석을 가리는 것에서부터 시작해서 꿈의학교의 철학을 다지는 것도 필요하며, 노동량에 비해 자존감을 유지할 수 있는 보상체계도 절실하다.

옥석 가리기

현장에 있는 사람의 고민은 '해야 해서 꿈의학교를 하는 학생'들이 늘었다는 것이다. 지역에서 심사하는 것도 장단점이 있다. 서로 잘 알기 때문에 옥석을 가리기가 어렵다.

— 김포 콩나물 뮤지컬 제작 꿈의학교 K교장

앞으로 꿈의학교가 보다 활기차게 운영되려면 꿈의학교로 이루어진 조직이 필요하다. 그 조직은 그들끼리의 소통을 통해 공동체의 가치와 지속가능한 발전을 위해 활약한다. 더불어 꿈의학교를 교육지원청에서 선정하되 운영은 협의체에서 하도록 꿈의학교 운영진에게 자율성을 보장했으면 한다는 의견도 있다.

꿈의학교 교육 내용별 협의체가 필요

예술, 인문, 과학 등 분야별 꿈의학교 협의체가 잘 운영된다면 서로 돕는 거지요. 학생들이 대표자로 참석해 운영에 적극 참여할 수도 있겠지요.

교육 일선에 선 공교육 교사는 가르침의 험난함을 알고 아이들을 가르칠수록 그 노고와 고난에 힘겨워하며 돌파구를 찾고 있다. 그런데 역설적이게도 꿈의학교의 발전에 가장 큰 벽이 되는 사람들도 바로 교사였다. 어떤 면에서 그런 인식을 갖게 되었는지 확인해 보았다.

문제는 교사의 인식
현재 계신 교사들의 인식이 중요한 것 같아요. 어머니들은 우리 아이들이 수행평가 준비를 해야 하는데, 주말에 영화 찍으러 가면 어떻겠냐고 해요. 일단 학교 선생님들이 수행평가에 이런 걸 다 허용해 주기 때문에 무시할 수는 없는 부분이거든요. 이제 학교 선생님들의 인식이 변해야 엄마들도 변할 수 있게 되는 거죠. 학부모보다 학교 선생님들이 학교 밖에 있는 학교인 꿈의학교에 대해 더 철벽이에요.

그렇다고 교사를 적대시하는 것은 분명 아니다. 학교 교사들이 변하기를 바라는 것뿐이다. 그러나 쉽지 않은 것은 학교 선생님들이 행복해야 하는데, 학교 밖에서 하는 자유학기제 프로그램이나 꿈의학교 프로그램을 더 재밌게 운영해 학부모 입장에서는 괜한 눈치가 보인다고 한다. 그런데 이제는 학교와 꿈의학교가 긴밀히 연계되길 바라는 학부모가 많다.

학교와 꿈의학교가 연계되길 바라
학교 현장하고 꿈의학교하고 맞는 부분이 없어요. 학교에 꿈의학교를 어필했어요. 그래도 학교 선생님들께서는 듣고도 별 관심이 없으신 것 같아요. 교육청에서 한다고 하니, 어디 영재학급 같은 거 엄마가 찾아 또 하나 보다 생각하기도 하고요. 저희 욕심으로는 학교가 어느 정도 꿈의학교와 연계되어서 교육할 수 있는 방안이 필요하지 않은가라는 생각이 들어요.

– 사과나무 숲 꿈의학교 K학부모

성장발표회, 입학식 등을 연합으로 하는 경우는 효율적이고 경제적일 수 있다. 하지만 함께하더라도 꿈의학교 철학이 반영되었으면 하는 바람들을 가지고 있다. 지역의 꿈의학교 수가 적을 때는 꿈의학교들이 가족과 같은 분위기에서 운영했다. 구성원들은 각종 행사를 여러 가지 이유로 연합해 운영할 때도 각 꿈의학교의 철학을 드러냈으면 한다.

모여서 한 입학식, 발표회 화가 나요.

덩치가 커지니까 발표회 운영이 아이들 주도에서 지원청 주도로 변질되었잖아요. 작년에는 운영진과 학생 대표가 따로 모여서 사회자, 무대장치, 순서 등 발표회 전반에 대해 의논을 했거든요.

– 성남 램프 꿈의학교 A교장

그간 꿈의학교 입학식을 아이들이 만들었어요. 근데 올해는 전체 꿈의학교가 모두 모여 교육청에서 입학식을 했어요. 전에는 내빈 소개 그런 거 없이 아이들끼리 하는 작은 파티였어요. 별건 아닌데 보고 나서 모두 행복했다고 해요. 그런데 이번엔 보통 학교의 입학식 같아서 너무 화가 났어요. 직원들이 '스스로 하는 철학'이 부족하지 않나 생각이 들었어요. 행정적으로만 접근한 거죠.

– 남양주 사과나무 숲 꿈의학교 K학부모

사람이 하는 일은 그에 따른 보상이 있을 경우, 자존감도 함께 상승하는 경우가 많다. 열정으로만 버티기에는 지속성이 부족하다. 어떤 상황에서 운영자들의 고충이 있는지 이야기를 들었다.

지속가능한 내일 1: 운영 비용 확보 노력과 지원

가장 많이 걱정하는 것은 당장 교육감이 바뀌어 경제적인 지원을 멈추면 꿈의학교도 소멸되는 것 아닐까 하는 시선이다. 이를 극복할 수 있는 담론이 형성되고 자생력도 갖추어 지속가능성을 확보해야 한다.

교사의 미비한 처우

복잡한 정산 문제, 물건을 주문해도 해당 제품이 없거나 주문했는데 업체가 연락이 안 된다든지, 열정만 가지고 매주 주말 나오기가 어렵죠. 여름엔 에어컨 문제라든지, 학생들보다 먼저 나와서 문을 열어야 하지요. 그리고 다른 선생님들이 안 나오는 주말이잖아요. 한때는 이게 제가 해야 할 일인가 회의감이 들 때도 있었어요. 어떤 물질적인 보상이 있는 것도 아니고 가정에서는 토요일마다 나간다고 불평이죠. 가족과 여행 간다든지 그런 게 힘들어요.

– 성남 보드 꿈의학교 P교사

예산 문제는 운영자의 노동량과 노력에 비해서 노동의 가치와 보상이 너무 미비해 자존감이 무너지는 경험도 했다.

– 김포 콩나물 뮤지컬 제작 꿈의학교 K교장

교육청이나 시에서 주는 예산에만 의지하는 것의 한계에 대해 그 대안으로 협동조합 형식의 자립 방안을 논의하고 있다. 마을에서 마을 사람이 운영하는 협동조합의 수입이 꿈의학교 운영에 밑거름이 될 수 있도록 하자는 것이다.

기존에 운영하던 협동조합, 사회적 기업, 문화재단, 사단법인 형태로 각자가 지닌 고유의 철학을 교육으로 펼쳐 오던 다수의 꿈의학교 역시 마을의 공동체성을 바탕으로 꿈의학교 운영을 확대하고 심화할 수 있다.

결과적으로 관의 예산 지원을 확대해야 한다는 꿈의학교보다 마을을 기반으로 공동체를 형성하고 자발적인 경제적 지속성 확보를 위해 노력하는 꿈의학교가 지속적으로 성장할 가능성이 높다는 분석이다.

남양주의 한 꿈의학교에서는 지역 특성을 고려한 영화제작 시설과 관련 종사자들의 인적 자원을 통해 협동조합을 운영할 준비를 하고 있다.

맨땅에 헤딩

관건은 지속가능한 협동조합 형식으로 자립할 수 있는 기반을 어떻게 만들 것이냐 입니다. 여전히 교육청이나 시에서 주는 예산에만 의지할 것이냐에 대한 문제죠. 앞으로 지속가능한 꿈의학교가 되려면 이 부분에 대해서 해답을 찾아야 해요. 그리고 그 안에서 중요한 게 마을이에요. 공동체.

단체에서 하는 곳은 직원들이 연봉을 받고 시설이 잘되어 있고, 경제적인 기반이 있죠. 그런데 우리는 정말 맨땅에 헤딩이거든요. 마을이 모여서 자원을 활용하고 마을 사람들이 모여서 하는 거죠.

— 남양주 영화제작 꿈의학교 L교장

교육과 경제활동의 결합

삶을 보살피고 노동하는 것이 중요해요. 협동조합의 아버지, 사상가들은 교육과 경제 활동이 결합되는 것, 노동이 교육의 공간이 되는 것, 그곳에서 사람이 변화되는 것 이런 것들을 중요하게 여겼거든요. 사람을 변화시키기 위한 것이 학습 경험이고, 노동 이라는 입장이죠. 물론 모든 경제가 지역 중심의 경제, 협동조합 경제가 되어야 한다는 것은 아니지만 그 경제활동의 기반이라는 것이 사람을 기반으로 해야 한다는 것이죠. 사람들이 성장하기 위한, 삶의 질을 높이고 학습하고 성장하기 위한 활동이 되어야 한다는 전망을 갖는다면 너무 무리한 이야기는 아니라고 생각합니다.

— 경희대학교 후마니타스칼리지 P교수

    한편 '교육경제공동체'라는 표현이 있다. 사회 경제학 측면에서 경제라는 말은 삶의 기반인 마을로 대체될 수 있고, 노동으로도 대체될 수 있으며, 큰 사회의 경제라는 말로 대체될 수 있다. 궁극적으로는 경제활동의 목적이 무엇이 되어야 하는가의 질문에 '교육이다'라는 답이 나오는 것이 교육경제이다. 또 그것이 공동체에 의해 공동체를 위해 이뤄지는 것을 교육경제공동체라고 할 수 있다.

꿈의학교의 경제적 지속성을 위한 해답을 교육경제공동체에서 찾는 이론가이자 활동가를 만나 보았다.

우리가 이야기하는 꿈의학교의 지속가능성 논의는 자구책만을 찾자는 차원에서 이뤄지는 것은 아니다. 마을이 스스로 움직여 꿈의학교를 위한 경제적 기반을 다질 수 있는 지원체제에 투자할 필요에 대해서도 유심히 살펴볼 필요가 있다.

> **거기에 자원을 투자해야 해요.**
> 용인지역의 학교협동조합은 어려운 가운데 스스로 모였어요. 그렇기에 학부모님들은 반드시 더 성장하게 되지요. 교사 학부모 민관이 다 같이 만나서 논의하게 되니까 내 아이에게 친환경 음식을 먹이고 싶다는 것에서 시작해서 중요한 활동가로 성장하신 분들이 계시거든요. 꿈의학교 성격에 따라 네트워크를 만들어 줄 수 있는 공간을 만들어 주는 것이 중요하다고 봅니다. 거기에 자원을 투자해야 해요.
>
> – 경희대학교 후마니타스칼리지 P교수

지속가능한 내일 2: 마을 사람의 공동체성과 교육력 강화

일보다는 사람이 우선이다. 꿈의학교가 꾸준히 발전하려면 우선 사람을 존중해야 하고 그 사람이 가진 공동체성을 높이 평가해야 한다.

일반적으로 지속성을 갖기 위해서는 관련 자원이 풍요롭고 탄탄해야 하지 않는가. 꿈의학교에 아이들만 존재하지는 않는다. 관련 자원인 지역사회가 함께하고 있으며, 이들이 집단지성화되면 자연스럽게 지역의 교육력이 증가할 것이다. 그 결과 아이들을 향한 마음 또한 너그럽고 정성스러워지는 선순환을 예견할 수 있다.

아이들을 위해 마을에서 헌신적으로 일을 할 수 있죠.

영화감독들이 자유학기제에 가서 강의하고, 나름대로의 공동체가 형성된 거예요. 또 경력 단절된 어머니들이 새로운 길을 찾거나 지역공동체가 일이 생긴 거죠. 우리 아이들을 위해 헌신적으로 일할 수 있는 거죠. 마을이 일어서고 마을이 함께 가는 것을 지향하고 있어요.

– 남양주 영화제작 꿈의학교 L교장

그동안 지식의 전달이었던 교육에서 이제는 개인의 역량과 성장이라는 키워드로 전환되면서 교육의 장에 대한 중요성도 함께 부각되었다. 즉 성숙한 교육의 장에서 교육이 진행될 때 비로소 개인의 역량이 더욱 성장하고 발현할 수 있는 환경이 조성될 수 있다. 꿈의학교는 그러한 교육의 장이 될 가능성이 있다.

그러나 교육 역량의 강화가 단순히 경력이 단절된 마을 사람들의 직업 얻기라는 인식은 아니며, 집단지성과 지역의 교육력이 함께 성장하는 것에 방점을 두어야 한다.

모든 자원들이 참여하면서 성장해요.

학생들이 성장하는 것이 아니고 마을 주민들, 지역의 성인들도 함께 성장하는 것입니다. 거기에 참여하는 학생들만이 지역의 자원이 결합되어 나오는 결과물이 아니라 여기에 참여하는 학부모님들과 지역 주민들이 성장을 경험하시거든요. 그동안 교육에 참여하지 않았던 자원들이 참여하는 것이죠.

– 경희대학교 후마니타스칼리지 P교수

세종문화회관에서 성남동 마을 사람들이 꿈의학교 활동에 함께 참여하고 있다.

지속가능한 내일 3: 제도적 뒷받침과 학습 플랫폼

미래에도 꿈의학교가 지속가능하도록 하려면 학교와 융합하여 학습 플랫폼으로 도약하고, 학교와 마을을 넘나들며 공부할 수 있는 장이 되어야 한다. 그간 교육 혁신의 노력으로 우리는 지금 몇 가지 학생 주도형 교육제도를 보아 왔다. 자치교육, 진로교육, 자율동아리 등의 창의적 체험활동과 자유학년제, 꿈의학교, 고교학점제 등이 그것이다.

이러한 학생 주도형 교육은 미래교육의 지향 원리를 바탕으로 하고 있다. 학생이 주도한다는 것과 학습공간이 확산되었다는 점, 그리고 테크놀로지를 활용하고 보편적 학습 설계 원리를 반영해 학습장애 요소가 제거되는 특징이 있다.

더 나아가 우리 교육에서 미래의 학교 역할에 대해 경기도교육연구원의 조윤정은 학교를 학습 플랫폼으로 보고, 학교가 공동체성과 형평성을 강화하는 주춧돌의 역할을 해야 한다고 하였다. 또한 미래의 교육과정은 학습자 주도로 개별화되는 것으로 내다보았다. 이어 평가 역시 결과가 아닌 학습과정의 평가로 전환되고 다양한 배움을 인정하는 평가로 학교 밖 배움터의 학습도 인정할 것이라 예측하고 있다.

꿈의학교가 지속가능하게 유지되고, 발전하기 위해서는 이와 같은 맥락을 고려하여 제도적인 융합이 이루어져야 한다. 즉 학교의 교육과정과 꿈의학교가 융합하여 꿈의학교를 학습 플랫폼으로 활용하는 것이 타당하다는 것이 마을 사람들의 의견이다.

이미 꿈의학교가 지역사회와 협력하여 공간까지 결합되어 운영되고 있는 곳이 있다. 의정부 몽실학교가 이런 예이다.

학교교육과 꿈의학교의 융합으로

학교 현장에서 프로젝트식 체험의 진로교육을 잘 이뤄 내지 못하는 것을 많이 봤거든요. 진로교육이라고 해 놓고 여기저기 작은 체험이나 다니거나 그런 식이었거든요.

– 남양주 영화제작 꿈의학교 L교장

학교에서도 요즘 진로교육도 하고 다양하게 하는데 소꿉놀이처럼 하거든요. 그냥 진로체험관 둘러보기만 하는 식이 아니라 직접 참여하는 것으로요. 그리고 꿈의학교는 진로체험관과 비교할 때 단발적이지 않고 지속적이잖아요.

– 남양주 영화제작 꿈의학교 L교장

꿈의학교는 제대로 직접 체험하게 하니까 그곳에서 진로에 대한 방향성을 얻는 것이 있어요.

– 고양 꿈꾸는 뿌리 꿈의학교 B교장

요즘 외고, 자사고도 없어지잖아요. 또 중학교 자유학기제에서 자유학년제로 실시되잖아요.

– 남양주 사과나무 숲 꿈의학교 K학부모

고교학점제, 창체활동 등 이런 것을 학교에서 꿈의학교로 나오는 형태로 하면 좀 더 많은 아이들이 참여할 수 있지 않을까요?

– 고양 꿈꾸는 뿌리 꿈의학교 B교장

미래형 청소년 자치 배움터로 정책화

꿈이룸학교가 여기까지 올 수 있었던 이유는 지역사회가 참여하고 몽실학교라는 공간이 있었기 때문입니다. 앞으로 공간까지 결합된 지역사회 협력 미래형 청소년 자치 배움터로 정책화되어야 합니다.

— 의정부 몽실학교 S장학사

미래 자신의 진로를 개척하고자 자체적으로 배움터를 운영하는 곳이 점차 늘어나고 있다.

지속가능한 내일 4: 배움의 주체는 학생이다

교육의 해답을 학생들에게서 찾아야 한다. 배움을 스스로 만들어 생활 속에서 활용할 수 있고 이를 바탕으로 전문성과 창의성을 확보할 수 있는 공간으로서 꿈의학교가 활용되도록 하는 것이다.

학교에서 엎드려 자던 잠만보가 꿈의학교에 고개를 드는 열정의 이유를 찾아보았다. '책무', '흥미', '실패 극복', '절실함', '삶과 앎'의 연결이 그것이다.

더불어 꿈의학교를 통해 학생이 성장한 것들도 찾아보았다. 그것은 자신의 진로와 관련해서 궁금한 것을 머릿속에만 담아 두지 않고 '질문'과 역경을 딛고 일어서는 '도전'을 하고, 실천을 위해 주도면밀하게 접근하는 '기획'과 자신의 꿈과 관련된 수많은 '상상'을 함께 즐기며, 계획해 일을 추진하는 '협업'이다. 성장을 위해 고민하는 '성찰', 바람직한 절차와 운영의 방식인 '민주성', 우리 모두가 추구해야 할 가치인 '공동체 지향', 이것들이 바로 성장하는 모습이다.

배움의 주체는 학생이다. 꿈의학교를 통해 고개 들고 관심과 열정이 살아났다면 꿈의학교는 학생을 배움의 주체로 인정했다고 볼 수 있다.

꿈의학교의 지속가능성을 이야기할 때 일반 학교와 다른 또 하나의 학교로 인정받는 것보다 학생을 배움의 주체로 인정하는 교육 방식과 허용적 분위기를 더 생각해 봐야 한다. 배움의 주체를 교사에서 학생으로, 배움의 대상을 지식에서 역량으로 발전시키기 위해서는 모든 교육 정책과 그에 따른 예산의 추진이 학생에게 맞추어져야 할 것이다. 교육의 모든 해답을 학생에게서 찾아야 할 것이다.

교육의 새로운 도약은 이제 학교가 아니라 아이들에게서 그 해답을 찾아야 합니다. 아이들이 스스로 배움을 만들어 가는 교육은 학교든, 마을이든 공간의 구분이 필요 없을 것입니다. 앎과 삶이 하나가 될 수 있다면 넘나들면서 그 배움을 추구하게 해 주는 것이 가장 중요할 것입니다.
그런 배움을 스스로 만들어 나갈 수 있도록 모두가 지지하고 지원해야 할 것입니다. 그래야 우리 아이들이 미래에 제대로 살 수 있기 때문입니다.

– 의정부 몽실학교 S장학사

배움의 주체는 학생이다. 이제 '지식의 전달'이 아닌 '학생의 성장'으로 교육의 중심을 옮겨야 할 때다.

부록

APPENDIX

경기꿈의학교 자료

● 경기마을교육공동체 활성화 지원에 관한 조례

제2장 경기꿈의학교 지원

제6조(기본계획) ① 교육감은 경기꿈의학교 사업 지원을 위하여 다음 각 호의 내용을 포함한 "경기꿈의학교 기본계획"(이하 "기본계획"이라 한다)을 매년도 수립 · 시행한다.

1. 경기꿈의학교 운영 활성화 기본 방향
2. 경기꿈의학교 사업자 선정 및 운영 지원에 관한 사항
3. 경기꿈의학교의 안정적 정착을 위한 행정 및 재정 지원의 범위
4. 경기꿈의학교와 관계 기관 간의 상호 협력 및 네트워크 구성
5. 그 밖에 경기꿈의학교 활성화를 위하여 필요한 사항

② 교육감은 기본계획 수립 시 학생, 교직원, 학부모, 마을 주민의 의견을 수렴하고 반영하여야 한다.

제7조(경기꿈의학교 운영위원회) ① 교육감은 경기꿈의학교의 정책 및 사업을 심의하고 발전 방향에 대한 자문을 구하기 위하여 "경기꿈의학교 운영위원회"(이하 "운영위원회"라 한다)를 둔다.

② 운영위원회는 다음 각 호의 사항에 대하여 심의한다.

 1. 경기꿈의학교 기본계획 및 시행 계획 수립

 2. 경기꿈의학교 운영 지원

 3. 경기꿈의학교 운영 결과에 대한 성과 평가

 4. 그 밖의 경기꿈의학교 지원과 관련하여 필요하다고 인정되는 사항

③ 운영위원회는 위원장 1명을 포함하여 15명 이내의 위원으로 구성한다.

④ 위원장은 위원 중에서 호선하며, 부위원장은 주무부서의 장이 된다.

⑤ 위원은 다음 각 호에 해당하는 사람 중에서 교육감이 임명 또는 위촉하되, 한 쪽의 성이 100분의 60을 넘지 않도록 한다.

 1. 경기도의회에서 추천하는 경기도의원

 2. 경기도교육청 소속 공무원

 3. 관련 분야에 학식과 경험이 풍부한 전문가 또는 민간활동가

⑥ 운영위원회의 사무를 처리하기 위하여 간사를 두되 간사는 마을교육공동체 기획단 업무담당 장학관으로 한다.

⑦ 위원의 임기는 2년으로 하며 한 차례만 연임할 수 있다. 다만, 공무원인 위원의 임기는 그 직의 재임기간으로 하되, 보궐위원의 임기는 전임 위원의 남은 임기로 한다.

⑧ 기타 운영위원회 운영 등에 관한 사항은 「경기도교육청 각종 위원회 설치 및 운영 조례」에 따른다.

제8조(사업) 교육감은 경기꿈의학교 활성화를 위하여 다음 각 호에 해당하는 사업을 추진할 수 있다.

1. 초 · 중 · 고등학생을 대상으로 한 경기꿈의학교 운영

2. 학교 밖 학령기 청소년을 대상으로 한 경기꿈의학교 운영

3. 학생들이 자발적으로 운영하고자 제안한 경기꿈의학교 지원

4. 그 밖에 교육감이 필요하다고 인정하는 사업

제9조(사업자 선정) ① 경기꿈의학교 사업자는 비영리 법인 또는 단체, 개인 등으로 하며, 모집은 공개를 원칙으로 한다.

② 경기꿈의학교를 운영하고자 하는 사업자는 지원신청서를 교육감 또는 교육장에게 제출하여야 하며, '경기도교육청 지방보조금심의위원회' 심의를 거쳐 교육감이 선정한다.

③ 교육감은 예산의 범위 내에서 경기꿈의학교 사업비를 지원할 수 있으며, 사업비의 신청과 교부에 관한 사항은 「경기도 교육비 특별회계 지방보조금 관리 조례」규정에 따른다.

제10조(성과평가) ① 교육감은 매년 경기꿈의학교 사업에 대해 성과 평가를 실시하여야 한다.

② 교육감은 필요할 경우 외부 전문기관에 의뢰하여 성과평가를 실시할 수 있다.

③ 다음 각 호의 어느 하나에 해당된다고 인정될 때에는 해당 사업자에 대한 선정을 취소할 수 있다. 선정이 취소된 사업자는 즉시 사업비를 반환하여야 한다.

1. 사업자가 법령 또는 조례를 위반하였을 때

2. 사업자가 사업비를 목적 외에 사용하거나 또는 지원 조건을 위반하였을 때

3. 사업자가 허위 또는 부정한 방법으로 신청 또는 보고하여 사업비를 지원받았을 때

4. 사업자가 정당한 사유 없이 3개월 이상 사업을 지체하였을 때

제11조(연수) 교육감은 경기꿈의학교를 활성화하기 위하여 사업자 및 관계자에 대하여 필요한 연수와 발표회 등을 실시할 수 있다.

● 경기학생 꿈 조사 결과

1) 조사 기간 : 2017. 9. 1. ~ 12. 20.

2) 조사 방법 : 경기도교육연구원에 온라인 설문 조사 의뢰하여 실시

3) 조사 참여 학생 수 : 15,108명

구분		합계	1학년 (4학년)	2학년 (5학년)	3학년 (6학년)
참여 학생 수	전체	15,108	3,879	7,000	4,229
	초	6,808	–	4,111	2,697
	중	4,942	1,626	1,806	1,510
	고	3,358	2,253	1,083	22

학생 꿈 조사 주요 결과

1) 학생들이 생각하는 꿈의학교

○ 학생들이 하고 싶은 꿈의학교 유형 10순위(3개 이내 중복 허용)

순위	1	2	3	4	5	6	7	8	9	10
전체	과학	스포츠	미술	요리	인문· 사회	음악	진로	영상 (영화)	창업	뮤지컬 (연극)
남	과학	스포츠	요리	인문· 사회	미술	음악	진로	창업	영상 (영화)	생태
여	미술	요리	인문· 사회	음악	과학	진로	뮤지컬 (연극)	영상 (영화)	스포츠	창업

○ 경기도교육청에서 운영하는 꿈의학교를 알고 있는지 여부(%)

전혀 모른다	들어 봤지만 자세한 내용은 모른다	알고 있고 참여했다	알고 있으나 참여하지 않았다
47.2	27.2	7.8	17.8

○ 경기도교육청에서 꿈의학교를 운영할 경우 참여 여부(%)

참여하겠다	참여하지 않겠다	모르겠다
54.1	12.5	33.4

2) 학생들이 꿈꾸는 직업

○ 학생들이 꿈꾸는 직업 10순위(3개 이내 중복 허용)

순위	1	2	3	4	5	6	7	8	9	10
전체	음악 미술 문화	영화, 연극, 방송	미용, 패션	음식 및 조리	스포츠	교육, 연구 관련	보건, 의료	경찰, 소방, 군인	기타	법률 관련
남	스포츠	기계 관련직	경찰, 소방, 군인	영화, 연극, 방송	전기, 전자, 정보	음악, 미술, 문화	기타	음식 및 조리	법률 관련	교육, 연구 관련
여	미용, 패션	음악, 미술, 문화	영화, 연극, 방송	음식 및 조리	보건, 의료	교육, 연구 관련	법률 관련	기타	사회 복지	경찰, 소방, 군인

○ 꿈꾸는 직업을 갖기 위해 지금 하고 싶은 것(%)

나에 대해 알기	학교 공부	직업에 대해 알기	자격증 따기
42.2	20.7	17.3	14.2

● 경기꿈의학교 기본계획

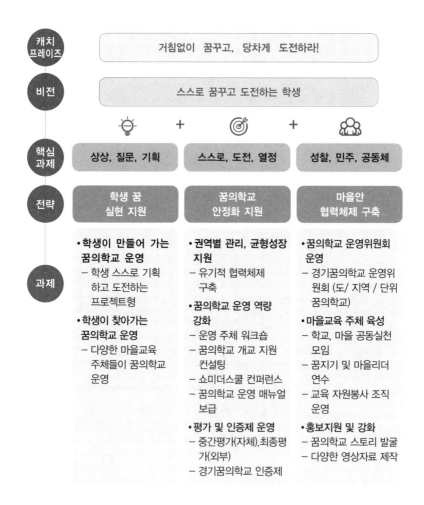

1. 근거

○ 「경기마을교육공동체 활성화 지원에 관한 조례」(2015.11.4.)

○ 2018 경기교육 기본계획

○ 2018 마을교육공동체 기본계획

2. 목적

○ 학생 스스로 꿈을 기획하고 도전과 성찰을 통해 자아 탐색 및 꿈 실현

○ 경기꿈의학교 질적 성장을 통해 학생들의 다양한 교육활동 지원

○ 학교와 마을의 연대·협력을 통한 폭넓은 교육생태계 기반 마련

3. 용어의 정의

○ 경기꿈의학교

학교 안팎의 학생들이 꿈을 실현하기 위해 스스로 참여·기획·운영하는 학교 밖 교육활동. 마을교육공동체 구성원들은 학생들이 배움의 주체로서 무한히 상상하고, 질문하고 스스로 기획·도전하고, 성찰하면서 자기 삶을 개척해 나가도록 촉진하고 지원함. 질적 성장을 통해 학생들의 다양한 교육활동 지원.

○ 학생이 만들어 가는 꿈의학교

경기도내 학교 안팎의 학생들이 스스로 꿈의학교를 만들어 운영하는 학교 밖 교육활동

○ 학생이 찾아가는 꿈의학교

경기도내 다양한 마을교육공동체 주체들이 학생의 꿈 실현을 위해 운영하는 학교 밖 교육활동

4. 실태 분석 및 추진 과제 설정

○ 실태 분석

• 2017년도 경기꿈의학교 749교 운영

　※ 연도별 실적: 143교(2015) → 363교(2016) → 749교(2017)

• 자유학년제 및 고교교육 정상화 연계, 경기꿈의학교 확대 요구

- 경기꿈의학교에 대한 인지도와 만족도가 높아지고 있으나 홍보 확대 필요
- 지역간 꿈의학교 수와 프로그램 내용 격차 발생으로 열악한 지역 의 학생 참여기회 부족
- 마을교육공동체 리더과정 100명, 꿈지기 연수 120명 수료
○ 추진 과제 설정
  - 학생 꿈 실현 지원을 위한 경기꿈의학교 질적 성장
  - 경기꿈의학교 안정화 및 지역별 균형 성장 지원
  - 지속 발전을 위한 유기적 협력체제 구축 및 동반 성장

5. 방침

○ 학생이 배움의 주체로서 무한히 상상하고 질문하고 스스로 기획·도전하도록 촉진
○ 자유학년제 및 고교 교육 정상화와 연계하여 중고등학생 참여 확대
○ 지역기업*, 지역기관이 참여하는 다양한 형태의 꿈의학교 발굴 운영
  (* NH농협은행 주최 '파이낸싱 꿈의학교' 운영 등 기업의 교육기부 형태 참여)
○ 기초지자체와 교육협력사업 운영으로 재원 조달 및 지역 균형발전 도모
○ 교육협동조합과 꿈의학교 연계 및 교육 자원봉사 참여 확대로 꿈의 학교 안정화
○ 마을교육공동체의 주체를 육성하고 연결을 통한 지속발전 가능성 제고
○ 꿈의학교 안정적 운영 지원을 위한 권역별 질관리

6. 세부 추진계획

1) 학생 꿈 실현 지원

가. 학생이 만들어 가는 꿈의학교 운영

- 운영 주체: 경기도내 초중고 학생 및 학교 밖 학령기 청소년
- 목적: 학생이 스스로 꿈의학교를 기획하고 운영하며 삶의 역량 강화
- 자유학년제 및 고교교육 정상화와 연계한 꿈의학교 확대

※ 연도별 추이:

(25교)2015 → (148교)2016 → (335교)2017 → (500교)2018

- 운영기간: 2018. 3. ~ 2019. 2.
- 선정 및 운영 개요

나. 학생이 찾아가는 꿈의학교 운영

- 운영 주체: 학부모, 비영리법인 또는 단체(개인), 기관 등
- 목적: 마을의 다양한 교육 주체들이 학생의 꿈 실현을 위한 꿈의 학교 운영
- 기업, 기관 등이 운영하는 다양한 형태의 꿈의학교 발굴 및 확대

※ 연도별 추이:

(118교)2015 → (215교)2016 → (419교)2017 → (500교)2018

- 운영기간: 2018. 3. ~ 2019. 2.
- 선정 및 운영 개요

1	2	3	4	5
계획 수립 및 공고	선정심사	운영위원회 및 지방보조금 심의위원회	선정 결과 발표 및 워크숍	운영 및 평가
1월	1월 ~ 2월	3월	3월	4월~ 2019년 2월
도교육청	교육지원청	교육지원청 도교육청	도교육청 교육지원청	꿈의학교 교육지원청

2) 꿈의학교 안정화 지원

가. 권역별 관리 및 균형성장 지원

- 3권역으로 나누어 도교육청-교육지원청-꿈의학교 유기적 협력 체제 구축
- 지자체 협력 확대를 통한 균형성장 도모
- 지역의 여건과 특성을 고려한 꿈의학교 발굴 및 운영 지원 확대
- 꿈의학교 수업공개 및 간담회 운영
  - 초청대상: 학부모, 교원, 마을교육공동체 일원
  - 꿈의학교별 수업공개 및 간담회 1회 이상
  - 꿈의학교 운영 주체와 강사의 성범죄 및 아동학대 전력 조회 실시

나. 경기꿈의학교 운영 역량 강화

- 학생이 찾아가는 꿈의학교 운영 주체 워크숍
  - 목적: 운영 주체 역량 강화 및 마인드 제고
  - 일시: 선정 직후 (3월)
  - 참석: 운영 주체 500여 명

- 내용: 경기꿈의학교 운영 방법, 회계, 학생 안전 등
- 학생이 찾아가는 꿈의학교 개교 지원 컨설팅
  - 목적: 찾아가는 꿈의학교 안정적 개교 지원
  - 일시: 운영 주체 워크숍 직후 ~ 4월
  - 참석: 학생이 찾아가는 꿈의학교 500교
  - 내용: 교육 장소 안전점검, 학생모집, 운영 제반 점검 및 지원
  - 방법: 지역의 학교-마을 공동실천모임에 의한 꿈의학교 방문 컨설팅
- 학생이 만들어 가는 꿈의학교 운영을 위한 '쇼미더스쿨' 컨퍼런스
  - 목적: 꿈의학교에 대한 무한상상과 운영 계획 구체화
  - 일시: 선정 직후 (3월)
  - 참석: 만들어 가는 꿈의학교 꿈짱 및 꿈지기
  - 내용: 꿈의학교 운영 아이디어 창출 및 계획서 구체화
  - 방법: 꿈의학교에 대한 무한한 상상, 협력을 통한 아이디어 구체화 등
- 경기꿈의학교 운영 매뉴얼 보급으로 안정적인 꿈의학교 운영 지원
  - 보급시기: 2018.3.
  - 내용: 꿈의학교 운영 매뉴얼 및 사업비 집행 지침

다. 꿈의학교 평가 및 인증제

- 꿈의학교 운영 평가를 통한 질관리 및 꿈의학교 인증을 통한 지역 꿈의학교 리더 세움과 지역의 자생적 성장 지원
  - 시기: 중간평가(상반기), 최종평가(하반기)
  - 평가대상: 꿈의학교 전체
- 경기꿈의학교 인증제 실시
  - 인증제대상: 2년 이상 운영 학교 중 우수 운영 꿈의학교

3) 지속발전을 위한 마을 안 협력체제 구축

가. 경기꿈의학교운영위원회 조직 및 운영

- 경기꿈의학교 운영위원회: 경기꿈의학교 기본계획, 공모, 선정, 인증 심의
- 지역 꿈의학교 운영위원회: 지역꿈의학교 선정심의, 꿈의학교 평가
- 단위 꿈의학교운 영위원회: 단위 꿈의학교 운영 제반에 관한 심의

나. 마을교육 주체 육성

- 학교 – 마을 공동실천모임 육성
  - 지역의 교사, 학부모, 지자체·유관기관 실무자 등을 포함하여 구성
  - 지역의 꿈의학교 발굴 및 성장 지원
  - 꿈의학교와 교육과정 연계 방안 연구 및 지원
- 마을교육 주체 육성을 위한 다양한 연수 운영
  - 마을교육 원격 연수, 꿈지기 연수, 마을리더 연수
  - 교육 자원봉사 조직 운영

다. 홍보 지원 및 강화

- 꿈의학교 스토리 발굴 및 취재 추천: 발굴 및 종단 취재
- 다양한 영상자료 제작: 미디어경청 및 대변인실과 연계
- 꿈의학교별 홍보 포스터 제작 및 배부

라. 경기꿈의학교 유공자 표창

- 대상: 꿈의학교 발굴·지원·운영 등 공로가 있는자(교직원 및 기타 유공자 등으로서 해당 분야의 공적이 우수한 자)
- 훈격: 교육감 표창
- 시기: 2018. 12.(예정)

7. 기대 효과

○ 학생 스스로 꿈을 향한 도전으로 자아 탐색 및 진로 모색

○ 경기꿈의학교 질관리를 통한 학생들의 다양한 교육활동 지원

○ 학교와 마을의 연대 · 협력을 통한 폭넓은 교육생태계 기반 마련

● 경기꿈의학교 공모계획

1. 근거

○「경기마을교육공동체 활성화 지원에 관한 조례」(2015. 11. 4.) 제8조, 제9조

○「지방재정법」제17조,「지방재정법 시행령」제29조

○「경기도교육비특별회계 지방보조금 관리 조례」제2조, 제11조

2. 목적

○ 경기꿈의학교 활동을 통한 협동과 연대의 가치 체득

○ 학생 스스로 꿈을 향해 기획하고 도전과 성찰을 통해 자아탐색 및 꿈
   실현

3. 방침

○ 학생이 프로그램을 기획 · 운영하고 진로 탐색 및 꿈을 실현하도록
   지원하는 내용의 기획안으로, 창의적이고 기발한 아이디어, 미래 사
   회에 대한 기대와 가치를 추구하는 꿈의학교 공모 및 선정

○ 학생 꿈 조사[1]를 반영한 다양한 영역을 고려하여 기초자치단체당 경기꿈의학교 유형별 1교 이상 선정

○ 1개 단체(개인)는 1개 지역만 응모 가능하며 꿈의학교 유형 중복 응모 불가

〈유형: 학생이 만들어 가는 꿈의학교, 학생이 찾아가는 꿈의학교, 마중물 꿈의학교 중 택 1〉

○ 교육지원청 예산액의 120% 내에서 심사 선정 후 도교육청 종합 검토 및 경기꿈의학교 운영위원회와 보조금심의위원회 심의를 거쳐 교육감이 선정

4. 공모 개요 및 추진 일정

○ 개요

구분	학생이 찾아가는 꿈의학교	학생이 만들어 가는 꿈의학교	마중물 꿈의학교
신청기간	2018년 1월 11일(목) ~ 2018년 1월 26일(금) 17:00 마감		
운영기간	2018년 4월 ~ 2019년 2월		
공모지역	경기도 전역 (31개 시군)		
공 모 수	약 500교	약 500교	약 100교
운영시간	50시간 이상	40시간 이상	20시간 이상
모집인원	20명 이상	10명 이상	어른 3명+학생 10명 이상
예산기준	3천만 원	5백만 원	3백만 원

---

1 학생 꿈 조사 상위 10개 분야: 과학, 스포츠, 미술, 요리, 인문·사회, 음악, 진로, 영상·영화, 창업, 뮤지컬·연극 등

○ 추진 일정

순	일시	내용
1	2018. 1. 3.(수)	교육지원청 담당자 워크숍
2	2018. 1. 4.(목)	2018 경기꿈의학교 공모 공고
3	2018. 1. 9.(화)~1. 10.(수)	2018 경기꿈의학교 공모 설명회 ※ 의정부(9일), 부천(9일), 성남(10일), 수원(10일)
4	2018. 1. 11.(목)~1. 26.(금)	서류 접수 ※ 마을교육공동체 홈페이지(village.goe.go.kr) 온라인 접수
5	2018. 1. 25.(목)	교육지원청 심사단 협의회
6	2018. 1. 29.(월)~2. 14.(수)	교육지원청별 심사
7	~ 2018. 2. 21.(수)	지역 꿈의학교운영위원회 심의 및 심사 결과 제출
8	~ 2018. 2. 28.(수)	취합 및 도 꿈의학교운영위원회 심의
9	~ 2018. 3. 23.(금)	보조금심의원회 심의 및 선정결과 발표
10	2018. 3. 27.(화)~3. 29.(목)	운영 주체 워크숍 ※ 대상: 찾아가는 꿈의학교 및 마중물 꿈의학교 운영 주체
11	~ 2018. 4월 중순	약정서 체결, 수정 계획서 제출, 사업비 교부

※ 상기 일정은 변경될 수 있음

5. 세부 추진 계획

1) 교육지원청 담당자 연수

○ 목적: 2018년도 꿈의학교 업무담당자 역량 강화

○ 일시: 2018. 1. 3.(수) 10:00~18:00

○ 장소: 경기도교육청 북부청사

○ 내용: 특강 및 2018 경기꿈의학교 정책 방향과 역할 등

○ 행정사항: 참가자 명단 제출

2) 2018 경기꿈의학교 신청

가. 공모계획 공고 (도교육청, 교육지원청)

- 시행 공고: 2018. 1. 4.(목)

- 도교육청 및 교육지원청 홈페이지 게시, 대변인 언론 홍보 등

나. 공모 설명회 개최 (도교육청, 교육지원청)

- 개요

차수	일시	장소	지역
1차	2018. 1. 9.(화) 10:00~12:00	경기도교육청 북부청사	의정부
2차	2018. 1. 9.(화) 15:00~17:00	부천	부천
3차	2018. 1. 10.(수) 10:00~12:00	성남	성남
4차	2018. 1. 10.(수) 15:00~17:00	수원	수원

- 설명회 참여 신청: 온라인신청

- 내용: 경기꿈의학교 운영 사례, 지원계획, 신청방법, 심사·선정
  기준, 사업계획서 작성 및 회계처리기준 등

다. 공모신청서 및 계획서 제출(꿈의학교 운영 주체)

- 기간: 2018. 1. 11.(목)~1. 26.(금)17:00 마감

- 방법: 경기마을교육공동체홈페이지(http://village.goe.go.kr)에 온라
  인 신청

- 응모 자격 및 제출 서류

구분	학생이 찾아가는 꿈의학교	학생이 만들어 가는 꿈의학교	마중물 꿈의학교
응모 자격	• 비영리단체나 법인 • 개인	• 경기도 관내 초·중·고 학생 및 학령기 학교밖 청소년	• 마을교육공동체 활동 및 꿈의학교 실천 의지가 있는 개인 3명+학생 10명
제출 서류 / 공통 제출	① 꿈의학교 신청서(양식 1) ② 꿈의학교 운영계획서(양식 2) ③ 사업비 집행계획서(양식 3) ④ 응모 대상자 현황(양식 4)		

제 출 서 류	해 당 자 만	⑤ 단체(개인)소개서 　(양식5) ⑥ 사업자등록증 또는 　고유번호증 1부 ⑦ 경기꿈의학교인증서 　사본 1부	-	-

※ 경기도교육청 및 마을교육공동체 홈페이지에 탑재된 양식 활용

3) 교육지원청 심사

가. 교육지원청 심사단 구성 (교육지원청)

- 대상: 지역 꿈의학교 전문가, 마을교육공 동체 연수 이수자, (퇴직) 교직원, 지자체 업무 관련자, 학생 중 경기꿈의학교 이해가 높은 사람
- 구성: 1차-3명 이상, 2차- 5명, 3차-2명 이상 1팀으로 구성
- 구성 현황 및 서약서 pdf파일 제출: 2018. 1. 19.(금)까지 업무 관리 (비공개)

나. 교육지원청 심사단 협의회

- 일시: 2017. 1. 25.(목) 14:00~16:30
- 장소: 경기도교육청 북부청사
- 내용: 꿈의학교 이해 제고, 심사 관점 공유, 심사 방법 숙지 등

다. 심사 기간 및 방법

- 기간: 2018. 1. 29.(월) ~ 2. 14.(수)
- 방법: 별도 심사 계획(추후 알림)에 의한 교육지원청별 심사

라. 심사 방향 및 내용

- 마을과 연계한 학생 중심 프로그램 운영 및 성과의 환류 가능성
- 창의적이고 기발한 아이디어, 미래 사회에 대한 기대와 가치 추구

- 꿈의학교 활동 자체에 대한 관심과 순수한 열정, 활동을 통한 공공성, 연대와 협력, 공동체의 가치 추구 및 실천 가능성 등 고려
- 학생 꿈 조사를 반영한 다양한 영역을 고려하여 기초자치단체당 꿈의학교 유형별 1교 이상 선정하되 예산액의 120% 내에서 추천
- 2016, 2017 인증 꿈의학교는 심사단계별 가산점(10%)을 부여

마. 단계별 선정 기준

구분	학생이 찾아가는 꿈의학교	학생이 만들어 가는 꿈의학교	마중물 꿈의학교
1차	• 계획서 심사 • 예산액의 150% 선정	• 계획서 심사 • 예산액의 150% 선정	• 계획서 심사
2차	• 면접 심사 • 예산액의 150% 이내 선정	• 면접 심사 • 예산액의 120% 선정	–
3차	• 현장 방문 심사(적/부) • 예산액의 120% 추천	–	–
결과 발표	• 각 심사 단계 점수 합산 • 예산액의 120% 이내로 추천 보고 • 심사단계별 70점 미만이면 예산 범위 내라도 미선정		• 결과 전체 보고(순위 표기)

4) 심의 및 최종 선정

가. 교육지원청 꿈의학교 심의 및 추천 결과 보고

- 심의 주체: 교육지원청 꿈의학교 운영위원회
- 꿈의학교 신청서 및 계획서, 면접 평가표 등 종합적 검토
- 추천 학교 보고(예산 주체별. 꿈의학교 유형별 추천 순위 포함)
- 보고기한: 2018. 2. 21.(수)

나. 경기꿈의학교 선정 종합 검토

- 일시: ~ 2018. 2. 26.(월)

- 장소: 경기도교육청 북부청사
- 내용: 예산별, 유형별 꿈의학교 선정교 종합 검토

다. 경기꿈의학교운영위원회 심의
- 일시: 2018년 2월 말
- 장소: 경기도교육청 북부청사
- 내용: 학생이 만들어 가는 꿈의학교 선정 내용 심의

라. 경기도교육청 보조금심의위원회 심의
- 일시: 2018년 3월 중순
- 장소: 경기도교육청
- 내용: 2018 경기꿈의학교 선정학교 보조금 지원 심의

마. 최종 선정
- 도교육청 종합 검토 및 경기꿈의학교 운영위원회와 보조금심의위원회 심의를 거쳐 교육감이 선정
- 발표 시기: 경기도교육청 보조금심의위원회 심의 직후(3월 중순 이후)
- 방법: 마을교육공동체 홈페이지 게시 및 개별 통보

5) 운영 주체 워크숍 및 쇼미더스쿨

가. 경기꿈의학교 운영 주체 워크숍
- 일시: 2018년 3월 중 1박 2일
- 대상: 학생이 찾아가는 꿈의학교 및 마중물 꿈의학교별 운영 주체 1명
- 자세한 일정과 장소 및 연수 내용은 추후 알림
- 주최 · 주관: 경기도교육청 마을교육공동체기획단

나. 학생이 만들어 가는 꿈의학교 워크숍: 쇼미더스쿨

- 일시: 2018년 4월~5월 중
- 대상: 학생이 만들어 가는 꿈의학교 꿈짱 학생 및 꿈지기 선생님
- 자세한 일정과 장소 및 연수 내용은 추후 알림
- 주최 · 주관: 교육지원청

6) 예산 운용 및 홍보 계획

가. 예산 운용 방향

- 공정한 공모와 심사 과정을 통한 예산 지원
- 운영 주체 역량 강화 지원 및 타당한 예산 집행 안내
- 지자체나 운영기관(공동체) 자체 예산을 적극 결합하여 예산 운영

나. 홍보 계획

- 경기도내 초중고 전 학급 대상 홍보(동영상, 포스터, 리플릿, SNS, 경기 학부모 소통앱 등을 활용한 적극적인 홍보 협조)
- 도교육청 및 교육지원청 홈페이지 팝업존 등을 이용한 홍보

7) 기대 효과

○ 경기꿈의학교 활동을 통한 학생들의 꿈 실현의 기회 제공
○ 경기꿈의학교의 건전한 운영 지원을 통한 학생 중심 경기교육정책 정착

2018 경기꿈의학교

찾아가는 꿈의학교 ●

가평　가평 커피바리스타 / 가평사랑 물사랑 / 다.보.크(다 함께 보드게임 크리에이터) / 도자기 IN 다육이 / 승마 진로 직업 탐색 / 자라나다 / 코딩 메이커 / 팜파티축제

고양　Dream Law school / MakingActor / SDGS 유스나우 / Yoo Hoo~! You! who? / 게임메이커 / 고양 어반아트 / 고양그리고 / 고양 꿈꾸는 카메라 / 고양마중물 STEAM-T창의 발명 / 고양발명 영메이커 / 고양상상방송국 / 고양소리톡 / 고양숲놀이터 / 고양어린이농부학교 / 꿈꾸는 뿌리 / 꿈꾸는 손 / 나를 나누면 우리가 되는 세상 / 내가 만드는 역사 / 내가 우리동네환경지킴이 안전보안관 나눔 전문가 / 놀이로 배우는 경제교실 / 니드스쿨 드림라인 / 렛츠댄스 / 미래기술 창직 / 수

리수리나누리 / 슈퍼스타 / 엠폴드 / 여행과 나눔 (CHANG) 체인지 / 유레카 발명 / 장군의 꿈 / 찾아라! 스마트 문화유산탐험대 / 쿡&락 心心풀이 음식놀이터 / 큐레이터 해드림 / 하트호프 / 해보자 농사(해농) / 화가와함께 마을그리기 / 흘러라 우리가락

광명 Probot(Promote-Robot) / 감성talk, 문화talk / 광명심포니와 함께하는 뮤직스쿨 / 광명아트힐링 / 광명해오름 자전거 / 덩덕쿵 세계속으로 / 드림메이커 / 디베이트 달인 / 우리문화 외교관 / 청와대

광주 YBS청소년방송국 / 나를찾아서 우리를만나는 / 남한산산촌살림터 / 도시재생 도시탐사 / 목공이야기 / 베리베리팜파티 / 비바체윈드오케스트라 / 상상으로채우는나만의미술관 / 식물육종학교(꽃들에게 희망을 청소년을 미래로) / 짱돌뮤지컬 / 청소년공연전문가 / 퐁당퐁당민물고기

하남 드림보드빌더 / 드림업 / 어울림 / 직조와목공으로만드는나만의 공간, 작은집 / 창의융합공작소 / 하남드림오케스트라

구리 MCU 프로그래밍 / 경제와금융 청소년캠프 / 구리 눈으로 보고 마음으로 읽는 / 구리로봇공학 / 꿈쑥쑥, 희망 활짝, 드림플랜트 / 드론조종사 / 마을과 함께 꿈꾸는 출판 / 마음속 여행 카운슬러 / 마음요리 '참새 방앗간' / 우리가본세상 창의사진놀이 꿈의학교 / 차세대리더 겨레얼찾기 / 캐릭터연극학교

남양주 '배우의 꿈' / COOP-SCHOOL : 함께 만드는 정원, 가드너즈 / 갈등을 넘어 평화를 만드는 피스빌더 / 꿀잼 꿈의학교

날개 / 남양주 더불어 숲 / 남양주영화제작 / 락(樂) & Role 꿈의학교 / 랑이랑 / 별나라 / 삐뚤이의 카메라 / 사과나무 숲 / 소(통).나(눔).기(부). 기자단 / 아두이노품앗이 / 아이(I), 오비이락(五備梨樂)에 빠지다 / 어

린이민주시민학교 / 우리끼리 달팽이 문화예술학교 / 자연을 배우고 만드는 꿈의환경학교

군포   군포 DIY 흙과 나무 이야기 / 군포 K-pop, 우리 소리의 옷을 입다! / 군포 꽃으로놀다 / 군포 꿈결노래-우리의 삶을 노래로 만들어요 / 군포 꿈을 실현하는 꿈틀꿈틀 독서체험 / 군포 꿈을찾는 / 군포 꿈의 개그학교 / 군포 내생애첫무대 / 군포 담벼락 '똑똑' / 군포 디자인씽킹 문화기획 크리에이터 / 군포 랩(Rap)스쿨 / 군포 문화파출소 군포 경찰 / 군포 바르미 / 군포 북작북작(book作book作) / 군포 숲새소리 / 군포 아르떼 기타오케스트라 / 군포 알록달록어울림 / 군포 어울림문화해설사 / 군포 이카루스 드론 / 군포 제3기 국악오케스트라 / 군포 청소년관 현악단 Melody Echo / 축구국가대표와 함께하는 '군포 플레이싸커'

의왕   Make a STEAM Scientist / 꿈길 물길 / 동네방네 꿈의학교 / 두드림과 몸소리 창작연구소 / 리더나래 꿈의학교 / 미래준비 꿈의학교 / 뻔(fun)뻔(fun)한 우리역사 꿈의학교 / 상상나라코딩마을 / 상상하고 꿈꾸는 아트 메이커 빌리지 꿈의학교 / 숨,쉼,품 꿈의학교 / 원예 & 텃밭 놀이터 / 의왕 애니메이션 꿈의학교 / 인권과 장단 맞춤, 뮤지컬 / 청계 동이택견

김포   고촌아트홀 관현악 / 그림책세상 / 극단 깨비까비 / 김포 마인드셋 / 김포 행복밴드 / 김포학생의회 교실 / 깨끼꿈(깨워라 끼와 꿈을) 꿈의 연극학교 / 꿀잼, 텃밭, 집 밖 인문학 / 꿈빛모래 / 꿈의 온에어 / 꿈의영화 / 꿈키즐학교(꿈을 키우고 즐기는 학교) / 드림플라워 패션스타트 / 세계시민 영화학교 / 세계시민리더십 / 속속들이 / 알Rock달Rock / 우리학교 환경개선 프로젝트 With clay / 자람새 / 청소년사업가 '창업' / 콩나물 뮤지컬 제작 / 푸른숲환경지킴이특공대

동두천 SCHOOL OF BLUES / 건강한 어울림, 전래놀이 / 꿈꾸는 파티 플래너 / 두드림 / 美다운ME(자연 속에서 찾는 아름다운 나) / 미래공작소 / 바른 사람 향기로운 이웃 / 아트심리 드림클래스 / 우리는 예술 in / 우리는 재활용 중 Up-cycling / 자각(自覺)자작(自作) 'Dream on Stage' / 천사의 화살 국궁 / 흙으로 그리는 마술 정원

양주 D&M과 친구들 / FUN FUN 한 심포니 / 감성푸드테라피 / 경기 탈놀이마을축제 / 꼬마농부의24절기텃밭놀이터 / 내일이룸 / 마린보이& 주니어 라이프가드 / 매끼꿈 교육연극 / 모두의 코딩보드 / 뮤지컬 공방 날개 / 미디어아트 / 미래를 날다 / 뿌리깊은 그루터기 / 생명농사 생명과학 / 세라코미 / 식충식물 해마루농원 / 양주 나야나 / 양주꿈의 오케스트라 / 양주의 뿌리를 찾아라! / 양주자연생태 / 연극 속으로 풍덩! 톡톡 교육연극놀이터 / 오감만족 / 자연과 에너지 / 책만들며 직업 체험 / 청산도감 / 청소년 공연예술 / 청소년의회 / 테마가 있는 양주향교 / 힐링원예

부천 텔레비전에 내가 나왔으면 꿈의학교 / cine14 영화를 cook하다 / 과학잡고(job go) 꿈의학교 / 꼽이텔링더스토리 / 꿈.나.비. (꿈을 나누며 비상하는) 꿈의학교 / 남부챔버오케스트라 / 달달한 꿈의학교 / 라온하제 꿈의학교 / 라팔레트 꿈의학교 / 마을과 소통하는 착한 공정여행 / 만배공(만들고, 배우고, 공유하는) / 별별의상실 / 부천 꿈꾸는 고리울 하모니 꿈의학교 / 부천 도시농업전문가 꿈의학교 / 부천 드림이음 꿈의학교 / 부천 지구촌마을 꿈의학교 / 부천 통통통청소년평화 꿈의학교 / 부천 파랑새기자단 꿈의학교 / 송내동 마을학교 꿈몽이 꿈의학교 / 스토리가 있는 북아트(나만의 동화책 만들기) / 시끄러운 놀이터 – '너, 우리, 나' 꿈의학교 / 역곡마을 설레는 뮤지컬 꿈의학교 / 영화학교, 우리

팀 할래? / 예(禮)뻐지는 한땀교실 / 우리 문학(시, 수필, 소설) 꽉 잡아~ / 음표와 쉼표의 하모니 / 인디고을 영화 꿈의학교 / 청. 만. 세(청소년이 만들어 가는 세계시민) / 청소년 치유 꿈의학교 온새미로 / 청소년노동인권 똑.똑. 꿈의학교 / 초록동행 / 토마토 토론 꿈의학교 / 통통통

성남   인물묘사(墓史)(묘지를 통해 알아보는 인물과 역사) / 1417성장 BOOK / 4CIP(4C Idea Program) / CEO스쿨 / Eco&Echo / LAMP / 게임과 교육이 만나면! / 나담나닮 / 너랑 나랑 어울림 / 뉴스로 단편 수필쓰기 / 다문화 아우름 / 도촌청소년마을오케스트라 / 마법의 정원사 / 마을과 함께하는 청소년 업사이클링 / 마을생태지킴이 / 무지개 뜨는언덕 / 버스킹 카혼 음악대 / 보드게임타고 지구촌으로 세계시민 / 북트레일러영상제작 / 성남 아시아평화리더 / 성남 FUN한사이언스 / 성남 과학꿈틀이 / 성남 에세이모(ESAMO) / 성남 평화나비 / 시장으로 간 상상사진관 / 아나운서스쿨 / 아사모 / 에코가든디자인 / 역사를 품은 마을연극 만들기 / 인성과 함께하는 환경 지킴이 / 재미 / 창작음악극 기분좋은상상 / 책이랑 꿈이랑 / 친구와 함께하는 즐거운 코딩 / 코.아.유(코딩아 유쾌하게 놀아보자) / 코딩으로 날아오르다! / 코딩으로 배우는 이상한 음악학교 / 학교섬 / 흙과 금속이 담겨있는

수원   3인 3색 동행 멘토링 / K-POP 실력파 발굴 보컬양성소 / 과학자의 세계 요리여행 / 꿈으로 가는 길 '꿈길' / 꿈을 디자인하는 패션메이커스 / 꿈틀 / 나도아티스트 / 나를 찾는 마인 / 내가 만든 오케스트라 음악을 연주하는 / 내가GREEN지구 / 놀아보자! 마이크로네이션 / 드림미디어 / 라디오 팟캐스트 / 모래와 함께하는 치유와 힐링 / 미래를 여는IT융합SW학교 / 발달장애청소년의 노래를 찾는 / 사람책 / 세상을 보는 시선, 세상을 담는 예술 / 소리모아 / 소인기(소중한 인생 이야기)

/ 수원 Jump up 뮤지컬 / 수원 아나운서 / 수원 자연물 목공 / 수원 트윙클 틴클 창업 / 수원청소년의회학교 / 수원피노키오기자 / 수원허브셰프 / 수원화성 디자인 / 스스로 척척! 건강한 요리 / 스재배리 시즌2 / 아라미르(바다의 龍) / 아임메이커(I'm Maker) / 앱(app)컴퍼니 / 옛 그림으로 보는 우리 고장 이야기 / 음악 글짓기: My story / 자기주도 진로탐색 프로젝트 셜록 '꿈'즈 / 저작권 합창단 / 전통문화예술어울림 / 청소년경영CEO / 코끼리공작소 / 토요1080 / 하이하이(Hi? High!)

시흥　꽃꿈 / 3D모형창작 / A to Z 뮤지컬 2 / ABC발달장애인 / 남시흥 청소년오케스트라 / 디자이너 커리어 / 마을문화기획단(체인지메이커) / 목감동예술학교 / 뽐챙김꽃일다 / 배곧마을 / 산들바람 / 생태해설단(갯골청소년생태해설단) / 소움공연제작창작 / 솔래 / 슬기로운 / 시흥 꿈의 오케스트라 / 시흥YMCA다섯손가락 / 아시아 / 장곡 너도 축제 / 정왕 스페니쉬 기타 / 정왕 난나 / 정왕 생태학교 / 정왕 여기 / 축구국가대표와 함께하는 시흥플레이싸커 / 해봄

안산　Model H. / 강욱순골프아카데미와 함께하는 스내그골프 / 고래도 춤추게 하는 / 고려인청소년과 함께하는 '유라시아학교' / 국경없는 카멜레온드림스쿨 / 그리는 대로 / 나누리 다문화 / 나눔up / 나도 바리스타 / 나를 알고 가치 가는 / 너희만 / 달드는 언덕에서 춤을 / 도깨비 과학교실 / 동심 꿈 담는 사진, 그림 여행 / 두둥~난타교실 / 드론 드림 플라이 / 드론&코딩 / 드론스포츠 / 드림&댄스 / 드림케쳐 / 뚝딱뚝딱 / 레인보우 / 마술과 몸소리창작소 / 마을숲통나무 / 뮤지컬 / 미술전시 회하자 꿈그리기 / 벤처스타바리스타 / 벽을 넘은 담쟁이 / 보컬 / 상상밴드 / 손끝에서 피어나는 공예노리 / 시간을 기록하는 / 연극 꾸물타리 / 예술이 뜨는 옥상 / 우리 삶이 영화다Q / 창작의세계 / 책쓰기 / 책

을 품은 인문학 여행-그곳에 가면 문학이 있다 / 청소년극단 고등어 / 청소년의 꿈을 담은 의회 / 청소년조리사 / 텃밭과 함께하는 슬로우푸드 / 흙으로 만나는 '예술올림픽' / 희망청소년기자단

안성　그랜드슬램 / 꽃뫼 과학교실 / 별의 별 / 아트팜 / 안성 패션&쥬얼리 / 안성K팝 / 안성맞춤진로탐험단 / 우리들의 위대한 예술 / 청년과청소년이 함께하는 생생 / 희망e음 오케스트라

안양　음악공작소 / 꿀비 씨앗어린이 / 꿈길에디터 / 꿈꾸는 기차여행 / 나도 영화인! / 나도 파브르 / 다놀 / 당당하게 트리플A / 디지로그몬스터들 / 디지털콘텐츠창작놀이터 / 마을 공정여행가 '모두의 마을' / 마을 행복 플래너 나사 / 마을축제기획단 '소통' / 몸으로소리쳐요 사춘기댄스 2기 / 수학아놀자 / 스포드림공작소 / 안양 댄싱 / 안양 더뮤지컬 / 안양 디자인 인쇄 출판 / 안양 전통 놀이판 / 안양 평화나비 / 안양 P.S.Y / 안양 청소년연극 / 안양 플레이싸커 / 안양 히어로즈오케스트라 / 열려라 미래! / 웨딩플래너 / 이 노래 주인공은 나야 나 / 작품을 만드는 / 전통시장 창UP 이야기 / 축제기획 꿈의학교 꿈 잇는 마을 / 춤으로 표현하는 우리들의 꿈! 댄스컬 / 허클베리핀

과천　과천 농사와 요리, 적정기술 / 과천 꼬물로봇코딩 / 나도 큐레이터(살아있는 박물관) / 북作북作 그림책공방 / 신비한 상담 세계로의 여행, 심리상담 꿈의학교 / 아해 큐레이터 / 우리가예술in

양평　touch 상상 / 건축학교 비버아저씨 / 꿈다나와라 뚝딱학교 / 꿈을 모아 드림 / 꿈의 정치학교 '틴코리아' / 나만의 음반제작 / 드론 세상 / 미래 예술가의 꿈의학교 / 소나기 프로젝트 / 양평 청소년 퓨전오케스트라 / 예술로 놀고 예술로 꿈꾸는 그래 가보자 / 요리로 드림(Dream) 꿈의학교 / 일놀이공부 / 작가의 꿈, 꿈버스 / 철길 따라 / 청소년과 톨

아보는 우리 역사 / 코코아 엄마 / 토닥토닥 영화공작소

여주 JOBIS / 나도PD다_혼자서도할수있어! / 나도예술가 / 나무랑 놀
자 / 로봇코딩사이언스 / 만화&일러스트 / 맛있고 예뻐지는 / 새늘나
래 꿈의학교 / 수상레저와 함께하는 / 어울림 동요 / 여강길생태학교 /
여주 청소년 뮤지컬 / 책과함께 / 청소년 UCC 아카데미

연천 변화하는우리농업 / 예술더하기 / 와~본 / 자연마당흙노리터 /
청소년세계시민학교 / 한탄강知질탐험대

용인 꿈나래 / 나는야… 우리마을 홍보대사 / Bravo My Life / WOW
디자인 학교 / 가족과 함께 건강한 신체활동놀이 / 같이놀자 / 공생 /
국제개발협력 자원활동가와 함께하는 세계시민 / 그린팜진로체험 / 꿈
꾸는 기자단의 나무 취재 여행 / 꿈꾸는 도자 예술가 / 꿈을 찍는 아이
들 / 꿈의 Fashion Designer! & Fiber Art 스쿨 / 꿈틀 / 내가만든 전통
스쿨 / 농촌과함께하는 / 다문화 가정 청소년과 함께하는 '도란도란' /
두근두근 미인도 (미래인재지도) / 똑똑! 어린이 학예사(Curator)를 찾습
니다 / 마음드림배움나눔공동체 / 발밤발밤 꿈의학교 / 백두대간인문
빛그림사진관 / 새빛나래 음악숲 / 샘터 / 세바청 / 스스로 만드는 로봇
코딩 / 오감 (연극과 뮤지컬) / 용인평화나비 / 우리문화 아카이브 프로
젝트 / 인성이자라나는도시농부 / 자연닮고 자연담은 지구별 시민 프
로젝트 / 청톡 / 초록별 / 텃밭 On&On / 헬로 모차르트

의정부 Story Swag 낭독학교 / 경기 뮤지컬 / 꿈을 위한 그린나래, '의
지협'프로젝트 / 꿈이룸프로젝트 마을 / 내가주인공인 우리문화 愛(애),
의례(儀禮) 다솜바리 / 드론으로 떠나는 우리들의 꿈의 사진 여행 / 디
자인 / 사회적경제 / 살판마을극장 전통예술 / 스마트농부가되다 / 아
이들이 만드는 의철이뮤지컬 / 에르디아 비경쟁토론 / 예술놀이 창의체

험 / 의정부 Global Leader / 의정부 역사를 품은 지명스토리텔링 / 의정부C.I.S / 지구를 사랑하는 꼬마전구들 / 초등전문뮤지컬 / 판타스틱 하모니 / 풀피리 전문연주가되기 / 한울림 리틀 윈드오케스트라 / 행복마을 청소년 타악기 교실

이천   D.school / 꿈키움 상상꿈터 / 꿈틀꿈틀 / 나도 케이팝 스타 / 나만의 제품 만들기 / 더불어 함께하는 드론 / 미래와 소통하는 창의융합 / 설봉서원 / 손만세 / 이천도예 / 정원미술창작소 / 청소년 디베이트 리더스쿨 / 초록날개 원예 / 초롱초롱동요학교

파주   6차산업 창업스쿨 / DreamBOAT 문화예술기획 / 감악산마을 / 꿈학교를 취재하는 청소년기자단 / 빵 로드 / 엄청 못하는 합창뮤지컬 / 우리마을예술학교-수화과정, 행복한 움직임 과정 / 청소년 창작연희 / 파주출판도시북드림

평택   게릴라 가드닝 / 글로벌 스타 / 꿈 책 공작소 / 나와 우리를 찾아 떠나는 역사여행! / 놀꿈 달꿈 / 다른 시선으로 세상 보기 / 도전! 꿈을 향해 / 마을숲 탐험가 / 미래식량을 디자인하다 / 신발이랑 춤출래? / 쓰리디 빌리지 / 어울림 / 우리 동네 담벼락 / 우리가 만들어 가는 세상 / 우리는 주니어 기자! / 원예와 도시농업 / 자전거타는 친구들 'Eco Friends' / 책만아 / 청소년 마을극장 '모모' / 청소년 출판협동조합 '초능력자' / 칠레말레 즐테하자 / 평택사랑

포천   GCE / PC-MUN / 게임 놀이터 / 구름못 CT-MAKER / 국악예술 / 극과극 / 나너우리 푸르미 / 나는 인성교육 강사다 / 놀면서 배우는 사회기술 / 드림스케치 / 또 하나의 콘텐츠 드론 / 무용예술씨앗으로 학교를 일구다 / 소셜미디어 / 쇼미더로댕 / 악기공예 / 얼쑤! 지화자 좋다! / 찾아가는 지피지기 / 포천 관악하모니 / 포천 '길섶누리' /

포천 무궁무진 사회적경제 체험 / 포천 무한도전 과학발명 창의박사 / 포천 뮤지컬 / 포천 창의미술 융합인재 양성 / 포천의 소리 가노농악을 꿈꾸다~ / 한옥

화성　무한도전 HipHop / 3D로 놀작! / Social Network Services 디미방 / 감성talk,문화talk-네바퀴진로여행 / 과학놀이터 우동3기 / 교과서 밖 인문학여행 / 교실 밖 스스로 / 글로벌 아이 / 글로벌리더 문화체험 놀이터 / 꿈꿀방 / 꿈나래오케스트라 / 나의 꿈, 나무의 꿈! 희망목공소 / 놀찾사(놀이로 꿈을 찾는 사람들) / 덩더쿵 국악오케스트라 / 동동동 뮤지컬 / 동탄방송체험 / 미래의직업 미디어월드 / 미래인재 보드로 날개를 펼쳐라! / 사(史)심(心)가득 사(史)교육 / 어울림과학공작소 / 올림픽 종목 스케이트보드 / 우리도예 / 이음터토요 / 인권이의 뮤지컬 놀이터 / 자율주행 비행으로 하늘을 나는 / 책풍경 / 철학으로 생각하고 랩으로 톡(talk)하는 / 코딩&드론 미래SW학교 / 학생주도 프로젝트 실행 '놀판살판' / 화성 교과서를 뛰쳐나온 자연 / 화성 재능키움마을 / 화성 청소기 / 화성 패션왕 / 화성을 디자인하라 'IoT City'

오산　HAHA-SW / Play 코딩 Fly 드론 / Show me your beat (댄스) / 꿈 너머 꿈 쓰기 / 꿈꾸는 진로기자단DCR / 나도 바리스타! / 또래끼리 만들어 가는 바리스타 / 말(馬) 달리자~ / 메이킹보이스 / 뮤직으로 행복한 / 반려견과 함께하는 동물매개교육 / 보이스 튜닝 / 북아트 문화공작소 / 뷰티 플래너 / 뷰티행복나눔 / 뻔~펀(FUN)한 과학 나눔/ 신나는 미래를 꿈꾸는 / 오산 '꿈 틀' / 오산 이상(異想)한 / 오산 전설탐험대 / 오산 K-컬쳐체험여행 / 오산 하이리그 / 자연 숲(SUP) / 행복나눔 꿈의학교2(나도 이제 전문가)

만들어 가는 꿈의학교 ●●

가평 새살 / 가치가는 학교 / 꿈배가(꿈을 만들어 가는 배드민턴 가족) / 戊강치를기억해(UP사이클링 성장프로젝트 2탄) / 숲속목공교실 'PINO' / 장애학생과 일반학생이 함께하는 제과제빵

고양 DIY RC카 만들기 / Dream Book / JD SPEED 스텝업 / Make an instrument / VR항공촬영 / 고양 도담도담 꿈의학교 / 고양지역학생자치회(고양시청소년넷트워크) / 기초전자 꿈의학교 / 꿈꾸는 부엉이들 / 내가 만드는 내 필수템- 라이프플러스 / 메이커 기승전결 꿈의학교 / 사회를 만들어 가는 우리 / 새늘 / 샤를로트(Charlotte) / 세상을 바꾸는 우리들 / 아스트로 소프트웨어 꿈의학교 / 아이매거진 / 언론연합학교 / 작가 양성 학교(C.W.M) / 재미있는 항공 비행 꿈의학교 / 코스프레 Design 꿈의학교 / 한끼 두끼 네 끼 / 항성 꿈의학교

광명 ASS(Amazing Science Study) / The 브라스 스쿨 / 개들을 위한 꿈 / 광명 하나 된 하모니 Orchestra / 드림하이 / 로봇월드 / 뭐든지 도전! / 빛소리 / 신명나는 농악학교

광주 Dreaming Musical / 광주시 Re-인권 / 발명스타트업 / 사물놀이 한마당 / 청소년동요

하남 HIDB(하남인테리어디자인봉사단) / swagger-Meltdown rap school-멜트다운 랩 스쿨 / T(Teenager)H(History)E(Experience)Musical / Wish(위시)-위례시네마 / 교협으로 꿈을 펼쳐요! / 국악사랑 / 꿈사모-꿈을사랑하는모습 / 꿈트리 / 놀이누리 / 늘해랑 / 더 크리에이터 (The Creator) / 미래로가는DoDream / 아름다운 행위 / 요리중

구리 고구리를 찾아서 / 마음을 움직이는 탤런트(마.리.탤)

남양주 CSI 추리덕후 / MIRE I 러닝 디자이너 / 발로뛰어(Volunteer) /
창의발명로봇 / 태양열로 에너지 제로 교실

군포 3D프린팅과 아두이노를 활용한 RC카 제작 / We Dance Dream /
공기업 탐방 / 군포 치어업 마이드림 치어리딩 / 군포 프리메이커 / 꿈
의 행어학교 / 내 손안의 3D 상상 세상 / 산본 메이커스 / 아로스쿨 /
팬타그램

의왕 3D프린팅&코딩 / 꿈을 향해 달리는 축구 / 춤추라! Creative

김포 Chuck Factory / 다이아 / 동상이몽 / 로드무비 / 리더십 향상을
위한 디베이트 / 보이스 오버(Voice-over) / 슈딩의 실험실 / 역알소 / 우
리마을 둘레길 만들기 / 자하신공 2기 / 장기아고라 / 피카부

동두천 FunFun 경제 금융아 놀자 / 새꿈공사청 / 우리 마을 문화 지도
만들기 / 유레카 / 턱거리마을

양주 2018 예비공연예술가를 위한 / 꿈빛 / 꿈찾사

부천 100℃디베이트 / 그린나래 직업 학교 / 아이 IN THE SKY / 애
드홉(Add Hope) / 역사야 놀자 / 옛찾사 / 우리가 만드는 이야기 / 인권
오브락(인권 of 樂)

성남 마임(mime) - 몸짓에 날개를 달다 / 36.5도 / DaHaE / Eco -
Friendly Makers / NDBT / PD스쿨 / Smart Puzzle / Sparkling Lamp /
SWag~넘치게 / 거북선 타고 세계로 / 건축왕 역사속으로 GO~GO /
공감! 함께울고 함께웃는(함울함웃) / 꿈.끼, 우리마을에서 찾는 / 너나
들이 / 다다 / 둥지전통놀이학교 / 드림머신을 타고 미래로 / 똑똑똑!
/ 마인텔 크리에이터 / 무직(MOSIC) / 미래탐정학교 / 사춘기 웨이보
/ 성남 꿈을 만드는 영상 제작소 '드림 튜브' / 성남 슬레이트 / 성남시
댄스구 너도나동 / 성남 양지오케스트라 / 성남 윈드앙상블 / 소원성취

/ 스타터 / 아름다운 수학 / 아인슈타인의 제자들 / 알콩달콩 세계평화 외교관 / 에디슨 실험 2기 / 여자처럼, 남자답게 / 울림 / 은은한 가운데 향을 발하라 / 응답하라 1636 / 인생은 댄스 vol.4 / 제과제빵을 통한 나의 꿈찾기 '빵빵한' / 푸르미 / 필름 속으로 / 하이틴 뷰티 연구소 / 흙으로 미래를 빚는 / 희망을 노래하는 동고비

수원　ADD-VENTURE / ncl / TIP (The Importance of Press) / 곰바이크 / 꿈을 그리다~~ 쿡~잡!!! / 꿈을 실은 푸드 트럭 / 꿈틀이 파티셰 / 나무로 뚝딱 / 날아라 슈퍼보드 / 내가 만드는 TWO 소리 / 노래하는 모꼬지 / 늘품은 / 도시 속 화훼 예술 창작소 / 드림나무 / 또래상담 / 바리스타와 매직 마술의 콜라보 / 버스커드림 / 별과 꿈의 학교 / 빅세보(빅데이터로 세상을 보다) / 소시에테 사회과학 리더 스쿨 / 수원 성군 / 안녕하신가요? 예술 발자국 / 우리는 발명왕 / 우리는 발명창업가 / 우리마을 광고회사 / 푸르미르 / 헤어 커트와 매니큐의 콜라보

시흥　music is my life / SEEREAL MOVIES / 꿈을 설계하는 건축 / 뮤직콤마 / 사회적경제 / 시흥 시민 과학자들의 / 시흥시 청소년 의회 - 자치활동에 미친 새X들 / 아시아탐구 / 운수대통

안산　B-Help / UCC메이킹 / 게임 소프트웨어 꿈나무 / 고.생.부.터 / 날아 / 상고초려! '배우구리그' / 세대공감 / 아름다운 내일 / 안산 소나기팜 / 알파고라스 / 위안부를 알아가고 요리재능을 기부하는

안성　imo mate / 공감 톡! 톡! 안성 꿈의학교 / 꿈꾸는 또래 만화스쿨 꿈의학교 / 삼디 꼬꼬 메이커 꿈의학교 / 스쿨오브락 꿈의학교 / 야단법석 꿈의학교 / 여보세요 꿈의학교 / 영화(C.L.M) 꿈의학교 / 책 숲愛(애) THE (Together Harmony Everyone)논술 술~술 / 청소년 프리마켓 두리번 꿈의학교 / 커피를 만나다 꿈의학교 / 통하는 국악, 통하는 우리,

통하는 꿈의학교 / 해피트리 꿈의학교

안양   S.O.S드림3기 / UCC 광고로 세상을 말하는 / 별별미디어 / 스케치업! 드림업! / 안양 최고&옛고 그뤠잇! / 청(소년이여)포(기하지 말고)도(전하자) / 타임머신 역사방

양평   이크에코(Eke-Eco) 꿈의학교 / 해요 꿈의학교 / 100프로 / Dream smash!! 꿈의학교 / 남녀십팔세부동석 / 맑은소리양수리코더 / 생갈치 1호의 행방불명 / 십시일반(십대의 시선, 일상에 반하다) / 아리아리 꿈의학교 / 안전한 자전거길을 만들어 보아요 / 역사를 통해 나를 알아가는 꿈의학교 / 오!마이 배드민턴 / 캐릭캐릭터 / 피쉬피쉬pcpc

여주   3D프린팅 세종 메이커스 / 꿈꾸는 커다란 나무집캠프 / 나가자 책 밖으로! / 스타홀릭 / 우수한 세종 전통과학~! 애민학교

연천   chem is try / Dream Cam / Dream만들어드림 / JOB多한차세대 / 새싹 / 심(深)심(心)한교실 / 아슬아슬 18% / 여우와두루미 / 역사퐁퐁 / 오감만족 문나동 / 한울한별

용인   3D프린터로 만드는 의족 / dessert / Do Dream !! / HAD / Link Film / MAGIC HAND / PPANG / Spotlight / STUDNETS Ⅴ -LOG / Unify Animation(U.A.) / YCU(you creative ucc) / YOUR / 과학공감, 희망드림 / 과학레인저 포스 / 그린나래 / 꿈길 브로드캐스트 / 꿈꾸는 코딩 / 꿈나눔 우리다움 버스킹 / 꿈들이GO / 나는야 씨이오~! / 다리 품 / 덩어리 가즈아 / 동물해부실험반 / 두드림(Do Dream) / 드.세.다.(드론으로 세상을 담다) / 드론으로 놀고 4차 산업을 꿈꾸는 / 디자인아삭 / 맨도롱또똣 / 몸신놀학(몸으로 신나게 놀이하는 과학) / 무한체험 / 미래를 꿈꾸는 디베이트 / 발명의 세계로 들어가는 장형의 제자들 / 백암요리조리 / 사랑의학교 / 상상을 현실로 만드는 아두이노 / 서원 함께 성

장 학교 / 셰프 & 사이언티스트 / 소달꿈(소프트웨어 달인을 꿈꾸는) / 소프트웨어로 미래를 디자인하는 / 손끝으로 만들어 가는 / 요담세(요리에 나를 담아 세상 속으로) 시즌2 / 용인 iccm / 용인 영어영화 드림샤워 / 용인충신 / 좌항 C.C.C(Cooperation, Creativity by Coding) / 직립보행(직업을 입어보고, 보드게임으로 행복찾기) / 청년경찰 / 체험하는 수학과 과학 / 캘리 컬쳐 히스토리 / 킨볼 스포츠로 만드는 우리 공동체 행복 / 탄넘 / 탑 아티스트 / 평화연극학교 / 푸른에너지나무를 키우는 / 푸른페달링 / 헬로 파이썬

의정부 알비레오 / 우리들의 이야기 보따리2 / 의정부 NOVA / 트루잡쇼 / 한빛팩트체크

이천 HU&A (Human and Animal) 휴엔에이 / YOLO / 꿈을 찾아가는 연구소 / 민주(民主)의 꿈 / 신명나는 드로잉 스쿨 / 신세대 / 실험으로 실현하는 / 우산국, 그리다 / 전.선.미

파주 고양 파주 가온누리 의회 / 극작가 / 로봇과 함께하는 소프트웨어 / 루이넬 댄스 / 아이로봇 / 에멜무지로 / 역사의 주인공은 나야 나!!! / 재능 플랫폼 / 퍼스트드림

평택 4차 산업혁명에 도전하다: 자율주행 / 과학아! 함께 뛰어넘자 (consilience) / 꿈꾸는 SW메이커스쿨 / 방송영상제작 / 청목들(청소년의 목소리가 들려)

포천 갈월 진로 클럽 / 건축을 위하여 / 꿈을 나누는 과학교실 / 꿈을 요리하는 영셰프 / 드론, 설렘을 안고 하늘 높이 / 보듀케이션 / 소프트웨어야 놀자 / 여기가 서울? / 영북 Y-Dreamer 칼리지 / 왕방도예 / 춤바람 NANDA

화성 1192 / H.E.L.L.O 해리포터 / Street-basketball of Dream / The

에디슨 / 꾀꼬리 보컬트레이닝 / 드림하이 / 레이싱 드론 스토리 / 머리에 피도 안 마른 것들 / 문학과 여행으로 찾는 우리 문화의 향기 / 물살을 가르는 수상 스포츠(물가수) / 발명왕 / 뷰티 앤 컬러 / 생각을 키우는 디베이트 / 소프트웨어 활용 / 안능 / 알쓸신중(알아두면 쓸모있는 신나는 중딩여행) / 여행작가로 높이 나는 서신꿈틀이 시즌3 / 유니베이션 / 장내삼 찾아 / 찾아가자! 한국의 세계유산 / 친구들아 자~알 놀자! (친구들아 자연을 알아가며 놀자!) / 탐구하는 생명의 신비 / 하랑 (함께 높이 나는) / 한국인의 무용 / 해주 / 해피 트레블 / 헤테로

오산 드리머, 모두의 / 별무리달무리 우리끼리 꿈꾸는 꿈의학교 시즌3 / 뻔뻔(fun fun)한 해부학 시즌3 / 자신만만 토론 / 한걸음 더

※ 참고문헌 _가나다순

- 강선보(2017). "왜 공교육을 불신하는가?". 국제미래학회·한국교육학술정보원. 제4차 산업혁명시대 대한민국 미래교육보고서. 광문각.
- 경기도교육청(2018). 2018 꿈의학교 기본계획.
- 국제미래학회 공저(2013). 미래가 보인다. 글로벌 미래 2030. 박영사.
- 교육부 외(2017). 4차 산업혁명 시대 우리 아이 어떻게 키울까요?
- 교육부(2017). 고교학점제 추진 방향 및 연구학교 운영계획(안).
- 김경애(2015). 학생 수 감소 시대의 미래지향적 교육체제 조성 방안. 한국교육개발원.
- 김경이 외(2017). 경기꿈의학교 성과 평가 연구. 경기도교육청.
- 김경훈(2017). "산업구조는 어떻게 변하나?". 국제미래학회 · 한국교육학술정보원. 제4차 산업혁명시대 대한민국 미래교육보고서. 광문각.
- 김지영(2017). 다섯 가지 미래 교육 코드. 소울.
- 김영철 외(2017). 미래사회의 마을교육공동체 발전 방향. 경기도교육연구원.
- 김용련 외(2014). 경기도 혁신교육지구 사업 발전방안 연구. 경기도교육청.
- 다니엘 핑크, 김명철 역(2012). 새로운 미래가 온다. 한국경제신문사.
- 류청산(2011). 인류의 미래와 교육. 강현출판사.
- 마셜 밴 앨스타인, 상지트 폴 초더리, 제프리 파커, 이현경 역(2017). 플랫폼 레볼루션. 부키.
- 백병부 외(2015). 방과후 및 계절형 꿈의학교 활성화 방안 연구. 경기도교육연구원.
- 성기선(2016). 꿈의학교 운영에 대한 검토. 경기도교육청.
- 안성교육지원청(2017). 2017 안성 마을길잡이 교사 연수.
- 앤디 하그리브스, 데니스 셜리, 이찬승, 김은영 역(2016). 학교교육 제4의 길 1. 21세기교육연구소.
- 유영만(2017). "지식생태계의 대변환이 일어난다". 국제미래학회 · 한국교육학술정보원. 제4차 산업혁명시대 대한민국 미래교육보고서. 광문각.
- 윤기영(2017). "미래학을 위한 변명". 전자신문. http://www.etnews.com/20170830000225.
- 이연선(2013). "급변하는 사회와 교육 생태계". 이찬승 외 5인(2013). 한국 공교육 미래방향 제안. 교육을 바꾸는 사람들.
- 이용순(2017). "사라지는 직업, 떠오르는 직업". 국제미래학회 · 한국교육학술정보원. 제4차 산업혁명시대 대한민국 미래교육보고서. 광문각.
- 이혜정(2016). 미래사회를 위한 교육제도 혁신. 경기도교육연구원.
- 장슬기(2016). "한국의 교육현장 속에서, 미래학교를 찾다". 4차 산업혁명 시대, 한국교육 쟁점과 해법. 경기도교육연구원 개원 3주년 기념 심포지엄 자료. 경기도교육연구원
- 조난심(2017). "마을학교의 필요성, 기획과정 및 절차, 운영결과 요약". 2017년 이음터 마을학교 여름학기 결과보고서. 동탄중앙이음터.
- 최창의 외(2016). 혁신교육지구사업 비교분석을 통한 협력적 교육거버넌스 발전 방안 연구. 경기도교육연구원.
- 클라우스 슈밥, 홍경진 역(2016). 4차 산업혁명. 새로운현재.
- 한석희, 조형식, 홍대순(2016). 인더스트리 4.0. 페이퍼로드.

삶의 행복을 꿈꾸는 교육은 어디에서 오는가?

미래 100년을 향한 새로운 교육

혁신교육을 실천하는 교사들의 **필독서**

▶ 교육혁명을 앞당기는 배움책 이야기
혁신교육의 철학과 잉걸진 미래를 만나다!

한국교육연구네트워크 총서

01 핀란드 교육혁명
한국교육연구네트워크 엮음 | 320쪽 | 값 15,000원

02 일제고사를 넘어서
한국교육연구네트워크 엮음 | 284쪽 | 값 13,000원

03 새로운 사회를 여는 교육혁명
한국교육연구네트워크 엮음 | 380쪽 | 값 17,000원

04 교장제도 혁명
한국교육연구네트워크 엮음 | 268쪽 | 값 14,000원

05 새로운 사회를 여는 교육자치 혁명
한국교육연구네트워크 엮음 | 312쪽 | 값 15,000원

06 혁신학교에 대한 교육학적 성찰
한국교육연구네트워크 엮음 | 308쪽 | 값 15,000원

07 진보주의 교육의 세계적 동향
한국교육연구네트워크 엮음 | 324쪽 | 값 17,000원

혁신학교
성열관·이순철 지음 | 224쪽 | 값 12,000원

행복한 혁신학교 만들기
초등교육과정연구모임 지음 | 264쪽 | 값 13,000원

서울형 혁신학교 이야기
이부영 지음 | 320쪽 | 값 15,000원

혁신교육, 철학을 만나다
브렌트 데이비스·데니스 수마라 지음
현인철·서용선 옮김 | 304쪽 | 값 15,000원

혁신교육 존 듀이에게 묻다
서용선 지음 | 292쪽 | 값 14,000원

다시 읽는 조선 교육사
이만규 지음 | 750쪽 | 값 33,000원

대한민국 교육혁명
교육혁명공동행동 연구위원회 지음 | 224쪽 | 값 12,000원

한국교육연구네트워크 번역 총서

01 프레이리와 교육
존 엘리아스 지음 | 한국교육연구네트워크 옮김
276쪽 | 값 14,000원

02 교육은 사회를 바꿀 수 있을까?
마이클 애플 지음 | 강희룡·김선우·박원순·이형빈 옮김
352쪽 | 값 16,000원

03 비판적 페다고지는 세상을 변화시킬 수 있는가?
Seewha Cho 지음 | 심성보·조시화 옮김 | 280쪽 | 값 14,000원

04 마이클 애플의 민주학교
마이클 애플·제임스 빈 엮음 | 강희룡 옮김 | 276쪽 | 값 14,000원

05 21세기 교육과 민주주의
넬 나딩스 지음 | 심성보 옮김 | 392쪽 | 값 18,000원

06 세계교육개혁: 민영화 우선인가 공적 투자 강화인가?
린다 달링-해먼드 외 지음 | 심성보 외 옮김 | 408쪽 | 값 21,000원

08 더 나은 세상을 위한 학교혁명
한국교육연구네트워크 엮음 | 404쪽 | 값 21,000원

대한민국 교사, 어떻게 가르칠 것인가?
윤성관 지음 | 320쪽 | 값 15,000원

아이들을 어떻게 가르칠 것인가
사토 마나부 지음 | 박찬영 옮김 | 232쪽 | 값 13,000원

아이들의 배움은 어떻게 깊어지는가
이시이 준지 지음 | 방지현·이창희 옮김 | 200쪽 | 값 11,000원

모두를 위한 국제이해교육
한국국제이해교육학회 지음 | 364쪽 | 값 16,000원

경쟁을 넘어 발달 교육으로
현광일 지음 | 288쪽 | 값 14,000원

독일 교육, 왜 강한가?
박성희 지음 | 324쪽 | 값 15,000원

핀란드 교육의 기적
한넬레 니에미 외 엮음 | 장수명 외 옮김 | 452쪽 | 값 23,000원

▶ 비고츠키 선집 시리즈
발달과 협력의 교육학 어떻게 읽을 것인가?

생각과 말
레프 세묘노비치 비고츠키 지음
배희철·김용호·D. 켈로그 옮김 | 690쪽 | 값 33,000원

성장과 분화
L.S. 비고츠키 지음 | 비고츠키 연구회 옮김
308쪽 | 값 15,000원

도구와 기호
비고츠키·루리야 지음 | 비고츠키 연구회 옮김
336쪽 | 값 16,000원

의식과 숙달
L.S 비고츠키 지음 | 비고츠키 연구회 옮김
348쪽 | 값 17,000원

어린이 자기행동숙달의 역사와 발달 I
L.S. 비고츠키 지음 | 비고츠키 연구회 옮김
564쪽 | 값 28,000원

관계의 교육학, 비고츠키
진보교육연구소 비고츠키교육학실천연구모임 지음
300쪽 | 값 15,000원

어린이 자기행동숙달의 역사와 발달 II
L.S. 비고츠키 지음 | 비고츠키 연구회 옮김
552쪽 | 값 28,000원

비고츠키 생각과 말 쉽게 읽기
진보교육연구소 비고츠키교육학실천연구모임 지음
316쪽 | 값 15,000원

어린이의 상상과 창조
L.S. 비고츠키 지음 | 비고츠키 연구회 옮김
280쪽 | 값 15,000원

비고츠키와 인지 발달의 비밀
A.R. 루리야 지음 | 배희철 옮김 | 280쪽 | 값 15,000원

연령과 위기
L.S. 비고츠키 지음 | 비고츠키 연구회 옮김
336쪽 | 값 17,000원

수업과 수업 사이
비고츠키 연구회 지음 | 196쪽 | 값 12,000원

▶ 창의적인 협력수업을 지향하는 삶이 있는 국어 교실
우리말 글을 배우며 세상을 배운다

중학교 국어 수업 어떻게 할 것인가?
김미경 지음 | 340쪽 | 값 15,000원

이야기 꽃 1
박용성 엮어 지음 | 276쪽 | 값 9,800원

토론의 숲에서 나를 만나다
명혜정 엮음 | 312쪽 | 값 15,000원

이야기 꽃 2
박용성 엮어 지음 | 294쪽 | 값 13,000원

토닥토닥 토론해요
명혜정·이명선·조선미 엮음 | 288쪽 | 값 15,000원

인문학의 숲을 거니는 토론 수업
순천국어교사모임 엮음 | 308쪽 | 값 15,000원

어린이와 시
오인태 지음 | 192쪽 | 값 12,000원

수업, 슬로리딩과 함께
박경숙·강슬기·김정욱·장소현·강민정·전혜림·이혜민 지음
268쪽 | 값 15,000원

▶ 평화샘 프로젝트 매뉴얼 시리즈
학교 폭력에 대한 근본적인 예방과 대책을 찾는다

학교 폭력 어떻게 만들어지는가
문재현 외 지음 | 300쪽 | 값 14,000원

아이들을 살리는 동네
문재현·신동명·김수동 지음 | 204쪽 | 값 10,000원

학교 폭력, 멈춰!
문재현 외 지음 | 348쪽 | 값 15,000원

평화! 행복한 학교의 시작
문재현 외 지음 | 252쪽 | 값 12,000원

왕따, 이렇게 해결할 수 있다
문재현 외 지음 | 236쪽 | 값 12,000원

마을에 배움의 길이 있다
문재현 지음 | 208쪽 | 값 10,000원

젊은 부모를 위한 백만 년의 육아 슬기
문재현 지음 | 248쪽 | 값 13,000원

별자리, 인류의 이야기 주머니
문재현·문한뫼 지음 | 444쪽 | 값 20,000원

교육과정 통합, 어떻게 할 것인가?
성열관 외 지음 | 192쪽 | 값 13,000원

동양사상에게 인공지능 시대를 묻다
홍승표 외 지음 | 260쪽 | 값 15,000원

학교 혁신의 길, 아이들에게 묻다
남궁상운 외 지음 | 268쪽 | 값 15,000원

프레이리의 사상과 실천
사람대사람 지음 | 352쪽 | 값 18,000원

혁신학교, 한국 교육의 미래를 열다
송순재 외 지음 | 608쪽 | 값 30,000원

페다고지를 위하여
프레네의 『페다고지 불변요소』 읽기
박찬영 지음 | 296쪽 | 값 15,000원

선생님, 민주시민교육이 뭐예요?
염경미 지음 | 244쪽 | 값 15,000원

어쩌다 혁신학교
유우석 외 지음 | 380쪽 | 값 17,000원

미래, 교육을 묻다
정광필 지음

학교 민주주의의 불한당들
정은균 지음 | 276쪽 | 값 14,000원

교육과정, 수업, 평가의 일체화
리사 카터 지음 | 박승열 외 옮김 | 196쪽 | 값 13,000원

학교를 개선하는 교장
지속가능한 학교 혁신을 위한 실천 전략
마이클 풀란 지음 | 서동연·정효준 옮김 | 216쪽 | 값 13,000원

공자던, 논어는 이것이다
유문상 지음 | 392쪽 | 값 18,000원

교사와 부모를 위한
발달교육이란 무엇인가?
현광일 지음 | 380쪽 | 값 18,000원

교사, 이오덕에게 길을 묻다
이무완 지음 | 328쪽 | 값 15,000원

낙오자 없는 스웨덴 교육
레이프 스트란드베리 지음 | 변광수 옮김 | 208쪽 | 값 13,000원

끝나지 않은 마지막 수업
장석웅 지음 | 328쪽 | 값 20,000원

경기꿈의학교
진흥섭 외 지음 | 360쪽 | 값 17,000원

▶ 교과서 밖에서 만나는 역사 교실
상식이 통하는 살아 있는 역사를 만나다

전봉준과 동학농민혁명
조광환 지음 | 336쪽 | 값 15,000원

남도의 기억을 걷다
노성태 지음 | 344쪽 | 값 14,000원

응답하라 한국사 1·2
김은석 지음 | 356쪽·368쪽 | 각권 값 15,000원

즐거운 국사수업 32강
김남선 지음 | 280쪽 | 값 11,000원

즐거운 세계사 수업
김은석 지음 | 328쪽 | 값 13,000원

강화도의 기억을 걷다
최보길 지음 | 276쪽 | 값 14,000원

광주의 기억을 걷다
노성태 지음 | 348쪽 | 값 15,000원

교과서 밖에서 배우는 역사 공부
정은교 지음 | 292쪽 | 값 14,000원

팔만대장경도 모르면 빨래판이다
전병철 지음 | 360쪽 | 값 16,000원

빨래판도 잘 보면 팔만대장경이다
전병철 지음 | 360쪽 | 값 16,000원

영화는 역사다
강성률 지음 | 288쪽 | 값 13,000원

친일 영화의 해부학
강성률 지음 | 264쪽 | 값 15,000원

한국 고대사의 비밀
김은석 지음 | 304쪽 | 값 13,000원

조선족 근현대 교육사
정미량 지음 | 320쪽 | 값 15,000원

선생님도 궁금해하는
한국사의 비밀 20가지
김은석 지음 | 312쪽 | 값 15,000원

 걸림돌
키르스텐 세룹-빌펠트 지음 | 문봉애 옮김
248쪽 | 값 13,000원

 역사수업을 부탁해
열 사람의 한 걸음 지음 | 388쪽 | 값 18,000원

 진실과 거짓, 인물 한국사
하성환 지음 | 400쪽 | 값 18,000원

 다시 읽는 조선근대교육의 사상과 운동
윤건차 지음 | 이명실·심성보 옮김 | 516쪽 | 값 25,000원

 음악과 함께 떠나는 세계의 혁명 이야기
조광환 지음 | 292쪽 | 값 15,000원

 논쟁으로 보는 일본 근대교육의 역사
이명실 지음 | 324쪽 | 값 17,000원

 다시, 독립의 기억을 건다
노성태 지음 | 320쪽 | 값 16,000원

▶ 더불어 사는 정의로운 세상을 여는 인문사회과학
사람의 존엄과 평등의 가치를 배운다

 밥상혁명
강양구·강이현 지음 | 298쪽 | 값 13,800원

 도덕 교과서 무엇이 문제인가?
김대용 지음 | 272쪽 | 값 14,000원

 자율주의와 진보교육
조엘 스프링 지음 | 심성보 옮김 | 320쪽 | 값 15,000원

 민주화 이후의 공동체 교육
심성보 지음 | 392쪽 | 값 15,000원
2009 문화체육관광부 우수학술도서

 갈등을 넘어 협력 사회로
이창언·오수길·유문종·신윤관 지음 | 280쪽 | 값 15,000원

 동양사상과 마음교육
정재걸 외 지음 | 356쪽 | 값 16,000원
2015 세종도서 학술부문

 교과서 밖에서 배우는 철학 공부
정은교 지음 | 280쪽 | 값 14,000원

 교과서 밖에서 배우는 사회 공부
정은교 지음 | 304쪽 | 값 15,000원

 교과서 밖에서 배우는 윤리 공부
정은교 지음 | 292쪽 | 값 15,000원

 한글 혁명
김슬옹 지음 | 388쪽 | 값 18,000원

 노자와 탈현대 문명
홍승표 지음 | 284쪽 | 값 15,000원

 좌우지간 인권이다
안경환 지음 | 288쪽 | 값 13,000원

 민주시민교육
심성보 지음 | 544쪽 | 값 25,000원

 민주시민을 위한 도덕교육
심성보 지음 | 500쪽 | 값 25,000원
2015 세종도서 학술부문

 교과서 밖에서 배우는 인문학 공부
정은교 지음 | 280쪽 | 값 13,000원

 오래된 미래교육
정재걸 지음 | 392쪽 | 값 18,000원

 대한민국 의료혁명
전국보건의료산업노동조합 엮음 | 548쪽 | 값 25,000원

 교과서 밖에서 배우는 고전 공부
정은교 지음 | 288쪽 | 값 14,000원

 전체 안의 전체 사고 속의 사고
김우창의 인문학을 읽다
현광일 지음 | 320쪽 | 값 15,000원

 카스트로, 종교를 말하다
피델 카스트로·프레이 베토 대담 | 조세종 옮김
420쪽 | 값 21,000원

 교사와 부모를 위한 비고츠키 교육학
카르포프 지음 | 실천교사번역팀 옮김 | 308쪽 | 값 15,000원

 대구, 박정희 패러다임을 넘다
김형기 외 29인 지음

▶ 살림터 참교육 문예 시리즈
영혼이 있는 삶을 가르치는 온 선생님을 만나다!

꽃보다 귀한 우리 아이는
조재도 지음 | 244쪽 | 값 12,000원

선생님이 먼저 때렸는데요
강병철 지음 | 248쪽 | 값 12,000원

성깔 있는 나무들
최은숙 지음 | 244쪽 | 값 12,000원

서울 여자, 시골 선생님 되다
조경선 지음 | 252쪽 | 값 12,000원

아이들에게 세상을 배웠네
명혜정 지음 | 240쪽 | 값 12,000원

행복한 창의 교육
최창의 지음 | 328쪽 | 값 15,000원

밥상에서 세상으로
김흥숙 지음 | 280쪽 | 값 13,000원

북유럽 교육 기행
정애경 외 14인 지음 | 288쪽 | 값 14,000원

▶ 남북이 하나 되는 두물머리 평화교육
분단 극복을 위한 치열한 배움과 실천을 만나다

10년 후 통일
정동영·지승호 지음 | 328쪽 | 값 15,000원

선생님, 통일이 뭐예요?
정경호 지음 | 252쪽 | 값 13,000원

분단시대의 통일교육
성래운 지음 | 428쪽 | 값 18,000원

김창환 교수의 DMZ 지리 이야기
김창환 지음 | 264쪽 | 값 15,000원

▶ 출간 예정

참된 삶과 교육에 관한 생각 줍기